社区治理的十八般武艺

SHEQU ZHILI DE SHIBABAN WUYI

张海波／主编

中国社会出版社
国家一级出版社·全国百佳图书出版单位

图书在版编目（CIP）数据

社区治理的十八般武艺 / 张海波主编 . -- 北京 ：中国社会出版社，2022.8（2024.9 重印）

ISBN 978-7-5087-6813-7

Ⅰ. ①社... Ⅱ. ①张... Ⅲ. ①社区管理—研究—中国 Ⅳ. ①D669.3

中国版本图书馆 CIP 数据核字（2022）第 134596 号

社区治理的十八般武艺

出 版 人：程　伟
终 审 人：胡晓明
责任编辑：张耀文
装帧设计：时　捷
出版发行：中国社会出版社
（北京市西城区二龙路甲 33 号　邮编 100032）
印刷装订：河北鑫兆源印刷有限公司
版　　次：2022 年 8 月第 1 版
印　　次：2024 年 9 月第 3 次印刷
开　　本：170mm × 240mm　1/16
字　　数：320 千字
印　　张：21.25
定　　价：68.00 元

编　委　会

序一

社区治理何以有效？需要社区在地力量为主体的多元参与。

何以实现多元主体参与社区治理？以社区为本，通过专业社会组织的陪伴与协作，激发社区的内生动力，提升社区的温度与活力。

本书的内容源自成都的社区营造实践。成都幸福家社会工作服务中心以近年来的部分经典案例呈现了陪伴参与式社区治理的“十八般武艺”。究其实质，是以社区营造的理念、方法、路径为纲领，推进“五社联动”，在不同的基层治理场域——城市社区、乡村社区、商品房小区、老旧院落、拆迁安置区，以及街道的城管、区域的社会组织等，通过党建引领、政府支持，社会组织深入基层治理的一个个真实的应用场景，作为使能者、赋能者、陪伴者、生态建构者、资源链接者、平台搭建者、协商促进者、组织催化者，在项目落地的社区、街道、部门，影响合作方转变观念，改变基层治理社会化的理念，创新社区营造的思维方式，不仅把服务对象单纯当作接受公共服务的受益人，同时更将其视作社区公共利益的创造者和积极行动者，推动以社区公共利益、人民的共同福祉为发展方向的共建共治共享的社会治理理念的践行。

在成都，有这样一类社会工作机构，它们不是做养老、助残、托幼、扶贫等直接服务的，而是通过与社区合作在社区开展营造行动，实现社区总体善治目标的。这一类型的社会工作组织被称为治理型机构或营造型机构。成都幸福家社会工作服务中心就是这一类型机构中的优秀代表。他们敢于啃“硬骨头”，敢于面对真问题，虽然以项目介入，但不以项目为导向，而是以社区的善治为宗旨，致力于以专业的方法促进在地自治力量的培育和发展，致力于以焦点问题的解决为支点撬动在地资源的整合，致力于建立主体间沟通协商的平台促成共识，从而产生改变的集体行动。他们的终极目标是退出，当社区在地的力量蓬勃起来，社会资本丰富起来，社区的活力与韧性发展起来，社区的内生动力渐长，机构的专业力量就逐步退出，最终实现政府治理、社会调节和居民自治的良性互动。

本书的各经典案例，虽然工作切入点不同、营造的支点不同、解决的具体问题不同、呈现的样貌不同，但是，"十八般武艺"的招数有共同的底层逻辑，就是千方百计、想方设法激发社区的自组织、自治理、自发展的主体性。无论是介入前开展基线调研，还是"阳光下午茶"、坝坝会搭建协商平台，各种吃吃喝喝活动拉近距离建立信任，收集农耕老物件凝聚集体记忆，组织商家摊贩建联盟立公约，都是因时因地因事制宜，依据权责一致的原则，将组织起来自助互助的权力还给居民和利益相关方等各社会主体，将解决问题承担责任的义务赋予他们，将公开透明的信息对称机制建立起来，将信义精神作为灵魂植入，余下的就交给时间、交给耐心、交给过程，陪伴居民的责任意识慢慢成长，直至整个社区人人有责、人人尽责、人人享有的风气成为主流，社区在地的力量有能力自主解决面对的公共议题，则陪伴参与式治理的目标就达到了。

本书从一个侧面反映了成都市社区发展治理的营造成果。这些成果若是能给予从事社区治理研究实践的伙伴们一点启发，各位能当一点肥料，收获一点营养，则是成都市幸福家社会工作服务中心之幸，也是成都之幸。路漫漫，在社区治理领域，当本书倡导的良知成为行动者共同的良知，倡导的常识成为社会的通识，理想的应然成为现实中的实然，这样本书的使命也就达到了。

江　维

2022 年 4 月 20 日

序二

出版《社区治理的十八般武艺》是幸福家的愿景使然。2016 年，我们初涉社会工作领域成立了“幸福家社工”，当了解了整个行业，以及随着越来越深入地开展社会治理工作，幸福家慢慢发觉：“对于一个行业来说，它能存在于这个社会的根基是有壁垒的技术，且在技术之上有社会价值。”一味地漫无目的无技术开展活动或者生造的“词汇概念”并不能带来改变、创造价值。而在不断的项目试错过程中，幸福家还发现：“传统经典的社会工作技术在社区治理领域里，需要结合中国特色的社会文化和情境有针对性地进行发展和优化。这是创新的过程，也是苦行的过程。”所以，幸福家的愿景是“公益土壤 · 社会创新”。幸福家在多方支持、多元参与下以实践和创新来陪伴和助力参与社区治理的党委政府、社区、社会组织、居民，可以协同联动各方活化社区治理的土壤生态，亦可以创新治理技术，破解社区治理诸多难题。

《社区治理的十八般武艺》是这 6 年来幸福家以“营造”的逻辑，在数十个社区开展社区治理工作的方法和技术实践的总结。全书对幸福家首创的“陪伴参与式社区治理”方法进行归纳，具有极强的复制性。不仅在成都，也在宜宾、德阳、眉山等地区成功实施。在此统一的方法基础上针对不同类型的诸如商品楼盘、老旧院落、集中安置等差异化居住形态的社区和物业矛盾、商居融合、文化发掘等多元的问题和需求上，采用针对性的技术实践形成了众多经验。精选部分案例从社会组织参与社区治理的视角，以故事化的方式来展开如何助力社会治理共同体的建设，推动社会善治过程记录复盘。

通过“陪伴参与式社区治理”方法，幸福家发现社会组织参与社区治理应该尊重居民生活，深入融合到居民身边，用心用情专业化开展工作，既要靶向思维导向，更要做有动因的系列作为。同时，在开展过程中要明晰社会组织的站位，陪伴在居民身边以非教化性、非支使性更多激发居民内生动力，无痕地推动居民转变意识，让居民们自己作出选择，逐渐站出来为自己的小区、社区和生活代言。

归纳起来：

那是生活，做看得见的社会组织；

也是生活，做看不见的社会组织。

最后，幸福家有四个感谢：

感谢对本书各案例点评以及一直以来提携的各位领导、专家老师，是老师们一直以来的支持和指导，让幸福家明理而笃行在正确的路上；

感谢一直对幸福家这个曾经的“野路子”包容的政府、社区、企业，有些信任和认同是沉甸甸的，唯有不辜负；

感谢社区居民，一如既往的了不起，总会在一个瞬间让幸福家充满力量地去面对、去感动、去行动；

感谢自己和团队，6 年的坚持让幸福家知道做治理就要心中裹着光，也要持续地让居民生活中有裹着心的光，温暖而清朗。

张海波

2022 年 4 月 13 日夜

目录 | CONTENTS

总　篇

社区形态篇

社区切口篇

社会组织孵化篇

特别篇

总　篇

陪伴参与式社区治理概述

从 2016 年开始，随着成都市城乡社区发展治理工作的深入开展，成都幸福家社会工作服务中心（以下简称幸福家）以习近平新时代中国特色社会主义思想为指引，逐步摸索出一套符合大多数社区治理需要、能够融合居民和解决问题的方法；同时，也形成了一套适用于多数社区的项目体系。这套方法成功地在成都市超过 50 个社区引用过（实施过），涉及商品房小区、集中安置小区、老旧院落等多种形态的小区类型，靶向多种问题，带领居民共同发展向前，即陪伴参与式社区治理。

一、陪伴参与式社区治理的定义

陪伴参与式社区治理是幸福家探索的一套可复制的推动居民融合自治的社区治理方法，主要是充分利用社区、社会资源，通过民主协商参与机制，推动社区内形成利益、价值、管理、未来共同体，撬动居民自治，解决社区融入、社区照顾、社区参与、社区发展的问题，最终实现社区自发展、自治理的过程。

“陪伴”是指在治理过程中，社会组织扮演的是一个“陪练”或者“教练”的角色，不再单一作为一个“服务者”。在陪伴的过程中，让居民看到自己可以解决问题、参与社区治理的可能性，逐步让居民在面对问题的时候从要求社区、社会组织等第三方解决到主动承担、自我解决。

“参与式”是指在治理过程中倡导居民的全程“参与”。这与“参加”并不相同。陪伴参与式社区治理是将居民视为社区治理的主体、主人、利益相关者；“参加”是指居民单一地作为受益主体进入各类行动中，是被服务的对象。“参与”是指居民用其时间、精力、能力呼应社区的某项公共需求、解决公共问题。在此过程中，居民不再是单一受益群体，同时也锻炼了个人能力，看见了个人价值，可以让居民更有激情和持续性地保持介入的过程。

需要注意的是，陪伴参与式社区治理由社区发展类社会组织在基层社区实施，既不是简单的空间打造，也不是单一的社区活动开展，抑或是各类公益服务提供。

二、陪伴参与式社区治理的目标

陪伴参与式社区治理的核心目标是信义治理。我国传统社会生活中蕴藏着朴素的信义逻辑和关系。传统优秀文化中更是蕴含着道德层面的信义义务逻辑结构。“信”，《易 · 系辞》中提到“人之所助者，信也”。基本字义是诚实、信任。“义”意为天下合宜之理，即公正合宜的道理。陪伴参与式社区治理需要在实施过程中构建可信的多元关系，也需要重塑社区内在的道德规范，这样才能在外在行为标准和内在道德规范的基础上，将社区治理工作深入落实。

三、陪伴参与式社区治理的要素

陪伴参与式社区治理是一个坚持“一核多元”，在党建引领的基础上，引导、促成多元主体共同参与社区治理的过程。

（一）陪伴参与式社区治理是一个党建引领的深化过程

在居民作为主体的治理过程中，党员作为整个治理工作的先头兵，也是强后盾。在实施过程中，首要工作就是摸清在地的党员情况，充分动员党员成为核心的居民骨干。这有助于快速推动居民融合，凝聚居民共识。同时，在党员的带动下完善社区、小区的党支部建设，可以更好地在基层实现具备目标引领性的组织构建，从而通过党员的带动有效推动更广泛的居民参与。

（二）陪伴参与式社区治理覆盖多元属性的主体

从个体上说，陪伴参与式社区治理的核心主体是居民，居民由于个体差异会叠加多重的居民属性，如党员、楼栋长、业委会委员、网格员等。通过居民属性的叠加来对居民进行区隔，从而推动居民精准协治。从群体上说，陪伴参与式社区治理覆盖包括党委、居委会、业委会、物业、社会组织、企事业单位、社区商户、群团组织等多元化的群体组织。

（三）陪伴参与式社区治理能盘活社会资本

陪伴参与式社区治理是一种治理手段。参与、协商、共识、同行是陪伴参与式社区治理实施过程中的4个基本逻辑。社会资本与组织化服务等通过社会组织的介入和陪伴，进行资源链接与盘活，获得动态需求响应，并且依靠共识切口来建立关系、传递价值观，对其进行赋能，引其自助，推动社会资源的链条化，在居民参与的过程中，实现价值的激发，并最终形成价值闭环。

（四）陪伴参与式社区治理推动主体转变

陪伴参与式社区治理面向的居民不仅是服务对象，更是治理的同行者、参与者，也是服务的付出者。居民是自助互助的主体，单一社区问题的解决不是依靠购买或者利益的给予，而是双向付出；推动居民成为助他的主体，从社群治理的自利性、兴趣性向异质性、利益性、冲突性的社区治理转化；居民是公共意识觉醒的主体，这不再局限于对个人利益的觉醒，还在于对社区内公共问题的公益性觉醒。

（五）陪伴参与式社区治理需要构建参与机制

陪伴参与式社区治理要求每个参与环节尽可能地需要居民的协商与行动，将机制结合起来。不同的主体在党建引领下实现共建、共治、共享，建立一套解决问题的机制。通过参与性来构建关联，通过关联构建形成参与社区治理的理由。

(六)陪伴参与式社区治理需要完成社群孵化

陪伴参与式社区治理围绕社区公共需求为基础孵化组织、围绕百姓兴趣孵化组织、围绕已有组织提升公益孵化、围绕睦邻关系进行孵化。各类社群作为长效政社互动的集成与有效载体,是推动各类社会问题得到有序、可持续解决的有生力量。

四、陪伴参与式社区治理的路径

陪伴参与式社区治理以陪伴引导人的改变为主要路径,整体路径分为适点切入、横向拓展、场景营造和时间沉淀4个阶段。

(一)适点切入

社区中各类需求和问题广泛而多元。所以,陪伴参与式社区治理在开展最初将居民融合工作作为第一要务,以“发掘骨干聚合居民”为手段,以可介入、可解决的社区焦点问题和公共需求为切入口,介入开展陪伴参与式社区治理。

(二)横向拓展

当完成居民聚合,社会组织具有广泛的动员性后,就进入了横向拓展阶段。主要是靶向社区居民的需求、现实问题,推动居民自治。以居民聚合为基础,陪伴推动各类需求问题的展开,强化居民的权责意识,提升居民参与、解决问题的能力,以居民为主体,组织化建制并解决问题。

(三)场景营造

场景是社区中侧重功能满足的场所,也是侧重价值判断的场域。在场景上,陪伴参与式社区治理以地域文脉为纽带,引发居民对场景的共鸣,从而引导公众行为,凸显对个体的价值观、价值选择产生积极的影响。所以,陪伴参与式社区治理在逐步推动各类问题解决的过程中,通过与居民互动逐步引导居民的价值观和生活方式选择，形成影响和规则，以场景来修正和影响居民的行为。

(四)时间沉淀

单一的规则和说教并不能从根本上改变居民。一时的行动，也不能从根本上扭转居民的价值观。陪伴参与式社区治理不是短期行动，是一个持续性的过程，逐步在场景中形成居民习惯，推动居民行为的固化，逐步形成推动社区公共需求和事务解决的长效、可持续解决机制。

五、陪伴参与式社区治理的项目体系

陪伴参与式社区治理的基础项目体系为“1+4”的模式，通过空间集成、服务融合、意识转变、需求收集和组织培育5步开展陪伴参与式社区营造。

第一步:空间集成项目

空间是承载陪伴参与式社区治理的载体，稳定可进入、可参与的空间有助于社会组织与居民持续、长效的互动，形成高频的触点，构建稳固的互动关系，最终聚合居民。参与式公共空间营造是关于社区公共空间打造的项目，相关项目可以有效推动居民全程参与，让空间和居民产生关联，让居民需求放大，不单纯是社区/政府需要的，而是每个功能和构件都是有效的。

第二步:服务融合项目

陪伴参与式社区治理对象多为老年人和儿童。随着老龄化问题逐步严重，老年人是相对于青年、儿童等人群需求更迫切、矛盾更易激化的群体。基于打造后的公共空间，通过饮食交流/有氧锻炼/怡情活动/倾听解闷/城区游览等方法，老年人身心愉悦，让“老有所用，老有所为”，融化寂忧烦愁。同时，让老年人实现彼此融合，社会组织以资源的视角可以更好地整合以老年人为代表的社区资源。

第三步:意识转变项目

通过以志愿服务信仰为核心，构建基于社区的邻里互助志愿者服务队伍，相关队伍以居民兴趣和能力为依托，构建居民认同的积分体系，鼓励和陪伴居民参与,逐步推动居民自我管理、自我服务。在此过程中,需要引导居民权责一致,在获得社区各类公共服务的同时,也要有相应的付出,从而构建“获得－付出”的平衡。

第四步:需求收集项目

社会组织在陪伴参与式社区治理工作中扮演组织者和陪伴者。需求收集是以社区居民为参与主体,让社区居民以类似于喝茶聊天的形式,谈社区、谈生活、说烦恼、道开心,将自己的观点展示出来。在收集居民潜在需求的同时,构建协商民主机制,并推动居民参与协商议事的实施过程。

第五步:组织培育项目

在前四步的基础上,逐步对居民赋能、需求激活和团队陪伴,催生、支持社区社会组织的孵化、赋能和运转。相关项目将协同构建本社区居民基于共同兴趣、公共议题等自主联结而成的自发展自治理的社区社群。

六、陪伴参与式社区治理的开展条件

陪伴参与式社区治理在各地的应用中,并非所有社区都会成功,总体成功率在82%。对各成功、失败案例的分析发现,陪伴参与式社区治理模式的4个开展条件,缺一不可。

(一)政府要支持

开展陪伴参与式社区治理的社区所在区域的政府要明确支持社区治理工作的开展,要对社会治理工作有一定认识,认可社区的工作,并提供政策、资金、人才等相应的保障。

(二)社区要清醒

开展陪伴参与式社区治理的社区要知道自己所在社区症结在哪里,居民在哪里,路径在哪里,需要构建怎样的社区未来。社区要守住初心使命,敢于走出“舒适区”,选择适合自己社区情况的社区治理项目和合作伙伴。

（三）社会组织要专业

社会组织要守住初心和专业，不能什么项目都做。要有直面矛盾和问题的胆量和决心，要有包容理解居民和聚合居民的亲和力，要懂人性，要能耐得住寂寞，要做好流汗又流泪的心理准备。

（四）居民要参与

没有动员不了的居民，关键是要用活陪伴参与式社区治理的技术。只有通过参与激活居民的主体性，才能动员居民解决问题。

社区形态篇

商品小区融合治理

——以新都区大丰街道崇义社区为例

案例类型:社区形态篇

关键词:城市社区、商品小区治理、陪伴参与式

落地社区:成都市新都区大丰街道崇义社区

实施日期:2017 年至今

实施人:汪明、王学宇、袁体凤、张小波

一、背景介绍

红湖公园城小区位于新都区大丰街道崇义社区蓉北路三段 9 号,共有三期 25 栋,于 2007 年 5 月开工,2009 年 10 月建成入住,总建筑面积 17.628 万平方米,是崇义社区较早建成的商品小区之一。开展治理时小区有 2991 户住户,其中出租房屋 438 户;总人口 12100 人,其中户籍人口 1314 人,常住人口 7879 人,流动人口 2907 人。小区支部共有正式党员 14 名,流动党员 115 名。

自 2009 年入住开始,红湖公园城小区各类矛盾纠纷就一直存在,特别是小区治安防控不力、物业服务水平不高、业委会选举意见大、设施维护不足、小区环境较差、邻里关系淡漠等方面的矛盾纠纷日益突出;小区内车辆随意停放、出摊占道经营、住改商等问题普遍存在;集访、闹访、堵路等群体性事件频频发生。可以说,涵盖了大丰街道乃至全新都区颇具代表性的四大问题:基层治理体系缺失、自治组织运行不畅、物业服务不规范和居民城市融合程度较低。

2017年4月,成都幸福家社会工作服务中心受大丰街道办事处邀请到大丰街道做了一次关于基层治理的线下分享,自此展开了新都区大丰街道崇义社区红湖公园城小区的治理之旅。

二、工作模式

陪伴参与式社区治理内容分为居民融合期和深化治理期两个阶段,本案例重点围绕居民融合期的工作破局与居民融入展开,重点关注治理过程中理念导入、居民意识转变等内容。深化治理期则重点展示工作开展后,逐步解决各类问题和工作开展两年后小区内部的情况,本案例着重阐述第一阶段工作内容。

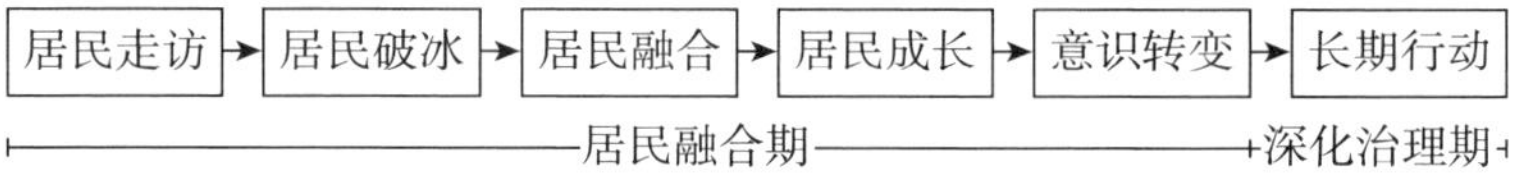

图1　红湖城小区工作模式

居民融合期主要通过对党员、热心居民的走访了解需求和发掘骨干;通过破冰项目促进居民的融合,建立结社的基础和构建居民之间的关联;通过居民的成长逐步导入治理理念,引导居民意识转变,逐步让居民从"与我无关"到"我的小区"。最终,在营造积极向上的小区氛围的基础上,通过幸福家的长期陪伴,有效解决了小区内部长期存在的问题和矛盾,涌现出一批积极主动的居民,培育了一批居民自组织。

三、行动过程

(一)启程:摸清小区基础情况

社区治理新手社会工作者小袁回忆了进入社区时的情况:"通过机构的

培训,我知道‘人’是治理的核心。可是最初接触红湖公园城小区时,我是比较迷茫的,我认为只有了解小区到底住了什么‘人’,才能从根本上设计小区工作的思路。”一般情况下,社会工作者需要实际深扎社区3个月后才能真实挖掘到社区问题和民生要点。但小袁进入幸福家一周后就遇到大丰街道办事处全面开展小区需求情况的摸底调查。幸福家顺势通过5个步骤组织和参与了小区居民需求收集工作,迅速推动了对居民的了解。

1. 发布公告,预告调查工作

小区内的矛盾是多年积累的,居民对社区的信任感不足。虽然前期社区、其他社会组织也努力介入过,但都无法从根本上解决问题。甚至发生过居民占领物业办公室的维权事件以及社区、其他社会组织被愤怒的居民赶出小区的情况。所以,街道办事处和幸福家决定先拟定一份《致红湖公园城小区居民的一封信》,一方面可以缓和与居民的关系,传达支持小区内部参与治理的决心;另一方面可以实现对居民的预通知,便于后续的调研和治理工作的开展。

致红湖公园城小区居民的一封信

尊敬的红湖公园城小区居民:

共建和谐小区,共享美好生活!

红湖公园城小区2009年入住以来,已走过7个年头,是大丰规模较大、人口较多、品质较高的小区,一度是我们大丰人的骄傲!曾几何时,小区发生了悄然的变化,物业服务、业委会选举、设施维护、小区环境、邻里关系、文明居住等方面矛盾纠纷突出;小区内治安状况差、车辆乱停放、出摊占道、住改商等问题普遍存在;集访、闹访、堵路等群体性事件易发频发,严重影响了小区居民的正常生活,也给大丰平安建设与和谐稳定带来了极大的挑战。

作为城市的细胞,小区平安和谐是社会和谐的基础,也关系到我们每一位居民的切身利益。为了切实解决小区日常存在的问题、改善小区居住环境、提升小区居住品质,大丰街道办事处将启动对红湖公园城小区的综合治理行动,结合多方力量,组成工作专班,依据相关法律法规,以问题为导向,建立和完善小区管理体制机制,提升小区综合管理水平;充分发挥居民自治作用，增强小区治理能力；加强物业指导，提升小区物业服务水平；加强秩序规范，倡导文明居住，多措并举，多管齐下，力争用1年的时间，使红湖公园城小区存在的突出问题得到明显改善，矛盾纠纷得到有效化解，把小区初步建设成机制完善、运转规范、治安良好、居住文明、环境优美、邻里和谐、秩序井然的新家园。

“小区是我家，共建靠大家。”在此，我们倡议各位居民发挥主人翁精神，积极参与小区治理，希望小区各居民顾大局、明法理，支持和理解我们的工作，积极为小区治理建言献策，贡献您的智慧和力量。相信在大丰街道办、崇义社区和广大居民的共同努力下，一定能把红湖公园城建设成一个和谐文明的小区，一个温暖的大家庭。

最后祝广大居民身体健康、工作顺利、阖家欢乐！

大丰街道办事处

2017年5月5日

信件被张贴到小区每栋楼下。由于担心居民抵触并撕毁，导致信息传播不充分，幸福家特意联系小区网格员关注信件保留情况，同时在小区居民群适时发出相关信息并进行正向引导，让居民关注、了解调查工作。

2. 设计调查问卷

这次调查的目的是了解居民情况和党员情况，这也是一个发掘居民骨干的过程，因此幸福家拟定了《红湖公园城小区情况及居民需求调查问卷》和《党员情况调查表》。居民调查表包含居民基础信息（如居民的年龄、职业信息、就业情况等），小区物业服务情况调查（如物业服务情况的熟悉程度等）。总体来说，调查问卷的内容以居民公共服务需求为主，所有问题的设计都具有针对性和关联性，同时将物业情况进行了细化，便于定位居民的需求。为了打消居民的顾虑，幸福家的社会工作者谨慎地和居民接触，说清楚此次调研的意义，还在问卷上设置了开场白。

问卷开场白

尊敬的各位住户：

您好！为了更好地了解小区物业管理和服务的开展状况，切实解决小区物业管理和服务中所存在的问题，了解小区居民对物业管理和服务的真实意见和诉求，推动小区物业管理与服务水平的进一步提升，我们受大丰街道办事处委托特开展此次调查。此次调查为不记名调查，我们不会泄露有关您个人的任何信息，衷心感谢您的支持与合作。

谢谢！

3. 调查计划和准备工作

调查由大丰街道办事处、崇义社区居委会及幸福家联合推动。目的是通过调查，摸清红湖公园城小区的基本情况，包括居住情况、居民诉求、小区核心矛盾；宣传预热小区即将选举业委会的工作，寻找骨干居民；为红湖公园城后续的治理工作提供依据支撑；让小区居民提前知晓机构的工作内容，为后续深入红湖公园城小区的工作打下基础。

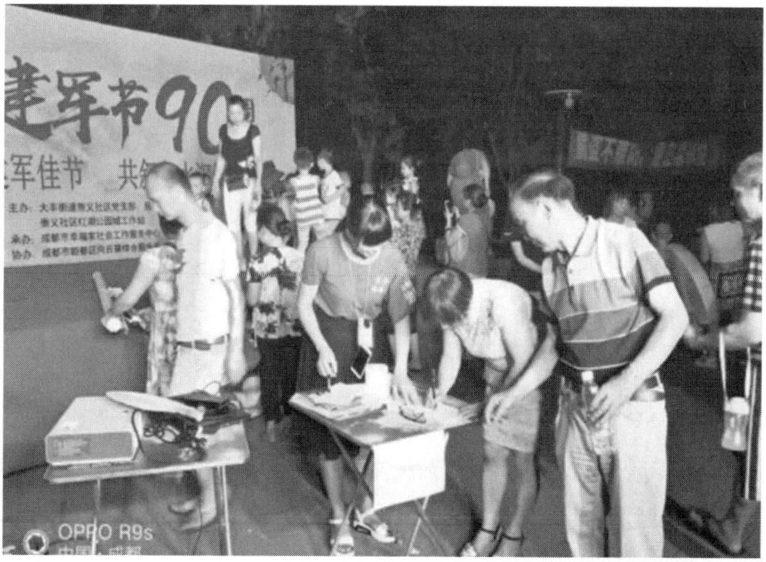

图 2　居民需求调查

调研前，幸福家面向社区网格员组织了调研注意事项培训和经验分享，针对调研中可能遇到的问题（如居民不愿意参与等）给出合理的操作建议。

4. 调查实施

具体实施上，由大丰街道80名网格员作为第一轮调查执行人员。第一轮调查后，遗漏的部分再由幸福家跟进开展第二轮调查。

整个调查过程遇到了调查进度过慢、居民拒绝、部分网格员不负责任等情况。大丰街道办事处、崇义社区和幸福家针对相关情况进行了跟踪处理，优化了调查话术，监督指导整体调查工作，最终通过一周的努力实际收回有效问卷2282张，住户覆盖率达76.19%。

5. 数据分析

居民基本情况方面，红湖公园城小区居民整体文化水平低于社会平均水平，只有不到15%的居民拥有大专及以上文凭。受访对象中有110名党员，占比4.96%，高于全市成年人口中的党员比例，但党员参与公共事务的积极性不高。有接近一半的居民处于自由职业状态，收入稳定性不高；67.01%的居民处于迁徙式工作状态（指居民上班通勤时间往返超过3小时），居民参与社区各类事务的时间被大大压缩。

小区物业服务方面，64.50%的居民对物业公司的服务不满意。在遇到问题时，46.76%的受访居民认为物业无法及时解决。物业公司对小区内部问题的处理态度、时效性和能力水平是居民对其不满意的最关键方面。值得注意的是，问卷中有756名对象（占比34.45%）对物业是否及时处理问题并不关心。工作、生活等方面的原因导致居民并不关注小区内部事务，也不聚焦小区问题。但一旦涉及个人利益，这部分居民有可能选择参与和跟随。

了解了小区的情况和问题后，社区居委会工作人员、网格员联合幸福家社会工作者共同整理出了解决思路。

- 小区内部治理方面，小区内部安全问题和各种矛盾集中在物业和业委会两大主体，建议先从合理、合规优化业委会入手，对其进行专业指导培训，再逐步推动物业的问题解决；
- 居民融合方面，以文体活动作为切入口，组建小区的文体兴趣小组，聚合居民；

●物业服务方面,通过业主大会以公开招投标的形式引入新的物业公司,让居民选择自己满意的物业公司,自觉加强对物业公司的监督,改善小区环境及治安问题;

●小区配套设施方面,明确政府的工作边界,针对小区内部增设公厕、安防、绿化、游泳池等基础设施配置等需求,先收集居民的需求,征询政策上的可行性,再基于"谁受益,谁付费"的原则酌情实施,切忌政府全盘买单;

●居民教育方面,小区存在部分居民素质不高的情况,需要有针对性地加强居民教育,可以考虑从"一老一小"两个切口对接居民,以素质提升助力居民自治意识的提升;

●信息传播方面,由于很多居民每天处于迁徙式工作状态,在社区的闲暇时间有限,进入红湖公园城的初期,幸福家加强宣传动员工作,推动更多居民对整体治理工作的认同,并及时将整体治理结果回馈给居民,需要注意后续治理工作中谣言传播的问题,因为小区居民对公共事务的关注度不足且广泛存在人云亦云的状态,因此后续可能会有不良言论传播的风险。

经过调查,社会工作者还发现红湖公园城居民期待被真诚而务实地对待,对大丰街道和崇义社区有一定的期待,对金钱敏感度较高,居民之间也并非无法融合与合作。同时小区内派系众多,若想要整合到一起,需要长期的扎实工作。

(二)遇见:我们相互认识吧

2017 年 6 月,随着幸福家在本地招聘的两名社会工作者陆续到岗,红湖公园城小区治理工作正式开始。首先,幸福家完成和大丰街道办事处、崇义社区居委会的关系建构和工作机制确立。先和街道书记、主任,社区书记、主任以及社区网格员建立了联系;组建了工作协调小组并约定了沟通频次和方式。社会工作者每周要同步周计划表,促进工作互通;社区居委会每周的例会社会工作者都要参加,实现了组织主体间的信息互通。

其次,发现社区骨干,搭建自治团队。幸福家从居委会获得一份党员和热心居民等"种子选手"的联络表,以此为基础开始居民的二次走访,挖掘社区骨干。最初的走访并不顺利,居民爱搭不理,还有人认为幸福家是进小区销售保健品的。在经历了两天走访不利后，幸福家转换思路，邀请网格员一同走访小区内的党员和居民骨干。先与“种子选手”们建立联系，并向他们解释幸福家到小区来是做什么的。利用这种日常聊家常的方式来获得居民的认同。在这期间，通过和大家一起走访和沟通，幸福家建立了与小区物业公司的关系。通过走访，社会工作者进一步了解了“种子选手”们的情况，对动员方式和优先级也有了把握。

图3　召开工作联席会议

进入第二周，社会工作者在小区开展了第一次“阳光下午茶”活动。首场活动到底能吸引多少人参与呢？大家心里都没有底。社会工作者事先和居民电话约定，并在开展活动当天提前一个小时到居民聚集的楼下小广场邀请居民参与。分工上也有讲究，一个人负责联络，一个人负责接待，一个人负责留下居民。慢慢地居民越来越多，已经超过了100人，这个时候，社区书记也带领工作人员过来支持活动。鉴于当时居民对社区居委会仍然有较大意见，如果社区工作人员到场参与活动，现场居民可能会提出各种社区居委会无法解决的问题，让整个破冰活动变成吐槽会。因此，幸福家负责人和社区书记商量后,社区书记就带领社区工作人员暂时回避。

这次活动共有六个模块。

定性:告诉在场的所有居民,这是展望未来的正能量的会,不是吐槽会,吐槽对于解决小区的问题没有任何意义。

澄清:社会工作者小袁介绍自己的团队成员,介绍要给居民带来什么项目,做什么事情,是来陪伴大家一起让小区变得更好的。

图 4　第一次开展"阳光下午茶"

破冰:到场居民逐个介绍自己,在介绍的过程中,社会工作者了解了居民的性格、能力和兴趣爱好,进一步确定"种子选手"。

目标:展望未来,和居民一起讨论大家想要怎样的小区,通过收集大家对小区未来走向的期待,给每个居民一个明确的目标。

议事:社会工作者提出一个问题,小区里已经损坏的乒乓球桌,是否需要更换,如果更换怎么更好地去管理,在这个过程中,居民们积极举手发言,建言献策。

定音:大家达成共识,更换乒乓球台,并根据居民发言由社会工作者拟定了乒乓球台使用公约,督促居民有序使用、爱惜公物,现场所有的居民都举手同意,完成了小区第一次集体议事。

整个活动有 100 多名居民参与,有 46 名居民发言,挖掘了 20 多名居民骨干。活动结束后,小袁把所有居民骨干拉到一个微信群中,作为长效的信息沟通交流平台。在微信群中,很多居民都在回味当天的活动,一颗正能量的种子正悄然地在社区里发芽。

图5 居民到12栋楼进行咨询

成功完成第一次“阳光下午茶”活动后,居民和幸福家社会工作者的接触慢慢变多。此时新的问题出现了,进入小区的第一个月,社会工作者都是在“露天坝”里和居民交流,一旦遇到不好的天气状况就没法开展工作。急需一个能容纳居民,让社会工作者可以和居民长期待在一起的固定空间。基于此,社会工作者向社区居委会申请了小区12栋楼下一间空置的活动室作为活动空间,成为幸福家后续接待居民、开展群体活动和开展日常办公的工作站。

(三)陪伴:和居民“细水长流”地待在一起

工作站打造完成后,幸福家日常工作的开展方便了许多。随着工作的展开,居民中的各类问题和需求也逐渐暴露出来。幸福家坚守的底线是:我们不是来代替居民解决矛盾,而是引导居民自己去解决矛盾。

某天下午4点,在小区志愿者微信群中居民彭女士提出:“5栋有只公鸡每天早上不到5点就叫,声音很大,是哪家的叫他宰了吃了,扰民。”居民提出问题是很好的介入契机，可以引导居民共同商议解决，于是社会工作者邀请彭女士到12栋工作站。彭女士来了后，社会工作者和她商量一起去寻找5栋养鸡的居民协调解决问题。可彭女士却拒绝了，她说："不去不去！认都不认识。"于是，社会工作者劝她："这个事情影响了您，您是受害者，不用觉得不好意思。不认识没关系的，我也不认识，我陪着您一起去。咱们一起来解决问题好不好？"最终，彭女士答应和社会工作者一同处理养鸡的问题。到了5栋，社会工作者通过走访的方式寻找养鸡居民却没有找到。于是社会工作者和彭女士商量一起草拟一份文明劝导函，并把它张贴到5栋的楼下。第二天一早，竟然听不到鸡叫了，养鸡扰邻问题得到了解决。彭女士兴高采烈地在微信群中说："感谢昨天下午几个美女志愿者，今天早上我们没有听到鸡叫了，谢谢你们为我们的付出。"自此之后，彭女士成了幸福家的粉丝和小区居民骨干，后续的活动场场不落地参与。

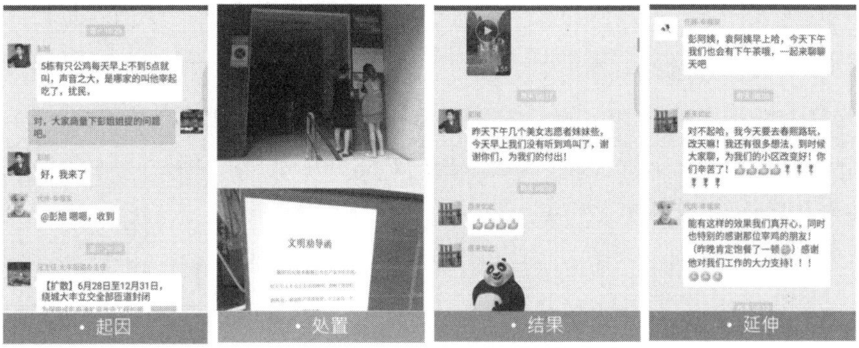

图6　养鸡事件得到完美解决

在事件结束后，社会工作者也感谢了愿意支持工作的5栋养鸡居民。在微信群里发表了这样一段话："能有这样的效果我们真开心，同时也特别感谢那位宰鸡的朋友，昨晚一定饱餐了一顿，谢谢他对我们工作的大力支持。"对于小区治理的工作，不能非黑即白，养鸡的居民只是选择了一种可能影响他人的生活方式，也许他并没有意识到扰民的问题。总之，只要有居民愿意退一步，愿意为了小区和谐出一份力，就值得点赞。适时给予点赞不仅可以平复居民宰鸡、作出退步的不满，还能让居民知晓幸福家社会工作者都看到了他的让步与付出,进一步促进邻里和谐。

社会工作者通过陪伴的方式细水长流地和居民待在一起,一起发现问题、解决问题,幸福家获得越来越多居民的认同,也团结了不少的粉丝和骨干。这当中既有组织活动经验丰富的退休文工团团长,也有一身正气的消防员。这一切成为幸福家后续治理工作的居民基础。

(四)审视:用青少年去教育居民

2017 年 7 月,“奔跑吧暑假”青少年项目正式启动。除了每日开展日托活动外,社会工作者每周还设计了 1—2 个主题活动,或亲子互动,或带领青少年参与公益活动等。这些活动逐渐培养了青少年的公益意识和社会责任感,青少年这一切口和媒介,也影响和间接教育了更多成年居民。

最初,小区的家长们并不完全信任幸福家。有居民说:“他们这些人也不知道哪里来的,不怕你们孩子被拐骗走吗?”甚至有人说:“他们就是社区请来骗我们的。”可是,随着社会工作者们真诚的交流和行动,在口口相传中,慢慢地每天来工作站的孩子越来越多。由于场地限制等因素,当活动报名超过 50 个小孩子后,机构不得不终止报名,并尽量将活动转移到社区空旷地带,以便可以服务更多居民。

针对小区环境脏、乱、差的问题,社会工作者组织了为期 3 周的“红湖环境大冒险”活动。用青少年的视角去发现社区不够好的地方,让居民去反思应该怎么在日常生活中改变自己的不文明行为。引导大家从我做起,从小事做起,共同爱护小区的环境卫生。

第 1 周:社会工作者组织了让父母陪伴孩子参与的“红湖环境大冒险”活动。用孩子们的视角去发现小区不够好的地方,用孩子们的眼睛去发现原来自己的小区有垃圾乱扔、共享单车乱停、公共设施破坏、高空抛物等问题。由孩子们发现小区不文明的地方并指出来。同时,父母拍照记录下来并转发到小区微信群,让小区居民发现、了解、反思小区的真实情况。

第 2 周:根据孩子们发现的问题,幸福家整理成调查问卷并发布至公众号推广调查:以下这些行为,您觉得哪些行为最恶劣;如果是您,哪些行为您不会做。(多选)这条公众号推文很快成为小区热议话题并被广泛传播,不少居民主动转发。据统计,以上两个问题有近1000名居民参与回答,引发了居民的讨论和反思。有居民在微信群吐槽说:“有些人就是不讲究,没有素质到处乱扔垃圾,我们自己的小区就这样变差了。”也有居民说:“不管别人,先从我们自己做起,我们还要做盲人吗?”推文发出一周后,小区的环境卫生逐渐有了改观。

图7 “红湖环境大冒险”活动

图8 小朋友张贴倡议书

第3周:将收集到的问卷进行统计分析,社会工作者和家长们决定以此发起一个倡议,让更多居民看到。社会工作者将草拟完成的倡议书发到微信群和居民商议并优化内容后定稿。然后打印出来交与孩子们共同签字,再将签好字的倡议书复印数份并在社会工作者陪伴下由孩子们一起张贴到每栋楼的公示栏。倡议书公示后,在小区内又掀起了一轮讨论。有居民说:“素质很重要,孩子们都能看到的东西我们也要看到。红湖公园城是我家,人人都应该爱它。”同时,孩子们还一起将倡议书朗诵出来在各个微信群传播。社会工作者通过青少年的视角和行动激发小区居民开始去反思,小区环境差,物业管理是一方面,另一方面是不是也有自身原因呢?

通过3周努力,红湖公园城小区的环境卫生有了变化。在第一次“阳光下午茶”的时候,活动场地周边有一箱腐烂的车厘子,很多人不愿意多走20多米把垃圾扔到垃圾箱,而是随手扔在楼道门口的路边。现在最明显的是,楼道口的垃圾消失了。

（五）转变：居民自己选择自己怎么过

进入红湖公园城小区后，社会工作者组织了3次大型主题活动，每次内容都不一样，居民参与度逐步提升，从最初由社会工作者全权策划组织到让居民成为活动组织的主体。在居民主体性转变的过程中，居民知道了这是我们的小区，这是我们的事情。他们说："我们应该自己来选择自己想要的庆祝节日的方式。"

第一次主题活动是庆祝"七一"联谊活动。由于和社区居委会协调失误，原计划的建党日参访活动被搁浅，新活动的筹备时间严重不足。在了解到居民非常想组织热闹的文体活动后，社会工作者决定响应需求，仓促组织了一次"七一"联谊会。就这样的活动，依然吸引了三四百位居民参与。活动中出了很多状况，如节目排练不充分、主持人临时缺席等，也出现了老协和小区居民因为节目顺序的矛盾，但最终还是完成了，让居民看到了幸福家说到做到，增进了信任。

图9　简陋仓促的"七一"联谊会

第二次主题活动是庆祝"八一"联谊活动。不同于"七一"的仓促，"八一”联欢晚会有两周时间筹备和动员居民参与，还招募了活动志愿者。首先，社会工作者草拟完成活动策划书，其次组织居民对“八一”活动进行讨论。讨论的主要内容是“八一”活动要怎么做，做什么活动比较好。确定活动内容后，又进行了明确的分工和计划，幸福家主要负责舞台、灯光、物料等硬件部分，节目部分则由小区退休文工团团长刘老师牵头负责。不到一天的时间，所有节目就已经确定，有广场舞、独唱、儿童节目、哑剧表演等，还邀请到一位小区退役军人作为特别演出嘉宾。在专业人士刘老师的指导下，红湖公园城小区的所有大型演出活动都进行了提前彩排。但就在“八一”节前一晚彩排的时候，小区突然停电了。2017 年 8 月 20 日，小区因为停电问题引发了群体性事件，居民走出家门把小区门口的省道堵了，造成交通大瘫

图 10　热闹的“八一”联欢晚会现场

痪。2018 年 7 月 30 日再次停电，街道办事处和社区居委会都很紧张。这对幸福家来说，相当于一次突击大考，这段时间小区治理是否有效果？居民是否依然会堵路呢？社区工作人员联系社会工作者，商量是否取消原定于第二天的晚会。如果取消，这意味着前期所有人的努力都白费了。最终大家

商量决定："堵路的核心是谣言和居民的信息互通的问题，很多时候大家都是误会，居民需要知道停电的原因和现在的状况并及时反馈，避免别有用心的人造谣。"紧接着，社区居委会和幸福家联合启动了应急方案。一方面，在停电事故发生后，充分动员各自力量稳定人心。社区工作人员、网格员、社会工作者、小区业委会、居民志愿者通过线上线下渠道对居民进行宣传，稳定民心；街道书记在微信群公布停电原因和前方维修情况，避免以讹传讹。另一方面，在彩排现场，组织居民主动传播并告知其他居民停电的情况和抢修情况，相互安抚。最终在多方共同努力下，并未出现聚众堵路问题，晚会如期举办。现场居民反应热烈，总计有超过 1500 人次到达现场参加活动。自此活动后，以文体队为基础的居民自组织也逐渐成形，他们经常聚在一起练歌，一起维持小区秩序。

图 11　居民齐心协力搭建舞台

图 12　居民有了自己的文艺队伍

第三次主题活动是中秋国庆双节活动。这次活动不再是社会工作者提前写好方案让居民参与，而是结合"阳光下午茶"项目，以议事的方式推动本次活动的筹备。社会工作者先和居民一起讨论，询问居民"你们想怎么过中秋国庆双节"，居民各抒己见，有提出要出游的，有提出要猜谜语游园活动的，也有提出要举办晚会的。最后，以投票的形式确定以"猜谜语 + 晚会"的形式开展本次活动。确定活动形式后，由于居民无法撰写策划书，便由社会工作者牵头拟订了本次活动的策划书和计划，然后共同参与活动筹备。活动筹备过程中,居民提出“我们的小区是我们的,活动期间不想看到穿警服的人走来走去,要自己来维护现场的秩序”。随后,由业委会武叔牵头自发成立了一支红袖套队伍,自行维护现场秩序。居民全程参与了本次活动的节目筹备,现场布置、居民签到、现场秩序维护等过程。活动过程中还发生了一个小插曲,有两名青少年反映自己也有节目想参与演出,于是社会工作者和志愿者紧急沟通,最终同意在活动流程中加入这两名青少年的节目。因为这是小区居民的舞台,只要居民愿意上,表演得不够“高大上”又怎样?活动结束后,不少居民还意犹未尽,用居民的话说就是“我们小区总算有点过节的味道了”。

通过几次大型活动,更多的居民意识到了这是我们的小区,我们自己的事情,我们自己来做。在此过程中,逐渐挖掘和体现了属于社区居民的主体性,实现了居民由被动参与到主动谋划的积极转变。居民也逐渐发现了自己的角色、能力和价值。

四、项目成效

幸福家进入红湖公园城小区已 4 年,3 名全职人员逐步撤出,只留下一名兼职人员,其他社会工作者进入邻近的社区继续开展工作。慢慢地,红湖公园城小区的居民开始关注自己的小区,环境好了,大家的精神面貌也变好了。对此,红湖公园城小区居民王大哥深有体会:“以前大家都各管各,自行车乱丢乱放,且偷盗行为经常发生。后来,幸福家的工作人员带着我们发现问题,教我们如何以主人翁的姿态参与小区的管理。现在,大家觉得小区是自己的,要自己学会维护。”

回头看,4 年前发现的那些问题,已悄然消失或者缓解了,红湖公园城小区的整体面貌焕然一新。4 年里,网格员及社会工作者长期驻扎小区,社保福利等公共服务落地小区,居民不用出小区就可以查询社保、登记居住信息等;街道和社区还建立了共享图书室、共享厨房,增建 3 处公共厕所等,极大地方便了居民的日常需求。同时,在幸福家和社区自组织、社区志愿者的共同努力下,开展亲子及雏鹰活动上百次,从环保、礼仪、安全巡逻、体育健康等多方面着手，以小孩带动整个家庭的共同成长，激发了社区所有年龄段居民的参与活力。社会工作者会定期整理小区的热点及实事，利用海报、宣传栏、展板、美篇、群消息等多元方式向居民们传播，让居民实时了解小区的动态变化，并即时辟谣，提升大家对谣言的辨别能力。

图 13　开展重阳生日会

图 14　妇女节主题活动

图 15　奔跑吧！暑假

图 16　业委会成员外出学习交流

图 17　业委会成员开展培训

图 18　红湖公园城小区物业接待日

针对小区居民与物业之间的矛盾，幸福家首先在小区开展了业委会赋能项目，推动业委会健康发展。引入专家资源对业委会成员进行多次培训指导，协助业委会完成成员分工、内部制度建设，也加深了业委会对民法典的准确理解。组织多次外出参访学习，与优秀业委会进行深度交流，不断增强自己的专业技能，促使以后可以更好地为小区居民服务。其次，由街道、社区牵头，协助红湖公园城小区召开业主大会，公开竞标，通过现场投票、入户投票的方式，公平、公开、公正地选出了新的物业公司；在街道、社区指导下，制定了小区三本公约、细化了物业合同、规范了物业服务细则等，合同中对小区的基础设施建设、小区环境维护与改善、治安管理等都作了明确的权责规定。最后，由幸福家收集居民需求，反馈给社区居委会及相关部门，业委会再利用相关资源，对小区外墙进行维修，疏通下水道，解决了路面塌陷等问题。新物业公司进入后，业委会利用合同条款，发挥对物业服务的监督作用，督促物业对小区前后大门进行改造，落实小区高清监控全覆盖及路面修补等工作。这些很大程度上缓解了居民与物业的矛盾，建立了比较好的监督机制、信息反馈机制，促进小区和谐发展。

图 19　志愿者爱心磨刀

图 20　疫情后大扫除

图 21　开展为老服务活动

图 22　自组织队伍开展志愿服务活动

总体而言，这4年里，幸福家的社会工作者协助居民积极争取小区内的公共活动空间，打造了1处老年人活动室及多处户外活动区域；链接周边各种医疗资源，开展义诊、义剪、节日庆祝、慰问等300多次为老服务活动；为老年人开展防诈骗、手工制作等活动，鼓励他们建立自组织队伍，让他们“老有所乐，老有所学，老有所为”。幸福家还协助居民组建了6支文体类、志愿服务类、环境保护类自组织队伍，培育赋能，完善队伍制度，明确人员分工，均已发展成非常成熟可以独自运行的队伍。他们结合居民需求，已开展300余场活动，参与人员10000人次，服务居民60000人次。多样的社区自组织的培育，不仅满足了居民日常的文化娱乐需求，还充分发挥了自组织自治、自发展、自我服务的作用。

图23　自组织队伍日常巡逻

图24　红湖合唱团日常教学

图25　居民乐开怀，邻里大和谐

这4年漫漫征程所取得的成效，凝聚了多方力量，最宝贵的还是小区内生力量的成长与发展，他们是实现社区可持续发展的保障，这也是“陪伴参与式社区治理”的核心理念。社会组织、社会工作者在行动过程中始终扮演着“教练员”“陪伴者”角色,会逐步退出具体小区。这舞台本就应该属于小区居民和社区社会组织,这也是社会组织介入行动要达到的终极目的。

五、经验总结

(一)以人为本

社区治理是从社区生活出发,通过社区中人的动员和行动,完成自组织、自治理和自发展的过程。关注的是人的主人翁意识,建立居民对社区的归属感,促进社区互动交流和人的情感表达。

(二)动态需求

在陪伴参与式社区治理的过程中不断探索社区、居民的动态需求,结合需求进行动态回应,并在动态需求响应过程中解决社区具体问题。

(三)项目组合

幸福家在各个社区以社区真实情况和调研结果为基础,策划、引入和承接长期项目。相关项目之间有紧密的关联度,可以有效节约人力成本。同时,项目之间相辅相成,可以多层次、全方位地解决具体问题。

(四)角色定位

社区治理中社会组织的角色定位是教练的角色,社会组织在整个营造的过程中不能喧宾夺主,要充分调动居民参与,激活居民的主观能动性。

(五)参与主体

社区治理中参与是指整个过程中,居民更广泛地参与是每个环节的目标。“参与”要求居民以个人的能力、时间、精力去呼应社区的某一项需求,而不是单纯的参加者,要充分发挥居民的主体角色。

（六）能力关注

社区治理的过程是一个社会组织对社区居民“增权赋能”的过程，关注居民参与社区治理的能力提升，以“小步快跑”的方式推动居民认同，提升居民的自信，逐步自我解决问题。

六、项目影响

以“陪伴参与式社区治理”为研究对象，提炼形成“五步工作法”，并由成都市委组织部在全市推广；

“陪伴参与式社区治理”相关项目和成果获得首届“香城榜样·治理典范”新都区十佳社区保障资金案例，十佳社区营造项目；

获得首届党建引领社会组织参与社区发展治理十佳案例。

社区居民说

红湖公园城小区党员志愿者、合唱团成员陶阿姨：

当初嘛，小区大家互相不熟悉，但是很多人都喜欢唱歌，合唱团慢慢成立起来了，后来请了老师专门教声乐，教大家识简谱。慢慢地舞蹈队也成立了几支，大家还是很愿意学习的，不管哪一个方面，只要大家愿意学，这就是一件好事，对接下来小区发展、小区文明、小区和谐建设都是非常好的。这几年小区文化活动非常丰富，邻居们相处也越来越和谐咯！

红湖公园城小区红袖套队伍成员武叔：

以前我们红湖公园城小区的治安相当不好，盗窃情况挺严重的，后来在街道、社区的支持下，我们成立了红袖套队伍。刚开始挺难的，不过还好，大家坚持下来了，后来小区治安明显好转，现在参加红袖套队伍的人员已有30余人，分为一、二、三期在轮流值勤，不管天晴下雨都不间断，治安维护工作也变得轻松起来。现在小区高清监控全覆盖，小区门禁智能装备运用，在提升小区品质的同时还为居民的财产安上了保护锁。感谢为红湖治理几年里付出辛苦劳动的各位工作人员！

专家点评

本案例详细记录了专业社会组织引导居民社区自治发育的过程，阐释了社会组织在基层治理中的陪伴角色和赋能作用，总结了介入过程中的具体方法和专业理念。对正确认识基层治理现代化过程中社会组织的作用、推动社区自治良性发展具有很好的参考价值。

幸福家行动之初大规模的问卷调查和数据分析不仅有利于全面了解居民的基本情况和诉求，也是一次大规模的宣传动员和关系铺垫。调查展现了基层政府、居委会和社会组织的介入意愿与目标，发现了社区的积极分子，增进了街道、社区、网格员等基层治理力量之间的合作，为此后介入活动的铺开营造了氛围，奠定了基础。

此后，专业组织始终坚持了积极赋能者的角色，非常诚恳地通过各种活动和契机积极动员和引导居民积极分子参与社区的公共交流和公共事务。一次次的交流互动、问题发现、愿景描述、麻烦解决、任务完成激发了居民的治理主体意识，改进了居民公共交流的技巧，形成了社区骨干队伍，提升了社区居民解决自身公共事务的能力。

一件件小事的解决带动居民积极参与，发现社区积极分子，转变居民态度。青少年服务和动员，“以小带大”，带动全体居民积极参与公共讨论，缔结文明规约，改善社区环境。主题性的文娱活动锻炼骨干队伍，增进社区居民的获得感和参与度，积累了社区社会资本和信任。而突发事件协同处置，检验了坦诚交流、团结协作的价值与效果，大大增进了基层政府和社区应对公共问题的自信。

社区是国家的细胞，社区公共事务处理得如何深刻影响着小区居住环境和万千人民的生活幸福。以正确的姿态和科学的方法引导一群诉求多元且背景复杂的陌生邻居参与社区公共事务，逐渐彼此熟悉、信任，组织起来并具备行动能力，然后通过自我管理、自我教育、自我服务，促成共建共治共享的局面，具有极大的社会价值。幸福家在大丰街道崇义社区红湖公园城小区的实践值得我们学习借鉴！

（点评人：李丁，中国人民大学社会与人口学院副教授）

沧海桑田　清源创生

——以大邑县安仁镇清源村社区营造为例

案例类型：社区形态篇

关键词：农村社区、地方创生、社区治理

落地社区：成都市大邑县安仁镇清源村

实施日期：2019—2020年

实施人：匡陵艳、刘双惠、徐丽、母思佳

一、背景介绍

清源村地处成都市大邑县安仁镇，由于村镇撤并现改名为新华社区。全村面积2.5平方千米，土地规模化流转1860亩，其中种植莲藕200余亩，现有常住农户539户，常住人口1726人。清源村是一个典型的川西林盘村落，有典型的川西乡村景致，有家喻户晓的粮食酒厂。不但出产丰富的农作物，还有大片迎风摇曳的荷花，打闹嬉戏的小孩，亦有坐在家门口闲聊享受天伦之乐的老人，村子安静而祥和。清源村是集生产、生活和景观于一体的复合型居住模式。由于地处安仁古镇周边，清源村每年都有大量的游客到访，华侨城集团将区域内的老酒厂和两个集中居住区打造为文创景区“南岸美村”。

随着华侨城集团打造工作的开展，外来人员及资金涌入，社区发生了巨大变化。“南岸美村”项目以“艺术美学点亮乡村，打造公园型旅游社区、活力消费社区”为主题，先后荣获成都市首批3A级林盘、第五届中国游乐行业

大会“最佳田园综合体”、成都市十大川西林盘消费新场景等奖项。当地景区的打造依赖于从村民手上流转的大量土地，村民从中受益的同时，景区打造也悄然改变着村庄面貌和村民原本的生活，部分村民搬迁离开，留下的部分村民却难以融入变迁。“土地变了，风景变了，生活方式也变了。”村里的公共设施也比较缺乏，没有餐馆也没有超市，给当地村民的生活造成了极大的困扰。2019 年，成都幸福家社会工作服务中心连同清源村共同向成都市民政局申请和开展了“沧海桑田　清源创生”大邑县清源村社区营造项目。希望以项目引导居民在外在环境、身份与生活方式变迁的情况下，通过发展与治理工作相辅相成，实现居民“再结社”，并推动个人愿景与在地愿景的融合。

二、工作模式

本项目利用陪伴参与式社区治理的技巧，推动村民参与公共空间和地景营造，促进村民阵地化结社并集成公共服务，协助村民培育自组织，强化村民的规则意识，让村民适应变迁的同时通过地方创生的方式，增加村民的经济收入并支持文创景区配套设施的建设与完善。

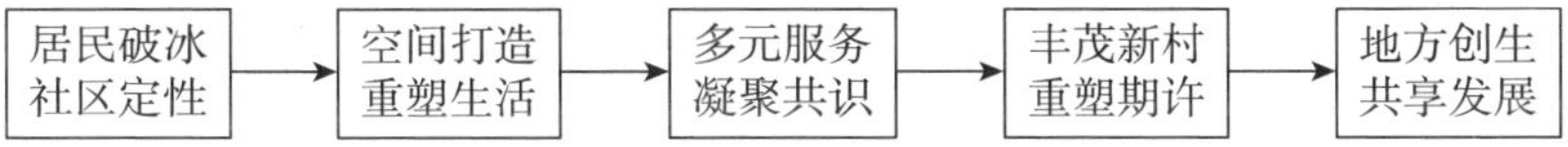

图 1　“清源创生”工作模式

在工作切入上，通过“民态、村态、情态”三大切口，构建村民诉求与当地发展相结合的新型乡村发展范式。

民态：村民的现状与需求，村民对增收的期盼和美好生活的向往。

村态：乡村振兴大环境下，村民对村社的发展诉求。

情态：村民对村庄变化的不适应以及对原有生活的眷恋。

首先，幸福家在社区居委会的支持下以服务为切口完成与村民的破冰，让社会工作者的行动获得村民的认同。其次，以一个可以承载村民参与的公共空间的共同缔造过程为桥梁,回应村民对原有生活的向往,并重塑村民之间的联结。再次,搭建公共空间之后,依托公共空间逐步引入公益、志愿、商业等多元化的服务。在村民生活逐渐便捷的过程中,合理利用公共行动促进情感激发以提升村民对在地发展的认同感,引导村民主动参与共建村社,塑造对美好生活的期待和动力。最后,以“地方创生”(在地居民们用心经营的事业,并且持续地正向循环加大投资与获利)的模式,构建微型集体经济组织,实现景区游客流量变现,促进村民价值与村社发展价值的联动,从而推动村民由“村民”身份向“景区人”身份转化。

三、行动过程

(一)村民破冰,社区定性

不同于城镇社区,乡村社区在开展治理的过程中有两个相对优势,一是村党组织书记对于村民有较强的动员性,只要幸福家能获得书记的支持就能快速获取村民的信任;二是村民之间一般是熟人关系,所以可以借由邻里关系减少在村民动员阶段的困难。但是乡村社区村民的素质普遍低于城镇社区居民,所以引导其主动参与社区治理的难度较大。

机构进入清源村的第一件事是组织项目启动活动。由村党组织书记和机构负责人主持,各个村小组的村民代表参加。会上,幸福家负责人用平和的话语告诉村民这个项目要做什么,最后他说:“大家知道我们这个项目是怎么来的吗?是我们书记亲自去成都答辩,从上百个竞争对手面前争回来的。书记努力了,因为他心里有清源村,有大家,他希望清源越来越好,希望我们的生活也越来越好。他争取了这么好的一个项目回来,那接下来的工作,就靠大家了,我们一起来努力可以吗?”幸福家负责人的一番说法动员了在场村民,老支部书记站起来鼓掌说:“我支持你们,我们都会配合你们,我们一起来,这是我们的清源村!”一场启动活动,扩大了项目的影响力和村民知晓度,让幸福家和社区、村民初步建立起合作关系。老支书的鼎力支持,为幸福家后续工作的开展扫清了很多障碍。

图 2 "沧海桑田 清源创生"项目启动会

为了让村民认识幸福家和社会工作者,社会工作者启动了"为老服务"行动。与幸福家在其他社区开展的服务不同,清源村的"为老服务"是由社会工作者上门走访,一方面,为村民测量血压,关怀村民;另一方面,了解村民需求与基本情况。

图 3 开展为老服务活动

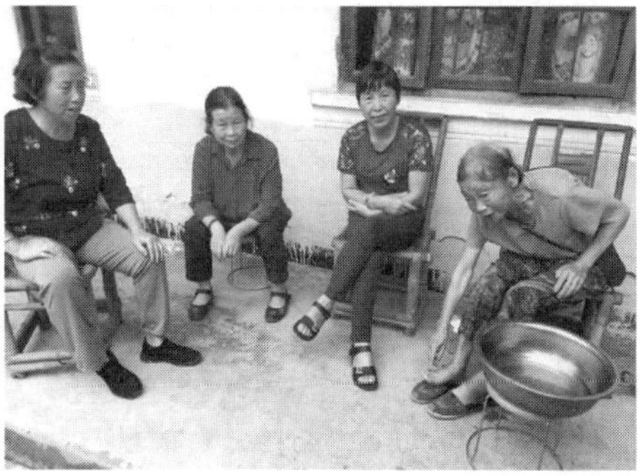

图 4 走访调研村民情况

社会工作者在走访村民过程中发现:

一是社区周边配套设施不足。幸福家进入清源村时,景区的硬件设施已趋于完善,但相应的配套服务迟迟未能跟上。社区党群服务中心距离"南岸美村"有 2 千米,距离较远;社区也缺少村民活动与议事的公共空间,缺乏公共服务供给。

二是村民参与村内事务积极性不高。村民虽有依托社区发展进行创生致富的动机,但村民组织较为松散,且村民文化素质相对较低,对社区的组织动员视而不见,与外来企业华侨城集团之间的嫌隙较大,缺乏信任。

三是村民尚未做好与社区同步发展的准备。清源村得到良好发展的同时,村民的参与意识仍然不高、参与能力不足、参与渠道有限。在社区发展变迁过程中,部分村民严重不适应,表现为与社区变化隔绝、无所事事,对社区发展治理持观望态度,漠不关心。

四是通过多次的走访和服务,幸福家挖掘了一批愿意参与项目的热心村民。但当务之急是找到一个可以承载村民活动的场所,一个可以凝聚生活记忆且村民感到舒适的地方。

(二)空间打造,重塑生活

"南岸美村"有三种类型的空间。一种是经营性的空间,如饭馆;一种是村民的居家住宅;还有一种是展示性空间,如乡村美学馆。很多村民的土地整理后随子女住到了县城,数十家老宅就被闲置了。于是社会工作者产生了充分利用空闲老宅打造公共空间的想法。联结村委会针对此事召开议事会,进行了一轮又一轮实地勘察和筛选。最终,确定了打造空间的适宜位置。村口的一户人家现居住在安仁镇,老宅处于空置状态,屋主从未想过把房屋变卖。了解村民的现实需求和幸福家的打造方案后,屋主决定将房屋捐赠出来,还亲自把钥匙交到社会工作者的手里,请幸福家为村里贡献力量,带动村民共同打造自己的家园。"让村里的老辈子们有聚的地方,不再孤单,也不用每天沉迷在麻将桌上,这也是在延续这个房子的生命和故事嘛。这还可以增加我们家里的人气,很好的。"屋主爽朗地笑着说。

公共空间有了,但是这座青瓦房年久失修、设施陈旧,屋内布满蛛网,墙面斑驳发黄,屋顶破旧漏雨,地面布满青苔……因此必须对老宅进行升级改造。基于前期的深入拜访,社会工作者与村民已经建立了信任关系,很快就邀请到了村民志愿者对房屋的墙体和门窗进行翻新,更换老化线路,铲除花园里的杂草,修剪树枝……

图 5 “清源小筑”选址

图 6 打造前的小筑:青苔杂草丛生

最终,经过社会工作者和志愿者的共同努力,原本破旧不堪的青瓦房重新焕发了活力。关于公共空间的命名,村民们思来想去最终确认以项目的名字命名,取名“清源小筑”。如果有人问:“你们的清源小筑在哪里?”村民们会自豪地说:“在我们村口飘扬着国旗的那里。”“清源小筑”像一个符号,象征着村民们对未来幸福生活的期许。

图 7　村民一起打造“小筑”

“清源小筑”建成后，熟悉项目的村民每天都会来走一走、逛一逛，因为这个空间是他们自己参与打造的，里面凝聚了他们的汗水与期待。在一次小筑议事会中，村民程阿姨提出：“我们的空间有了，但这个院坝到下雨的时候也坐不了多少人哪，是不是应该再安装一个雨棚，不管下雨还是天晴都可以在这里休息，也可以组织邻居们过来跳跳舞什么的。”村里的骆阿姨说：“我们进门口就看到这面墙光秃秃的，一点都不好看。”根据这些具体的需求，社会工作者主动与村民志愿者们协商确认，并积极动员村民参与改造实施，集合大家需求与智慧的公共空间悄然成形。

图 8　村民一起打扫门庭

图 9　村民一起粉刷墙面

（三）多元服务，凝聚共识

从破旧老宅到光鲜亮丽的“清源小筑”，幸福家解决了村民“可以到哪儿去”的问题，但是“为什么要来”的问题是摆在幸福家面前的新问题。如果一个空间，它只是“填空题”，而没有后续的运营和服务，那么这个空间就只是摆设，无论设置多少功能、悬挂多少牌匾都发挥不了它的作用。随着常态服务的开展和“清源小筑”的打造，村民的心门被打开，幸福家也发现了越来越多的村民需求。

第一，积极性动员需求。村民参与村内事务积极性不高。景区中打造的花路被破坏，他们不以为意。他们认为这是华侨城的事情，这是村上的事情，而不是“我的事情”。

第二，照料需求。村里不通天然气，不少孤寡老人、空巢老人，甚至一些行动不便、卧病在床、需要照料的病人，都只能自己烧火做饭。

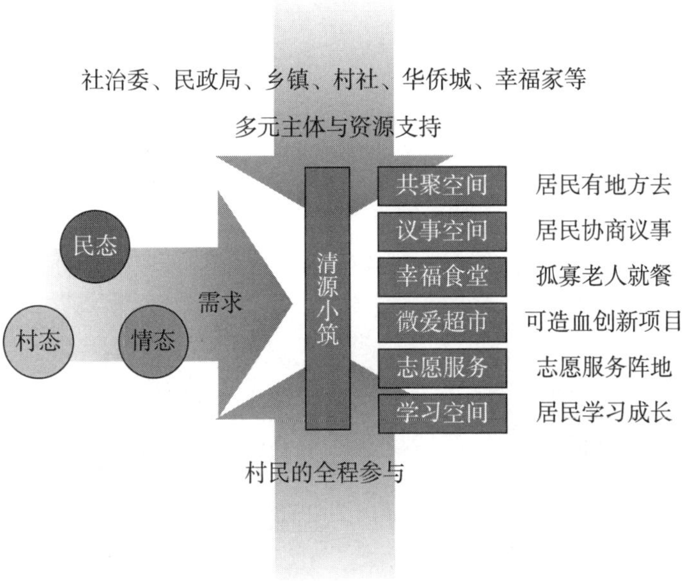

图 10 “清源小筑”多元服务打造模型

第三，购物需求。村民采购生活物资需要到几千米外的乡镇，时常也有游客进入“清源小筑”咨询有无商品售卖或便民服务。

第四,休闲娱乐需求。一方面,村民缺少文体娱乐活动,经常聚集在竹林里打麻将;另一方面,村里不乏热爱舞蹈、擅长音乐的能人,却缺少参与和展示的平台。

第五,教育资源需求。清源村教育资源落后,放假在家的儿童、青少年沉迷于电视、手机,缺乏学习和娱乐活动的空间。

在明确了这五大需求之后,社会工作者请来幸福家的社区规划师对公共空间进行整体规划。与此同时,社会工作者和志愿者团队在村委会的支持下召开了小筑议事会,旨在拓宽村民参与村内事务的渠道和方式,吸纳更多的村民加入“清源小筑”,为“清源小筑”的发展建言献策。除了村民的需求,社会工作者自身的需求也非常迫切。

1. 幸福食堂,是家的味道

清源村当时仍处于打造过程中,没有一家餐饮店铺。社会工作者每日午餐都要奔赴几千米外的安仁镇,每天吃饭往返就要一个小时,大大缩减了社会工作者的休息时间,无形中增加了社会工作者的疲惫感和工作压力。“小筑里面有厨房,为什么我们不把厨房用起来呢?”社会工作者小徐提出。“正好,村里之前走访的五保户、孤寡老人也可以一起来吃,我们还可以开一个幸福食堂。”社会工作者把想法告诉了书记,书记非常支持。于是在书记的牵线搭桥下,很快就有 5 名孤寡老人报名参与。

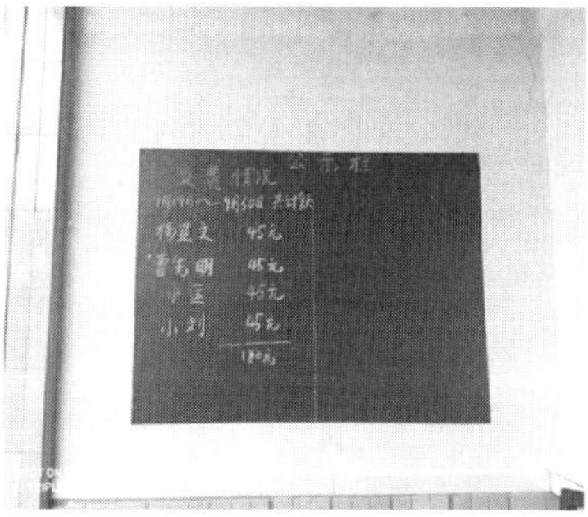

图 11　幸福食堂餐费公示栏

图 12　幸福食堂采购

幸福食堂的开办,幸福家秉承可持续和在地化原则。首先,幸福食堂必须是“正常收费的”而非“无偿的”，无论是社会工作者还是孤寡老人都支付餐费，以月为单位一次性付费，再公示每一笔开支，做到收支公开透明。通过讨论，幸福食堂最终暂时定价为每顿5元。

其次，幸福食堂不是社会工作者自己开办的食堂，而是大家共同开办的，所以食堂的餐食需要社会工作者、孤寡老人和志愿者轮流烹饪。

图13　村民一起轮流做饭

再次，幸福食堂强调自力更生，在小筑旁志愿者们开辟了“幸福半亩田”作为小筑专属农田，通过志愿者们的辛苦种植，“幸福半亩田”里种植了各类蔬菜。

图14　小筑的“幸福半亩田”

最后，幸福食堂也接受在地村民的捐赠。在小筑门边设置爱心捐赠点，每天都会收到各类捐赠。在乡村开食堂最不缺的就是蔬菜的供应，幸福食堂不仅有自己种植的新鲜蔬菜，还有热心村民主动捐赠的蔬菜。在搭建幸福食堂的过程中，社会工作者和志愿者还链接了华侨城集团资源，由其长期为幸福食堂免费提供米和食用油，让幸福食堂的运营成本得以降低，确保幸福食堂的持续运转。渐渐地，日常到幸福食堂就餐的村民逐渐突破了10人，其中有一位村民由于腿脚不便，幸福食堂就派出志愿者每天送饭上门，促进邻里和谐，实现互帮互助。

图15　村民捐赠的蔬菜

图16　华侨城捐赠的油和米

图17　社会工作者和村民们一起在幸福食堂吃饭

图18　来吃饭的村民越来越多

幸福食堂的有效运转大幅度提升了幸福家和项目在清源村的公信力，但由于肉价飞速上涨，每餐5元并不能完全覆盖所有成本。幸福家同时考虑了孤寡老人的经济困难和周边购物不便等问题，“清源小筑”引入荣获中国青年志愿服务项目大赛金奖的“微爱公益慈善超市”项目。微爱超市面向辖区村民和游客提供商品销售服务。至此，游客在清源村就可以购买零食和饮用水，并通过销售盈利来贴补幸福食堂运转的资金缺口。

除此之外，超市还为村民提供雨伞、工具借用服务，以及提供热水、临时休息等便民服务。在超市经营的基础上，幸福家还构建起了完善的志愿服务积分管理制度，由超市经营“造血”支持志愿服务行动的长效运转，社会工作者也开展了一系列服务，如以幸福食堂为载体，开展“分享菜 · 传递爱”等公益活动；以“托起朝阳”“陪伴夕阳”等老年人关爱、青少年培力等服务，让不同年龄段的村民都能感受到社区的温暖。村民通过参与服务、捐赠物资等可以得到相应积分，然后在超市兑换物资，这不仅让更多的村民认识和了解了志愿服务，也让文明新风在清源村传播开来。

图 19　微爱超市的打造

图 20　村民赠送的横幅

图 21　微爱超市的工具借用服务

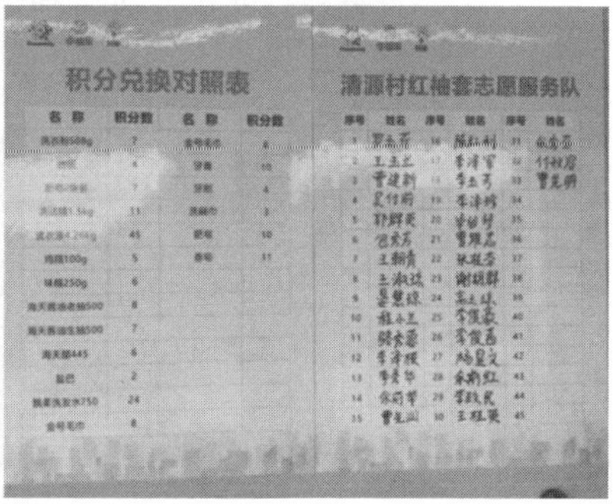

图 22　志愿者积分兑换表

2. 清源茶驿，以茶会邻

<table>
<tr><td rowspan="2">社工室</td><td rowspan="2">清源茶驿</td><td rowspan="2">微爱公益
慈善超市</td><td>卫生间</td></tr>
<tr><td>幸福食堂</td></tr>
<tr><td colspan="3">休闲院坝</td><td>明天图书室</td></tr>
<tr><td colspan="4">花园</td></tr>
</table>

图 23 “清源小筑”功能室平面图

“清源小筑”内还开设了“清源茶驿”公共空间，村民可以在茶驿休憩、喝茶聊天。“清源茶驿”还提供存茶服务，便于村民日常约上三两好友在驿站里喝茶下棋。为了“以茶会邻”，社区书记充分发挥党员的先锋模范作用，向“清源茶驿”捐赠了 10 余斤茶叶，并定期组织“社区书记下午茶”，通过社区书记与村民喝茶、畅谈的方式，实时了解村民的动态需求，化解基层矛盾，增强村民与社区之间的认同和信任，促进社区和谐。

3. 明日图书室，打造七彩世界

为了给村里儿童打造一个适宜娱乐、学习、活动的空间，机构动员城镇社区的社会爱心人士为“清源小筑”捐赠图书，打造清源村“明日图书室”。图书室免费对全村村民开放借阅。图书室里设置书写台，供有需求的村民练字、绘画，亦为书画志愿者为儿童开展免费美育兴趣课提供场所。

图 24 孩子们在画他们心中的清源村

4. 舞动奇迹,乐享人生

每天下午,音乐声便飘浮在清源村上空,以村民程阿姨为首的兴趣爱好者在“清源小筑”开展日常舞蹈活动。“清源小筑”每周都有“音乐节”,二胡、电子琴、萨克斯……各种乐器在小筑里合奏出动人的音乐,让村民享受到音乐的魅力。村民曹大叔说:“现在的小筑很安逸、很巴适,我们没得事就想到这里来耍一下,不来还浑身不舒服。”村民包大姐表示:“这样的小筑才是我们心目中的小筑,有了小筑后我们就有了自己的娱乐空间,感觉这才像是我们自己的家。”

图25 村民一起听音乐

图26 村民一起运动

(四)丰茂新村,重塑期许

随着工作的开展,“清源小筑”充分发挥空间承载的作用,重塑着村民的生活轨迹。在兴趣小组的基础上,社会工作者引导群众性组织向社区社会组织转化,主动调解村民与华侨城集团之间的矛盾,加强村民对村社“未来”的认同感,促进村民参与社区发展治理的深度。很快,社会工作者依托“清源小筑”建立了“美村”议事机制,定期召开村民议事会,共商共议村民自治、集体经济发展等社区公共事务,构建“机制共建、义务共担、资源共享、实事共办”平台。

图 27　召开村民议事会，大家举手表决

图 28　志愿者队伍维持黄瓜寺庙会秩序

每月的初一和十五都是清源村黄瓜寺开庙会的日子，每到庙会清源村都人山人海，而人潮退去后总会发现黄瓜寺周围的花草被偷摘，游客乱停车造成路面损毁，垃圾遍地等问题。在该项目介入之前，村民们觉得“反正都有华侨城弄，不关我的事”。有了议事平台后，村民们开始关注如何维持黄瓜寺庙会秩序避免“南岸美村”环境被破坏的问题。社会工作者特意把庙会前后的周边照片进行对比，让村民看到庙会前后村社的变化。与最初设想不同，村民都非常关心黄瓜寺的现状。村民刘叔叔站出来：“太要不得了！我们的村都被他们整成这样了！”周阿姨附和道：“对！太不讲素质了。”黄瓜寺环境被破坏的问题已经被村民看到了。“我们要做点什么呢?”随后村民们你一言我一语地针对庙会问题进行讨论，有激烈的村民说不要做庙会了，也有村民说要自己维护村社。最后决定在每次庙会举办的时候都由志愿者队伍到现场维持秩序。

黄瓜寺庙会只是一个小问题，后来“美村”议事陆续针对“南岸美村”花卉被盗、外地摊贩占用路道、商户随意倾倒垃圾等问题进行了讨论并寻求解决办法落实。有时也请华侨城集团工作人员来参加议事会，把憋在心里的话说出来，打破信息不畅的情况，逐渐扭转彼此不理解乃至对立的局面。

在构建“需求—议事—行动”规则的同时，社会工作者也在组织公益倡导类的群体行动。2019 年是中华人民共和国成立 70 周年，国庆前一个月社会工作者就联系村民共同商议共庆方案，并投票确认全村借用老酒厂一同观看国庆阅兵，共庆祖国 70 周年。在筹备的过程中，了不起的村民们提出了很多有趣的建议，期望在国庆期间营造村社爱国氛围。一天早上，老支书兴冲冲地来到“清源小筑”，他给社会工作者带来了一条他悄悄做的横幅，并想把横幅张贴在小筑的围墙上。横幅上写着“我们和祖国一起更好了”。老支书说：“你们这些小朋友是没有经历过，我们的国家太不容易了。但是，我们现在不也在一天天变好了。环境变好了，房子不愁住，孩子们也有出息，这都是党和国家带领我们走过来的。”

图 29　村民一起整理，一同感受好的时代

那次国庆，是清源村建村以来最热闹的一次国庆，村民整齐地坐在老酒厂的活动大厅里，一起唱国歌，一起挥舞国旗，一起鼓掌，眼里有自豪，也有幸福的影子。

（五）地方创生，共享发展

当以村民的收入和发展为代表的个人愿景与这个“地方”的发展愿景相一致时，那么这些村民和这个“地方”才能有最大的价值交集，才能让村民从内心深处真诚地关注村社的发展，才能达到休戚与共。“南岸美村”作为一个景区，本身就自带“流量”。除了务农，村民还偶尔参加华侨城集团的集体种植行动，通过打零工每天可以获得100元收入。那这些“客流量”如何转化为村民的收入呢？

一说要成立“清源创生社”，大家一起来“挣钱”，阿姨们就来了兴致。但“清源创生社”的成立需要大家共同筹资5000元作为启动资金，村民却不愿意了。通过商议，最后由村民自筹2000元，幸福家借款3000元作为“清源创生社”的启动资金。幸福家借款由“清源创生社”在半年内的销售利润里优先退还给幸福家，剩余资金再进行村民间分配。“清源创生社”运行正常的情况下，需要将利润的5%捐给微爱公益慈善超市，作为志愿者积分兑换的资金池，支持日常积分兑换。

“清源创生社”选取了操作简单、游客需求大的烤肠、冰粉、狼牙土豆和盒饭作为服务内容。为了让创生社提供安全、卫生且美味的餐食，社会工作者还邀请了安仁镇商盟的相关餐饮机构负责人到“清源小筑”现场教学。随着“清源创生社”运营进入正轨，创生社每月的平均收入超过12000元，每个参与“清源创生社”的村民根据投入成本的多少，收入在50—600元不等。“清源创生社”在当地大众点评中评分达到了4.6分。

随着疫情解封和社区景区打造竣工，各类业态开始营业。创生合作社联合外来企业、社区以谋求更多的创生路径。其间开展了1次社区招聘会，解决了社区30余人的就业问题。同时，联系社区竹编厂等社会企业，探索村民开发手工竹编等新创生业务。

四、项目成效

2020 年的新冠肺炎疫情对“南岸美村”的打击是直接且严重的，虽然“清源创生社”的收入直线下降，但在疫情期间，这些村民不再认为“村里该为我们做什么”，而是主动站出来成为疫情中守卫村社最坚实的“关卡”。

图 30　现在的“清源小筑”

疫情解封后，“清源小筑”的人气越来越高，越来越多的村民愿意到“清源小筑”坐一坐、玩一玩。在“清源小筑”，老年人聚在一起做当地的美食，安享晚年生活；中年人在劳作之后来此小坐，泡上一壶清茶，缓解劳作的疲惫；

孩子们更是爱上了图书室，不愿意离开。“清源小筑”已经深度融入了村民的生活，村民们亦在“清源小筑”找到了曾经的生活乐趣，促进村民以更好的新姿态迎接幸福美好的生活。

而随着项目的结束，2021 年幸福家也陆续撤出了清源村。在地招聘的社会工作者没有随幸福家到新的项目点位，而是留在了清源村进入社区成为一名社区工作者，继续带着村民朝着更好的生活努力。

五、经验总结

(一)治理工作未必都是砸钱

很多时候，幸福家和社区书记沟通社区治理的时候，社区书记总会说：“我们没钱。”其实，治理未必都是砸钱，也未必都是“高大上”。只要社区治理能融入村民生活，联结邻里情谊，展示村社未来，那这样的治理就是有价值的，就能绽放绚丽的治理光彩。“清源小筑”的整体打造只用了不到 3 万元。墙面是村民涂刷的，桌椅是村民捐的，花草是村民种的，实现深度的村民参与才是治理的核心，经费的多少只影响项目采取的路径切口和具体行动方式。

(二)地方创生凝聚发展愿景

以乡村为背景的治理应该在保有村风民态的基础上，以发展的视角推动村民的成长、村社的进步，让在地村民用心经营自己的事业，实现可持续性的正向循环投入与获利。这种经营可以密切地联结当地人的生活与发展。村社治理不应该再沿用过去的老方法，只从自上而下的角度一味地要求村民遵从管理，而应该将“让地方更富裕”作为地方创生的核心精神。只有让村民也搭上国家经济建设的顺风车，实现村社与村民个体得到同步发展，共享社会主义国家建设成果，才能真正带给村民有品质的居住环境和有尊严的生活，才能让村民产生共鸣并创造属于他们的未来。

（三）尊重和守护我们的“地方”

刚驻点清源村的时候，社会工作者发现很多村民不愿意走出家门，因为他们觉得这美丽的村社并不属于自己，而是强行进入他们生活的。村民们觉得“南岸美村”应该是城里人的村、设计师的村、华侨城的村，反正不再是自己的村。个人情怀和规划打造技术在引领村社建设的同时，经常会忽视对生活本质和村民真实需求的关注，剥夺了村民的话语权，让村民沦为美好村社中的一种“景致”。所以，在乡村振兴中要尊重一方水土，尊重居者的本真需求，在文化脉络中寻找契机，在守护中求发展。这不仅是一处“景区”、一个“作品”，更是这个“地方”的未来，这对土生土长的村民而言尤为重要。乡村振兴不应该成为“掠夺者”，而应该成为村民的“陪伴发展者”。

（四）找到发展和治理的平衡

城市发展、基层治理与村民幸福生活是唇齿相依的。在乡村振兴的过程中，要“两手都要抓，两手都要硬”，在发展中寻求机会，在治理中夯实基础。清源村的发展在引入华侨城集团的基础上，村民的适应是治理的难点。乡村治理的试点破题就是要在发展中凝聚人心，在治理中推动变化，以科学发展引领激发创造力和发展活力，实现有效治理，推动村社发展与基层治理的深度融合，让村民在享受发展红利的过程中找到“自己”的位置。

六、项目影响

2020 年成都市委社治委现场会在“清源小筑”举行；

上海交通大学、四川大学、复旦大学等知名院校专家如徐家良教授到“清源小筑”提供专业指导；

“沧海桑田　清源创生”项目先后接待了浙江省、江苏省以及其他省市参访学习团 40 余次；

借由“沧海桑田　清源创生”项目，清源村（现名新华社区）获得成都市 2020 年党建引领百佳示范社区。

社区书记说

通过项目，社区看到了在新时代的治理需求中如何与居民构建更为有效的关系。在华侨城集团以美为核，构建了一系列“美村”产品体系的过程中，清源村把“南岸美村”融入乡村美学和艺术乡间，盘活了既有的林盘和农田资源，提升了乡村土地的经济价值和美学价值。但是，随着村民的外流，我们也迷失过，也出现过“无所事事”的状况。这些过程中，老百姓也走了，社区能做什么呢？但是通过这个社区治理项目，社区发现居民的“根”还在，只要能催发村民的有效参与、价值共享，就有可能打造“多方合作、多元互动”发展模式，让村社不是地方发展的“遗迹”，而是地方发展的载体，更是灵魂归处。

专家点评

这个项目总体上是一个成功的社区营造案例，对清源村的发展与改变有着长远的价值与意义。

清源社区属于村改居过渡型社区，村民面临着居住方式、生产方式与生活方式变化的巨大冲击，对未来的不确定性担忧以及对过去农耕生活的怀念，塑造了社区居民的心理状态，重建共同体、重建社会生活则构成了社区居民的公共需求。

幸福家工作团队入驻社区以后，以服务为切口获得居民信任，以公共空间的打造与运营，重塑村民的联结与集体行动，并以公共空间运营为契机，逐步引入各类服务，实现了公益、志愿、商业等多重目标，丰富了居民参与社区活动的途径，激发了居民参与社区活动的热情，达到了活化社区的积极效果。所有这一切，都具有教科书般的样本意义。

（点评人：黄忠怀，华东理工大学社会与公共管理学院副教授，中国城乡发展研究中心副主任）

“三味”破局老旧院落治理
构建租客友好型社区
——以锦江区东湖街道观音桥社区为例

案例类型:社区形态篇

关键词:老旧社区、院落治理、社区发展

落地社区:成都市锦江区东湖街道观音桥社区

实施时间:2020—2021 年

实施人:王希、杨勇

一、背景介绍

(一)老旧院落

随着城镇化的快速发展,中国众多城市面临着破解城乡二元结构以及重塑城市内部新型二元结构的难题。城市内部新型二元结构指随着城镇化的推进,大量农村劳动力向城市流动,农民工成为城市常住人口的重要组成部分,但其享有的公共服务与资源并没有随之改善、达到城市居民的标准水平。户籍仍是城市人口分割的重要标准,本地户籍人口享有户籍带来的包括居住环境、社会保障、个人发展的优势,城市内部形成鲜明的以外来务工人员为一“元”、以户籍人口为另一“元”的经济社会结构的分割(孔媛,2011)。2016 年,成都市房管局摸底调查结果显示,成都有 7100 多个老旧院落,其状况在全国主要城市中具有普遍性。这些院落主要形成于 20 世纪八

九十年代,多为计划经济时期企事业单位宿舍和政府拆迁安置房等。随着社会经济的发展,多数企业改制或破产,早期拆迁安置房管理政策不明等多种原因导致老旧院落长期无人管理。

老旧院落正成为我国城市基层社会治理的重点与难点。老旧院落的治理,是社会发展的必然选择,亦是关乎民众生活状况的重大民生问题,更是实现政府治理、社会调节与居民自治良性互动的关键环节。老旧院落治理不应该只关注环境改造和配套设施的完善,更应该响应“再中心化”(形容老旧院落焕发生机,再次成为居民生活的重要载体)的诉求,实现老旧院落公共服务及其载体水准的持续优质化、相对均衡化,这是一个“以人为本”的治理创新过程。

说到成都的老旧片区,“东光”是一个绕不开的符号。“东光”是一个以老旧院落为主的连片区域,建于 20 世纪 90 年代。它像是被包围起来的“隐秘角落”。“东光”虽被高楼大厦紧紧包围着,但依旧保留着浓浓的烟火气息。在这里,有考验车技的狭窄的双车行道,有高大挺拔的梧桐树矗立在道路两旁,夏天可以在路边踩着零碎的光影悠悠慢行。在这里,有把逛露天菜市场作为每天“必修课”的居民,每天清晨都能听到菜贩卖力的吆喝声,居民们拖着买菜的小推车一进菜市场就开始讨价还价。就算你只是路过看一眼,都会有阿姨叔叔热情地问你一句:“小伙子/小姑娘,买点啥不?”在“东光”最不缺的就是小茶馆,一把老旧的竹椅,一杯清香的花茶,一台手搓的麻将,伴随麻将的碰击声、居民的欢笑打趣、老板的热情招待,居民一坐一待就是一下午。便捷的交通、温柔的房东、安逸的生活让“东光”成为刚毕业大学生的租房首选地,特别是附近四川师范大学刚毕业的大学生。在这些万家烟火中的观音桥社区,却面临着大多数老旧院落共同面临的问题。

(二)观音桥社区

本案例提到的观音桥社区就坐落于“东光”片区内。作为成都幸福家社会工作服务中心的注册地,观音桥社区成立于 2014 年 1 月,辖区总面积 0.43 平方千米。四至范围:东至净居寺路;南至沙河;西至东光街、东光北二巷;北至净居寺西街。观音桥社区办公区位于观音桥 56 号 2 栋 101 号。辖区有居民院落(小区)26个,其中老旧院落13个(1个院落为开放式),物管院落12个,自管院落1个,共有7126户住户,户籍人口11734人,常住人口约20700人。社区现有党委成员5人,下设15个院落党支部,党员450人,2个“两新”组织党支部,社区居委会成员9人,现有居民小组14个。社区居民主要分为两类:一类是集中安置到本地的居民,多为老年人;一类是租住在社区的流动人口。

图1 观音桥社区街景

观音桥社区最大的问题是社区环境与配套设施建设落后等,存在老年居民生活方式与租客生活方式矛盾以及房屋租赁纠纷。其中,房屋租赁纠纷是该社区最大的问题。因为随着经济的发展、城市的扩张,大量原住居民搬离了社区,将房屋出租给在周边企业就业的青年,在房屋租赁过程中,发生租金支付纠纷(房东违背合同涨租)、损害赔偿纠纷(房屋内附属物损坏的责任问题)、转租纠纷(房客将房屋转租充当二房东)以及房屋押金纠纷(正常/非正常退房过程中押金的退还问题)。据统计,观音桥社区每个月都要进行不少于10起的房屋租赁纠纷调解。如何走进租客的生活,如何有效减少租客与房东的矛盾,通过机制化的方式前置性地介入将问题从根部化解,是观音桥社区的重要实践方向。

幸福家自2016年成立后,便一直在观音桥社区开展服务。幸福家的第一家“微爱公益慈善超市”开设在观音桥社区，它的第一支志愿者队伍诞生在观音桥社区，它的第一个与高校联动的“药品≠余生伴侣”项目也是在观音桥社区。本案例主要介绍，观音桥社区在已经借助“陪伴参与式社区治理”理念实现与在地老年居民融合的前提下，如何进一步推动租客参与社区事务，如何让租客感受社区温暖，产生社区归属感，以创新性地解决租房矛盾。

二、工作模式

在以老旧院落为主的观音桥社区，租客是主要人口构成，也是推动社区发展的重要力量。老旧院落的治理问题一直以来都是城市化治理中新的挑战。一方面，对大部分租客来说，社区只是他们暂时居住的地方，租客对社区没有归属感，也缺乏参与社区公共事务的积极性；另一方面，社区也没有搭建与租客良性互动的桥梁，不能实现有效动员。

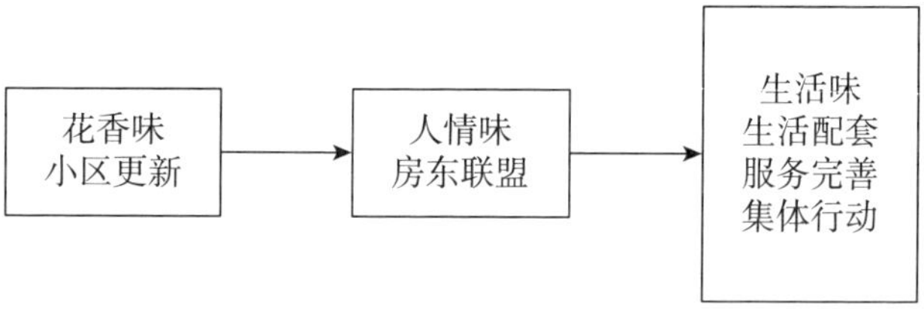

图2　观音桥社区老旧院落治理路径

基于此，2020年幸福家与观音桥社区以“治理”与“发展”为核心，针对辖区租客与居民（房东）的割裂与矛盾，前置主动介入结合社区党建、社区微更新、社区社会企业培育和居民参与和组织化四大工作主题，以“花香味、人情味、生活味”为行动内容，逐步引导租客参与，重塑社区公共精神，试点形成一套以租客为主体的老旧院落治理路径。

由于幸福家已经深入观音桥社区多年，和当地的老年居民关系紧密，和社区合作十分默契。因此，本次案例把重点放在2020—2021年以租客为服务对象的行动过程。

三、行动过程

（一）“花香味”：营造公共空间

社区公共空间是社区或社区群中，在建筑实体之间存在着的开放空间体，是社区居民进行公共交往，举行各种活动的开放性场所，其目的是为广大公众服务。在广泛动员下的公共空间的有效营造，有助于租客的参与，同时让租客直接提升生活的感受。

1. 集民意：打造“小区花园”创意的来源

面临租客这样的居民群体，幸福家需要转变行动策略，无法以年龄段作为项目目标群体进行区分，项目实施上幸福家是先动员老居民，再带动租客参与进来。

与成都高新区、四川天府新区等地的社区不同，观音桥社区内的租客以刚毕业的学生和进城务工人员为主，“落脚”是他们租房的主要需求。对社区矛盾以及与部分租客的访谈内容分析发现，与几十年老街坊对应的是这群完全陌生的租客，如何让他们走出房门感受社区是本项目的第一步。这就需要打造一个社区公共空间，这个空间是一个让租客看得到的实体空间，是一个让租客有机会结识新朋友的交往互动空间，还是一个让租客感受到社区关心的温暖空间，把公共空间作为一个聚点，巧妙地促进租客的融入，让他们拥有社区归属感，构建租客友好型社区。

得益于幸福家在观音桥社区的多年治理行动，在本项目开展前就已经在本地培育了多支自组织队伍，撬动老居民比较容易，特别是当地党员陈叔叔牵头的老年协会（以下简称老协），更是这次行动的主力军。社会工作者把打造公共空间的想法告诉老协后，老协组织成员召开了一次内部吹风会。

“那些租房子的确实不听招呼，好像无所谓一样。上次76号院那个年轻小伙子半夜发酒疯把刘老太婆吓到医院去了。”

“对对对，都住到一起的，相互体谅一点更好。”

"我们这种院子没有物业,你看一楼的那些花花草草,太乱了。"

"是啊,下楼都没得耍的。我还是喜欢老家的那种氛围,空闲的时候大伙就聚在院子里围坐着摆龙门阵,有什么问题就一起商量。"

"有了可以耍的、看的。就不晓得那些租房子的愿不愿意来了。"

"小花园长得乖,咋个不愿意来嘛。其实租房子的年轻人也给我们的老院子带来了人气。"

"那我们可以把花园收拾出来,打造成租客喜欢的样子,还可以举办各种活动,就搞那个阳光下午茶,这样大家慢慢就熟了噻。"

图3　骨干开展居民自治工作会议

打造"小区花园"的想法就这样被提了出来。出乎意料的是,老协的居民对租客是包容和接纳的,他们敞开心怀,欢迎他们的到来。观音桥有多个老旧院落,如果每个院落都能打造一个"小区花园",老居民先迈出一步,然后最大限度地发动租客参与打造,这样就可以把租客慢慢凝聚起来。幸福家与老协商量决定,由社区积极分子刘大爷牵头,在76号院开展试点打造。

2. 聚民力:动员住户集体打造"小区花园"

吹风会后,"小区花园"项目就立刻启动了。社会工作者、党员和老协成员等居民骨干一起进行入户调研，在调研对象上锁定了一定比例的租客居民，希望动员他们也为小院的打造出谋划策。在撬动居民的同时，也考虑动员了房东，通过房东作为桥梁间接地动员和影响租客。

第一次接受入户调研，大部分租客的态度比较保守，也比较警惕，还有些青年人显露出不耐烦。于是项目组就从普通的问候和聊天开始，等聊得熟络后再向他们介绍打造“小区花园”的初心，询问他们的打造意见。

社会工作者小孟全程参与了入户调研，由于她刚大学毕业实务经验不足，第一次上门就吃了闭门羹。因为双方没有建立基本的信任关系，租客不太愿意透露更多信息，他们心里难免会迟疑，心想哪会有这么好的事情。小孟说：“当我们把收集的意见贴在院子里公示，让租客居民看到真的有行动的时候，我第二次、第三次去入户调研的时候，明显感受到他们态度的转变，这是一个接纳的过程。还记得一位重庆大姐很直爽地说：‘你们的事情我举双手赞成，现在需要我做什么，尽管说，能帮的一定帮！’”

也是从第三次入户开始，小孟才陆陆续续从租客那里收集到一些需求：“小区花园可以放一些小孩玩的游乐设施吗？”“可以摆一些桌椅，大家有空了可以坐着晒晒太阳。”“可以组织点电竞活动。”……

有了这些反馈，“小区花园”的实景打造预设在头脑中就生动了起来。有了头绪，有园林景观知识背景的刘大爷开始对“小区花园”进行实地规划，但要启动打造，还需要获得房东的同意和支持。现实生活中，房东对于出租房屋也有自己的烦恼：一方面，租客觉得这不是自己的房子，随时可能搬走，所以不爱惜家具，卫生脏乱；另一方面，不少房东已经搬离了社区，由于租客存在这样或那样的问题，需要时不时赶回来处理，来回奔波。于是，小孟和居民骨干与已经不住在院落内的房东们联系，说明项目的情况，动员他们向租客说明并与其商量，大家一起参与进来。“大部分租客就只是把我的房子当成一个睡觉的地方，下班回来后就玩手机、看电脑、打游戏或者蒙头大睡。所以，彼此之间很难产生交集，没有‘邻居’的概念，没有归属感，更不懂得珍惜，如果提升了他们的归属感，也许大家相处会更融洽。”房东牛叔叔说。对“小区花园”的打造理念进行进一步宣传和动员后，越来越多的房东表示认同，并愿意参与进来，“小区花园”的打造工作稳步推进。

图4 居民清理小区花园

刘大爷完成“小区花园”的打造规划后，小孟组织了5次意见确认会，不断整合居民意见，调整完善打造方案，前期走访的租客也积极献策献计并且参与打造“小区花园”的行动。76号大院的老街坊和租客们聚集在一起，共同商量“小区花园”怎么管理、怎么维护，讨论的内容不断延伸，从花园到楼道再到房屋。大家聚在一起讨论如何打造新生活，不仅能加强双方的了解，建立友好的互动关系，还能促进彼此的互相体谅，让租客有了归属感，把租的房子当作家来爱护。这样房东的烦恼也少了，房东们也从一开始的观望转变为愿意出钱出力，一起打造“小区花园”。

用时不到一个月，“小区花园”打造完成。刘大爷在规划植物类型的时候，有意识地选择了不同季节的花种，让“小区花园”四时有花，花香满园。当鲜花在阳光下绽放，花香味在院子里弥漫的时候，院落里的所有居民都能感受到社区生活的新魅力。

图 5　采购鲜花共建小区花园

(二)“人情味”:创新房东联盟协调居民矛盾

对于租客来说,“小区花园”的建成是对他们生活环境和生活方式的小小改变。但租客始终具有流动性,他们的租期有长有短,社区或社会组织可能刚与一个租客建立了熟络关系,租客就搬走了,这样的治理关系很难巩固。形成怎样的机制,社区与社会组织才有可能与租客建立长效性的互动关系呢?因此,建立长效性的互动关系是观音桥社区构建租客友好型社区的第二步。

1. 乘东风:以房东联盟为基础成立社区社会企业

2021 年,成都市城乡社区发展治理工作领导小组印发《深化城乡社区减负提能增效的若干措施》,开始推动社区社会企业发展。文件鼓励有条件的社区发起设立由居民委员会占股权主导地位,国有资本、社会资本等混合所有的社区社会企业。社区社会企业创收盈利按其社会目标再投入自身业务和所在社区或公益事业。观音桥社区顺利成立了社区社会企业,主要提供面向当地的为老服务,幸福家顺势策划了“房东联盟”的服务模式作为社区社会企业的一个创新业务,由自愿参与的社区网格员、党员和居民骨干构建志愿者队伍并成为社区社会企业的成员，协助房东处理租客遇到的问题，跟进社区内流动人口情况。社区社会企业所收费用一部分用于志愿者补贴，一部分用于后续购买社区公益服务，通过收费和造血逐步实现收益和服务的闭环。由该社区社会企业在“房东联盟”的需求上提供租房服务和房东服务。

图6　宣传房东联盟项目

租房服务是指通过房东联盟聚合观音桥社区本地的租房资源，再由社区社会企业面向租客提供房屋租赁服务。房东联盟基础上的租赁服务与一般房屋中介服务的区别为：

• 租赁周期原则上一年一签，确保可以和租客保持一定频率的互动，同时，针对房租也可以合情合理合法地商量；

• 租房服务费固定为首年300元，次年续租为100元；

• 租客租房需要完成“一标三实”的信息登记，与租客约定信息变更的规则；

房东服务是指为房东联盟的各房东提供服务，并按月收取服务费用，代房东解决租客的问题，减少房东的租房烦恼和矛盾。房东服务的具体内容和过程如下：

• 每月房东向社区社会企业支付20元购买房东服务，购买服务后租客在社区日常生活中面临的问题、矛盾等非房东必须出面的事务交由社区社会企业出面处理；

• 房东服务的实施群体是以党员、网格员和老协居民为主体的“邻里情志愿者队”；

• 幸福家对“邻里情志愿者队”进行培训和指导，包括日常与租客的沟通技巧，特殊情况如何处理，矛盾如何调解等方面；

• 在幸福家的支持下，“邻里情志愿者队”每月对租户进行上门走访，及时了解租房情况，如果租户遇到问题，则力所能及地介入，为其提供适当帮助；

• 在上门走访过程中，“邻里情志愿者队”比照“一标三实”的登记要求及时更新租客的登记信息。如果遇到家电维修等需要付费的情况，由“邻里情志愿者队”把处置建议反馈给房东，经房东确认后再由“邻里情志愿者队”推动维修工作等，由此产生的费用由房东负责；

• 社区社会企业以志愿者补贴的形式向“邻里情志愿者队”提供补贴资金，原则上每月房东支付资金中的40%用于志愿者补贴，其中的60%留给社区社会企业用于购买其他社区公益服务等。

2. 显效力：看世间百态，仍不忘助人初心

“邻里情志愿者队”成立后，以陈叔叔为首的老协成员们像发现新大陆一样找到了发挥自我价值的途径。76号院张阿姨的子女特别优秀，一家人早已搬离了院落，她的房屋租给了以拾荒为生的80岁高龄的钱大爷，他是张阿姨的远方亲戚。每次说到钱大爷，陈叔叔就一脸无奈：“我们院落的钱大爷我们也是没法了，那个房子就是一个小型的垃圾回收站，纸片、塑料瓶、破旧衣物和锅碗瓢盆应有尽有。怎么劝说都没有用，你多说一点他就装聋作哑，你给他扔了他就倒地不起。”堆着的东西越来越多，已经影响到附近居民的正常生活，引起了大家的强烈不满。社区也出面调解了10余次，但钱大爷比较固执，大家多次劝说无果，还引发了邻里矛盾。

为了解决钱大爷拾荒扰民的事，小孟与社区工作人员上门拜访了张阿姨。张阿姨听闻后也觉得不好意思，但再怎么也是亲戚，也是苦命人。钱大爷的老伴患有精神疾病，孩子也是智力残疾，为了给孩子治病才租住张阿姨

的房子，张阿姨就象征性地收了一点房租。后来孩子出车祸去世了，钱大爷老伴也瘫痪了，需要常年吃药，虽然政府给予了一定的支持，张阿姨也时不时帮补钱大爷一家，但钱大爷依旧想靠拾荒支撑起这个家。了解情况后，小孟向张阿姨介绍了“房东联盟”项目，张阿姨爽快地接受了并表示愿意支付费用:“这个挺好的，付这点钱没什么，关键可以帮助老钱，我的租客不要打扰到老邻居就好。”一场关于帮助拾荒钱大爷的秘密行动即将展开。

在幸福家的指导下，张阿姨联合“邻里情志愿者队”齐头并进地开展介入工作。一方面，由张阿姨出面与钱大爷沟通，利用房东和租客的租赁关系告诉钱大爷有居民投诉，不能一直在家里堆放各类拾荒的东西，这已经影响到邻居的日常生活，施以一定的压力；另一方面，“邻里情志愿者队”主动上门拜访钱大爷，耐心与钱大爷交流，聆听他的故事，鼓励他将心中所想表达出来，在沟通中获得信任。钱大爷说了他的过去，说了他去世的孩子，说了他一直想去北京天安门拍照的愿望。这两步的同时介入，即由房东形成推力再由志愿者队进行引导，让钱大爷意识到自己面临的境况，并给他留了一个出口。

紧接着，在小孟的牵头下，“邻里情志愿者队”正式针对拾荒扰民问题和钱大爷进行沟通。

“老钱，我们拾荒的东西每周都要处理，不要堆在家里。你看，你连坐的地方都没有了。”陈叔叔说完，但钱大爷没有动静，他就盯着自己的双手。

“张姐对你挺好的，这个房子都给你住了那么多年了，这个房子现在这样她看到后会怎么想嘛，她会开心不?”钱大爷听后，瞥了一眼我们，又望向了窗外。

“这些东西放着也不会升值，还是要尽快处理才行，你看这个味道那么大，还吸引蚊虫，这些可能还会影响嫂子的病情。”钱大爷听后若有所思，搓着手，然后说:“那我能怎么办呢?”

“当然有办法！这样子嘛，以后每周我们志愿者队都过来帮你，我们一起帮你把东西卖出去嘛。”党员蒋阿姨迫不及待地说，“今天我们就开始，我们试试看嘛！”于是，她带领几个老协成员开始帮钱大爷收拾家里，钱大爷不好意思，也跟着站起来……

现在,钱大爷依旧在拾荒,他每周都盼着志愿者队成员去看他,也许他已经孤独寂寞很久了,突然的温暖让他感到幸福。不少青年租客知道了钱大爷的情况后,平时也帮他攒一些可回收物品,一个快递盒子或一个矿泉水瓶,还定期给钱大爷送过来。后来,钱大爷也不好意思一直麻烦志愿者队成员,所以每周他都早早地把拾荒的物品卖了。慢慢地,钱大爷家里不再堆满废品,也没有垃圾的臭味了,邻里间又恢复了往常的和谐。再后来,他也加入了"邻里情志愿者队",成为年龄最大的志愿者,做着力所能及的事情,加入了租客入户走访小分队,时不时地帮租客安装一个灯泡,帮房东修一下热水器……

(三)"生活味":用"秘密任务"搭建友好邻里关系

随着房东联盟项目的深化,"邻里情志愿者队"俨然成为社区的得力助手,在小孟的支持下,他们一次次入户,一次次邀请租客,一次次与租客集体行动,"邻里情志愿者队"有效地串联起租客和房东,也有租客加入"邻里情志愿者队"。大量租客的积极参与性被激活后,小孟则着手以院落为单位,将社区老街坊和租客组织起来成立院委会,形成以院落为单位的自治小组,并分别制定管理规约,很快,8 个院落的院委会和管理规约都建立了起来。前期通过房东联盟服务项目,社区社会企业也获得了一定的收益,需要活用这笔资金,实现"取之于民,用之于民",支持社区的可持续治理是该社区面临的新的核心问题。基于此,社区社会企业决定支持小孟的想法,面向所有院落统一发布"秘密任务",再由院委会承接在自身院子里实施。这些"秘密任务"很小、很生活化,每个任务的资助可能只有几百元,有拍一张院落全家福的"秘密任务",有组织一次"院落宴"的"秘密任务",还有组织一次春游的"秘密任务"……每个"秘密任务"都需要尽量广泛地动员院落居民参与,凝聚共识,并一同去完成任务。完成一次又一次的"秘密任务",不知不觉间便串联起了院落邻里间的浓浓情谊,增强了彼此的认同和体谅,拉近了邻里关系。

拍摄院落全家福是每个院委会收到的第一个"秘密任务",全家福要求覆盖 80% 及以上的户主和租客。拍摄这张全家福的意义不仅在于它记录了一个院子里居民的幸福时刻，更在于这是给予院落居民的一份弥足珍贵的仪式，它代表着只要居住在一个院落里，不管是居住了几十年的老街坊，还是刚搬进来一两天的租客，只要此时此刻生活在一起，就是相亲相爱的一家人。拍一张院落全家福，在镜头前的人越来越多，心也越挤越暖。

图 7　党员义工维护环境卫生

党员蒋阿姨是 30 号院的，她的热情与感召让她当选为院委会主任，平时也很积极地参加“邻里情志愿者队”的服务，为居民们做了很多实事，积攒了大量人气，解决了许多居民矛盾。可面对这个有着 71 户居民、有 197 名租客的院落，蒋阿姨却犯难了。很多租客都是白天工作不在家，因此蒋阿姨只能晚上自己一家家走访沟通。更多的压力来自她的家庭，每天晚上吃完饭蒋阿姨扔下碗筷就出去了，让丈夫在家里打扫卫生。她丈夫初期还是很支持她的工作的，可是时间一长难免会有微词，有时候蒋阿姨和租客聊开心了，一晚上就只能走访一户。这样算下来，靠蒋阿姨一个人走访的话，可能要走访两个月。但时间延长，她与前期走访过的租客建立起的友好关系可能就会变弱，可能又需要二次走访，因此仅凭蒋阿姨一人之力很难高效完成动员工作。更让蒋阿姨着急的是,已经有1个院落的全家福拍摄成功了,一向好强的她哪能就此作罢。于是小孟和蒋阿姨商量说:“院委会是全体院落居民的院委会,这个居民不只是户主,也可以是租客。个人英雄主义去做院落治理是不合适的,要尽可能地发挥更多院委会成员的力量,大家相互配合。”于是,小孟陪着蒋阿姨策划了“对门的你”行动计划,要求每个院委会成员动员2名愿意参与的居民,然后再要求院委会成员和被动员的居民在一周内上门拜访对面的居民,为他们说明此次“秘密任务”的情况并全力邀请他们参加院落全家福的拍摄。同时建立了一个院落居民微信群,便于后续信息的沟通与交流。有了伙伴们的帮助,30号院的拍摄院落全家福的“秘密任务”进展顺利,那段日子每天都有居民在微信群里提出自己的想法和建议:

“我们每个人都围一条红围巾吧,祝愿我们30号院每家每户都红红火火。”

“我们可以在小区花园里拍,大家整齐地坐着,小孩在一排,一家人站一起……”

图8　院落自治凝聚归属感

“我有单反相机，我拿出来给大家拍照。”

“我们人有点多，可能坐不下，要不我们自家把凳子拿出来，这样才好蹲一排，坐一排，站一排……”

“这个真好，我们以后每年都拍一次。”

渐渐地，拍摄院落全家福已经不只是院委会的事情了，无论是老邻居还是新租客都积极参与，这成了院落所有居民的集体行动。拍摄院落全家福的那天，居民们都穿上了漂亮的衣服，也如约围上了红围巾。就算大家聚集在一起拍照的时候，很多居民还是相互不认识，但是在欢声笑语中，在融洽氛围的渲染下，他们都说自己是30号院的人，这不只是一句话，更是暖心的归属感。

四、项目成效

在老旧院落治理过程中，租客们感受到了邻居的友善，共同欣赏着“小区花园”的美景，他们不再是漠不关心的陌生人，他们也在力所能及的基础上参与院落管理。房东联盟的有效运转，定期根据“一标三实”更新租客信息，协助社区知晓租客的基本情况，并建立特殊情况发生的预警机制。

通过项目的实施，幸福家强化了“老居民－新租客”之间的关联，更强调的是只要生活在一个院落，就是一家人，要彼此善待对方，相互体谅。其实，这中间作出更多让步或努力的是老居民，因为他们的态度是开放且接纳的，他们真心地欢迎外地居民的加入，并用他们的实际行动一点点地打开租客封闭的、自我保护的内心，感染他们，让他们产生了归属感。

生活继续向前，也许部分租客还会在成都买房，扎根生活，但这段在充满“花香味”“人情味”“生活味”的院落里的时光，永远都是他们岁月里的美好际遇。有的居民走了之后还会时不时地回来看一看，约着院子里的邻居去那家开了30多年的手提串串喝一杯，或是去瞧瞧楼下的三角梅开得还好不好……

五、经验总结

(一)找到治理中的“强关系”

在很多社区治理案例里,社会组织与社区总觉得“做这个事情是对的”“我们是为了大家好”,可是这样服务,居民未必接受。在老旧院落治理中,租客的流动性以及他们与社区的“弱关系”,是在治理过程中制约撬动他们积极参与的重要因素,租客们会想为什么我要做?和我有什么关系?因此,社会工作者在开展陪伴参与式社区治理的过程中要找一个合适的理由或契机,从而提高居民的参与性。在本案例中,“房东—租客”这样天然的租赁“强关系”,就成了租客与社区之间的桥梁,通过陪伴租客及房东的支持和介入两个切口推动租客愿意参与。

(二)不一定只盯着“治理”

很多治理项目都是在党建引领下,以公益服务活动的形式推动,但有些问题并不是单纯从治理的角度可以解决。例如,老旧院落中的房东和租客的矛盾,只是从治理角度推动的话,就只是在被动地在面对、处理矛盾,而没有主动地预防矛盾。可以利用新形式挖掘居民、租客的新价值,用发展的视角在居民、租客之间找到参与共治的角度。例如,通过房东联盟项目,社区社会企业有了盈余,再把部分盈余转化为“秘密任务”的资助资金,用来支持更多的居民、租客参与治理。这是在社区和社会组织的支持下,协助居民、租客通过社会化的形式实现“自我造血”,解决了老旧院落中的问题,形成服务闭环的重要理念。

(三)在良性竞争中凝聚各方

有竞争,才会有更大的努力动力。观音桥社区的每个院子都是一个独立的治理单元,在每个院落发布相同“秘密任务”的形式,激活了居民、租客在老旧院落中对美好生活的期待,也逐渐激发了各个院子之间的“竞争意识”,而这些良性竞争,也让各个院子的凝聚力加深了,居民、租客之间更加团结。

(四)行动过程要推动更要找到出路

老旧院落治理中的问题往往是比较尖锐、不容易解决的。所以,在开展陪伴参与式社区治理过程中,不但要会推动工作的开展,也需要对多个步骤的行动及其产生的效果进行预判,并在预判的基础上考虑对应的出路。就好似针对拾荒钱大爷的行动,如果只是一味地推动房东张阿姨,把所有可能促使钱大爷改变的期望寄托在张阿姨身上,这样不仅会让钱大爷与张阿姨的关系变得尴尬、紧张,而且也可能会让钱大爷因为压力过大产生逆反行为。所以,治理过程的推动工作,更要运用适当的技巧引导服务对象看到解决问题的出路。

六、项目影响

房东联盟项目成为成都市社区社会企业标准服务库的首批项目,并在成都市推广。

社区书记说

社区书记张兵说:“房东联盟”的实施过程,让我们社区看到了另外一种可能。一直以来,我们在面对社区中居民的问题的时候,更多的是在思考我们社区要做什么,我们希望社会组织帮我们做什么。这样的思路,往往让我们忽略了各个居民的参与、居民的站位、居民的价值以及掩藏在居民背后的利益关系。所以,很多时候我们可能会一厢情愿,甚至会大包大揽。这次的“房东联盟”项目,我们和社会组织一起去思考“房东与租客”“邻里之间”的关系,从一种服务链条上去寻求各方主体的平衡,最终找到了一条“可造血”途径,构建了居民“为服务付费”的逻辑,从而形成一种长效的服务闭环。

专家点评

幸福家作为社会组织，近年来始终主张并实践着“陪伴参与式”理念，并在成都市的一些地方的不同基层治理情境中，探索着以“陪伴参与式”为理念的社会干预实施路径。那么，同样是社会工作的干预手法，“陪伴参与式”究竟有何不同，会不会又是一个“概念游戏”？某种意义上，“陪伴参与式”表达了一种社会组织在参与基层治理时更为“谨慎”的立场，是一种面对干预对象时，如何在“强干预”与“弱干预”的张力中，寻找更适合、更稳妥，甚至更“无痕”的平衡策略之主张。在社会学的经验研究中，我们常常会有这样的感受，对一个地方的研究越是深入，在有针对性地提出对策建议时就越要“轻拿轻放”，对干预路径的设计也就越要“谨小慎微”。实际上，有效保护并有效激发在地居民的主体性，令干预既不“拔苗助长”也不“隔靴搔痒”，这个分寸感，是极难把握的。社会组织在基层治理中，以外来者身份介入时，如何找准切口，找对干预路径，令治理策略不仅短期有效，还能有利于本地形成长效的秩序格局？我想陪伴参与，是一个好的方法。

比如本案例，“三味”只是“表”，在“陪伴”中的社会组织自我定位、干预决策、干预行动，才是“里”。比如，在通常的认识中，一定会有更好的办法、更富逻辑性的路径，让老旧小区的新老居民间，呈现出更符合“一般想象”的融合路径，但幸福家为何在事项上选择了打造公共空间，在自我角色上定位“桥梁人”，在依托对象上选择了依赖老居民为主、向新居民作出一定范围的扩展，在活动设计时为何选择了“三味”分步策略？我想，弱化社会组织在小区里的“干预感”甚至“参与感”的自我定位，在小区居民原本的主体性基础上，穿针引线、不露声色地往前“推一点”的干预决策，以及以促进新老居民融合为目标采取的系列干预行动，是本案例中社会组织如何在陪伴中作出有效干预的提示。

（点评人：刘伟，四川省社会科学院副调研员）

拆迁安置社区的前置社区治理

——以武侯区“归心似箭”项目为例

案例类型：社区形态篇

关键词：拆迁安置社区、前置社区营造

落地社区：成都市武侯区金花桥街道九龙社区、川西营社区、花龙门社区

项目实施日期：2016—2018 年

实施人：曾静、刘艳、袁玉叶

一、背景介绍

（一）政策背景

2008 年，成都市围绕“还权、赋能、归位”探索了社区治理制度，形成了“社区、社会组织、社会工作者”的“三社联动”社区治理模式，力求改善社区中存在的问题，并取得了一定成效。但是社区居民的主动参与性提高仍不够明显，居民对政府仍具有较强的依赖性。

如何让居民主动参与社区事务？“社区营造”是成都为“社区居民缺乏公共参与精神”这一社区建设历史性难题开出的“药方”。在营造过程中，社区居民持续以集体行动来处理社区生活议题，在解决问题的同时也创造了共同生活福祉，逐渐在居民与居民之间、居民与社区之间建立起了紧密的社会联系。

2016年6月,为进一步深化成都市“三社联动”模式,统筹发挥基层政府、社会力量、居民群众的主体作用,提升基层社会治理水平,成都市下发了全面开展城乡社区可持续总体营造行动通知,成都市社区营造正式拉开序幕,2016年成为成都市城乡社区可持续总体营造元年。在政策背景的支持下,2016年“归心似箭”拆迁安置社区的前置营造项目得以实施,社会组织陪伴拆迁待安置的居民一起等候新家园的重建、邻里情的新联结。

“归心似箭”项目经过3年的开展,已经成为成都幸福家社会工作服务中心在拆迁安置类社区“返迁居民前置干预”、促进“多村居民融合”的成熟项目,在成都市武侯区金花桥街道九龙社区、川西营社区、花龙门社区等社区(村)进行了实践,并取得了良好成效,得到了社区(村)、居民的一致认可。

（二）金花桥街道介绍

地处成都中心城区边缘的武侯区金花桥街道近几年迎来了大量拆迁,辖区内部分散居的拆迁村民等待着安置入住。金花桥街道共有12个社区,2016年拆迁重建的有九龙社区、花龙门社区、川西营社区3个社区,这3个社区比邻接壤。为了促进区域内拆迁安置房建设,改善区域内农民的居住环境,武侯区规划分局审定了位于武侯区金花桥街道九龙社区“九花新型社区安置房项目”的建筑设计方案并核发了工程证。该项目建筑面积23.6万余平方米,建成后将成为多个拆迁社区居民的集中安置区域。

图1　九龙社区拆迁前的景象

此时社区居民住所正处于重建过程中,居民正处于待返迁在外过渡阶段,因此也衍生出一些急需解决的问题。

一是社区居民缺乏安全感。居民搬离了自己熟悉的家园，原本的生活状态、生活习惯被打乱，居民间的凝聚力受到冲击，居民缺乏安全感。

二是社区工作难度增大。在家园重建过程中，居民是散居的，重新聚集难度增大，工作宣传覆盖范围扩大，居民需求收集困难，社会工作者难以融入群众，加大了工作难度。

三是挑战与压力并存。随着一大批外来建筑工人的到来，给社区建设带来新鲜力量的同时，也带来了新的社区治理压力。

二、工作模式

基于当前阶段社区与居民的问题与需求，并结合社区党委与党建工作要求，主要通过以下四个策略回应居民需求。

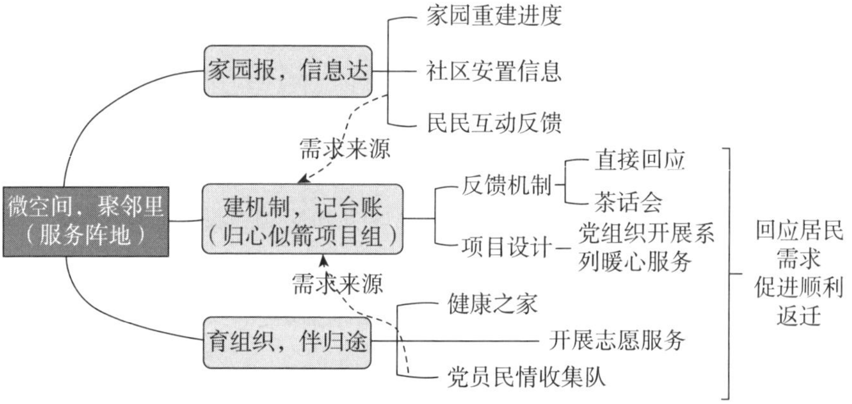

图2 “归心似箭”工作模式

一是建机制，记台账。围绕“回家”这一主题线索，加强党建引领，助力社区“再融合”。社区党组织与社会组织联合成立“归心似箭”项目组，对待拆迁群众的情况逐一梳理，建立台账，并根据其实际需求拟订服务项目和服务计划。

二是微空间，聚邻里。打造居民“返迁期盼”微空间，并以此公共空间为工作站点，为居民开展常态化服务陪伴居民，让拆迁居民有一个临时聚集议事的场所和精神寄托点。

三是家园报，信息达。建居民微信群，定期在微信公众号推送新家园重建的进度，让居民了解拆迁安置工作的最新动态，参与家园建设互动。

四是育组织，伴归途。着手培育社区社会组织，将社区志愿者骨干、居民意见领袖组织起来，撬动居民参与。并协助社区社会组织为社区居民策划开展各类节日、“回家”系列主题活动，让居民回归社区，也让周边进城务工人员融入社区。

三、行动过程

（一）入驻安置社区，如何实现破局

破局的关键在于解决组织和人的问题。社区居委会作为最接近社区居民的基层治理抓手，在解决社区矛盾及提升社区治理能力中发挥着至关重要的作用。因此，幸福家第一步是与金花桥街道、社区居委会建立紧密的联系，帮助幸福家更快更准地了解该社区的基本面貌和居民的基本信息，成立联合工作组加强组织间的联系。此外，从居民出发，通过走访访谈，参加社区活动，提供基础服务，让居民知道机构和社会工作者的存在，从了解幸福家到信任幸福家，慢慢地和居民成为朋友，这样居民才能实现从参加服务到深度融入的转变。

1. 金花桥街道和社区居委会层面：齐心协力打造新的公共空间

幸福家在九龙社区做的第一场活动是防诈骗宣传活动。该活动之所以能顺利开展，是因为社区发补贴吸引居民来参加活动。活动结束后，项目负责人带领社会工作者进行活动复盘，探讨给居民发补贴这个行为带来的影响和后果：“我们到底是用钱请他们来参加活动，还是居民想要参加呢？”“可是，这已经是现实了，大家都习惯了。”通过讨论后各方达成一致意见，即必须转变发补贴吸引居民参加活动的“不良风气”，改变居民意识，这也成为项目能否破题的重点。

通过与社区书记协商，幸福家决定采取两个举措：一是更换办公场地，

将社会工作者的工作场地暂时与社区居委会隔开，这样就便于和居民表明幸福家的公益性质，改变居民有钱才参加活动的认知，通过协商决定将幸福家的办公地点设在工地旁边的临时板房里；二是改变工作形式，项目组工作人员共同协商如何与居民进行有效沟通和融合，约定好开展公益活动时相互配合，多以自愿参与的形式推动居民参与社区活动。

由于该社区正处于拆迁过程中，社区周边可供居民集体参与的活动空间非常有限。于是在街道的统筹下，社会工作者在社区进行走访，选择适合居民活动的场地。共有 3 个备选场地：一是社区的临时篮球场；二是改装暂未拆迁的居民搬迁房；三是居民安置新居附近。街道、社区居委会、幸福家三方讨论分析后，最终选址在居民安置新居旁的一片闲置空地。因为，在这片空地上一抬头就可以看到安置小区的修建进度，也便于居民常回来看看。于是，在多方支持下使用两个集装箱布置成简易的办公场地，完成了压实场地、拉电、拉网等工作。其中办公室的桌椅一部分是社区居委会的闲置物资，一部分是在四川大学团委的支持下采购的。

项目公共微空间的打造，加强了多方的沟通交流，促使社会工作者与社区工作人员建立了良好关系，挖掘了居民领袖，为接下来项目的开展创造了条件。

2. 居民层面：走访宣传提高项目知晓度是关键

社区治理的目的是“造人”。社会工作者刚入驻社区的时候，对社区居民来说完全是个陌生人，那社会工作者应该如何调动居民参与，鼓励居民参与社区治理呢？这需要从宣传走访开始。如何走访？走访谁？幸福家对社区情况不熟，会有谁来支持幸福家的工作呢？访谈内容是采取结构式访谈，还是非结构式访谈呢？

考虑到这些问题，社会工作者设计了“归心似箭”项目的宣传单页和访谈内容。同时，联系社区居委会为幸福家推荐了现有的社区积极居民骨干，如老年协会成员、舞蹈队队长等。目标锁定后，幸福家联系社区网格员协同走访宣传，但走访了几名骨干居民后，网格员因事务繁忙不能再带领社会工作者走访，缺乏网格员陪伴的走访效率极低，居民动员效果不佳。但是项目进度不能停滞不前，于是经过项目组成员分析，决定以居民接受程度较高的志愿活动形式继续推动项目的宣传走访，邀请已经撬动的居民作为志愿者带领社会工作者对身边志同道合的朋友进行走访。并在志愿行动的基础上构建积分体系，协助宣传走访的居民可以获得相应积分，以调动居民参与积极性。

网格员协助走访　　居民骨干协助走访　　自组织成立前的茶话会

图3　走访居民了解需求和基本情况

在对居民骨干的广泛动员前提下，促使居民骨干志愿者也将认可与信任带给了其他居民，在这过程中居民骨干充分发挥了穿针引线的作用，明显提高了社会工作者与居民破冰的效果。最终经过2周的招募，有将近20位居民参与了在社区自组织成立前的茶话会，由此可见，此次走访活动既扩大了“归心似箭”项目的知晓度，也挖掘了不少社区骨干，为后续的行动打开了良好局面，成功破局。

（二）社区自组织的孵化培育

社区治理要培养社区居民自发解决社区问题的能力。通过发展自组织，推动居民结社，居民成为社区内相互服务、解决公共需求与议题的主力成员。

1. 自组织团队的融合

根据贝尔宾团队角色理论可以知道，每个人在团队担任的角色各有不同，根据自身优势承担着不同的角色，可以促进团队有序优良发展。在前期社会工作者的充分动员下以及开展了几次自组织培育活动的基础上，九龙社区的居民骨干自行成立了“健康之家”自组织，并在成立大会上由社区书记授牌。在自组织会议上，社会工作者协助自组织推选出团队的管理层，基于组织的完整性划分出职能不同的小分队，如活动策划组、工作宣传组、行政支持组、工作监督组等。各成员根据自己的兴趣及特长，加入自己擅长的小分队，再发挥团队合作的力量，扩大自组织在社区居民服务中的效用。最后参会成员投票选出各个小组组长和监督员。小组成立后，监督组的人员对“健康之家”各项活动的秩序负责，收集并提出合理化的意见和建议，及时反馈给“健康之家”的各位成员，同时还负责协调各个小组之间的活动时间。小组组长则主要负责领导该小组的日常活动，如带领大家学习舞蹈、手工制作、歌曲等，平时引导小组成员和谐共处，维护自组织的发展，创造一个互助友爱的氛围。

2. 社区自组织团队的增能

以小组发展理论为基础，以人的发展为核心，社区自组织关注人的社会功能的提升，通过小组成员间的相互鼓励和活动参与，找出小组成员共同的兴趣目标，提升成员的自我能力，促进自我发展。

那“健康之家”自组织团队的共同目标是什么呢？通过一次自组织会议，自组织团队共同拟定了核心目标：“帮助待返迁居民顺利、健康地回迁新家”，也明确了团队的服务定位，并且社会工作者根据成员的服务需求，安排相应课程为自组织成员增能。如宣传组部分成员不会使用微信转发、截图等功能，社会工作者决定设置微信学习课程对成员进行智能手机使用培训；健康小分队缺少健康管理知识，不会使用健康测量仪器等，社会工作者决定设置健康知识课程、仪器实践课程等，帮助成员提升专业知识技能。

在社会工作者的陪伴与支持下，自组织成员的服务能力得到了提升，也让这支社区自组织实现了从“参加”社区活动逐渐向“参与”社区行动的转变。同时，进一步明确了工作理念，而成立的自组织队伍必须依托本地居民，不能引入或借调机构等其他团队的外援。所以，在“归心似箭”项目的各类活动中，自组织的积极参与成了一道亮丽的风景线。在活动前，活动策划由几位核心成员商量着来；在活动中有的成员负责签到、有的负责拍照、有的负责测量血压血糖、有的负责记录等，大家各司其职，相互配合。他们知道穿上“健康之家”的绿色马甲就代表责任，同时他们也在服务其他居民的过程中体会到了快乐和成就感。

图4 “健康之家”自组织开展户外拓展活动，增强凝聚力

（三）聚是一团火：多方资源合力推进社区营造

在“归心似箭”项目实施的过程中，幸福家亦有意识地链接外界资源支持项目的开展。社区自组织的培育需要专业力量支持，但是社会工作者自身的力量和资源是有限的，因此在扮演陪伴者角色的同时还需要发挥资源链接者的作用。在社区的支持下，社会工作者链接了社区西南医院，传授自组织成员健康知识以及如何测量血糖血压等知识技能，便于成员更好地、更专业地为居民服务。

图5 引入高校专业资源

幸福家与四川大学团委合作，导入了民政部“进城务工人员美丽社区项目”在社区落地，在为进城务工人员服务的同时，也为“归心似箭”项目带来了青年大学生志愿者的力量，解决了一部分资金、物料和人力短缺的问题。幸福家还与成都市文明办的“大学生创客进社区”活动合作，与高校学生一

起为建筑工人打造了一处小型图书馆，提供免费借阅服务，还开展了工人坝坝电影、义诊、义剪等便民服务。

图6　为外来务工人员开展义剪活动

（四）构建党员民情收集队，回应拆迁安置问题

拆迁安置工作是一个复杂的过程，为了更好地收集与及时地回应居民的需求，同时也更好地发挥党员在基层治理过程中的作用，社会工作者又孵化了一支由党员参与的社区自组织——党员民情收集队。该队伍以“阳光下午茶”的形式，定期收集居民的意见和需求，每月组织民情例会对居民需求进行分析讨论，并形成相应的解决方案。

在2018年3月的民情例会上就有社区居民提出目前社区公共空间存在问题，如川西营社区的文体中心存在环境卫生问题。经过讨论，大家梳理出造成此种情况的两点原因：一是周边部分居民素质不高，规则意识不强，乱扔垃圾；二是空间管护力度不足，保洁员清扫不及时等。基于此，党员民情收集队向社区书记反映了该问题，希望让保洁员增加卫生打扫频次，社区书记表示支持。但是，社区的帮助只能治标，要想对环境问题治本还得从居民素质抓起。因为民情收集队成员也有舞蹈队成员，当她们在文体中心练舞时，也会进行口头宣传，利用自己人影响自己人，比工作人员的宣传效果好多了。所以，经过党员民情收集队的建议分享，在广泛收集居民意见的基础上共同制定了文体中心的文明公约，并整理制作成KT板，粘贴在文体中心的墙上。通过党员民情收集队的工作,找到了问题并与居民一同解决问题。同时,也将返迁过程中的意见进行回应并及时介入调解,让部分问题在居民层面得到澄清和解决。

图7　党员民情收集队和居民一起开展“阳光下午茶”活动

(五)“回家”系列活动,凝聚居民邻里情

对于等待了9年安置过渡期的居民,“回家”看看是他们最关心的事情。由于工地尚在施工,他们每次回到安置小区周边,只能远远看一看。于是,在社区居委会和工程方的支持下,社会工作者可以进入工地了解“家园”的修建情况,每周利用微信公众号发布工程进度,定期组织居民“回家”看看,让居民知道自己的新居正一天天有条不紊地修建起来。

九花小区建设报第56期

我们都知道:风雨过后是彩虹,阳光总在风雨后。

5月,是花开的时节、挚爱的时节、充满朝气的时节,也是外出旅游的好时节。这一点相信我们的居民朋友深有感触。5月,就像是我们人生的青春期,青春只有经历了风风雨雨的洗礼,才更迷人和奇妙。

5月22日,九花小区接受了甲方、乙方、监理等相关单位的初验。上午9点半,参加验收的单位和部门在会议室开了一个简短的会议,然后就直接到现场查看、检验工程质量,幸福家团队帮着邻居们深入现场,看看到底检查了什么。

首先检验队伍来到了地下室,你看,他们还把做得不好的地方拍了照。接下来,检验了楼层、电梯机房等地方。检验完之后,所有人员又回到了会议室开总结会,一直持续到下午1点30分左右,一起将检查出的不足进行讨论记录,并安排整改。

俗话说,饭要一口一口地吃,路要一步一步地走。当然事也要一点一点地做,脚踏实地才能把事情做好。九花小区的建设也是如此,每个环节都需要建筑工人认真地去完成。虽然我们现在从外面看不到什么变化,但室内在建筑工人的努力下每天都在发生着微妙的变化哟!

小编从工地的负责人那里了解到,现在的工作主要是修建小区的大门,查漏补缺,打扫卫生和完善附属设施(如完善围栏、小区绿化、排水沟、道路等)。为了能按时完成任务,建筑工人每天加班加点地在工作。

活动预告

居民朋友们,我们九花幸福大家庭将于6月1日上午9点开展"同种希望树,共筑九花梦"种树主题活动!让我们一起为九花书写美好祝福,为新家园增添一抹绿,欢迎大家积极参与,活动具体事宜见微信通知哦。我们下期再见,一起见证新家园的诞生!

有一天,在"健康之家"的例会上,大家抱怨最近天气炎热,好想在空调房里吃冰镇西瓜,有位阿姨笑道:"你们才幸福哦,你没看到工地上那些工人,暴露在太阳底下,才辛苦呢。"说者无心,听者有意。社会工作者建议道:"刚好正值暑假,孩子们放假在家,何不来一场感恩教育,让我们社区的小朋友们去体会工作在一线的工人们的艰辛。"于是,在炎热的夏天里,社会工作者和居民们一起为家园重建者送去了夏日清凉。在他们休息的时候,为他们放电影,感谢他们为我们家园重建付出的辛苦。通过一次次这样的活动,居民也更加尊重外来建筑工人,对他们也没有了往日的排斥。

每次新家园建设工作到了关键节点,项目组都会开展庆祝活动,如"九花小区"的封顶,对居民、进城务工人员、社区和街道来说都是一大喜讯。大家希望借此机会让“九花小区”的“准家人们”聚一聚，来“家里”看一看。于是居民们自己出节目开展了联欢会，同时向辛苦地为九花小区建设作出巨大贡献的进城务工朋友们表达了感谢之情。

图 8　九龙社区举办 2017 年春节联谊之“回家”活动

小区正式竣工时开展了“武侯金花百人坝坝宴，九花新居共话幸福家”庆祝活动，来自九龙社区、花龙门社区、川西营社区的 200 多位居民自筹份子钱，在新家园门口摆起了坝坝宴。当天活动现场，大锅、大碗、桌椅板凳、新鲜的食材等应有尽有，掌勺的大厨们、自发帮忙的志愿者们共聚一堂，择菜、洗碗、切菜、配菜，共同烹饪着一场“家”宴。看着四处忙碌的身影，现场的饭香味儿也越来越浓。一场“家”宴在铿锵有力的合奏鼓乐声中拉开了序幕，欢快喜庆的歌舞、悦耳情深的乐器演奏，节目内容丰富多彩，大家都被欢乐的氛围包裹，不时发出欢呼声与掌声。时隔多年，老邻居们又坐在一起吃饭，不仅没有生疏，反而更加激动和热情。“我们刚刚拆迁搬走的时候，对将来房子是什么样子根本就没有概念，什么时候修好，心里也没有底。”现在看着眼前的新房子，想着年前就可以搬进新家，花龙门社区的李阿姨笑得合不拢嘴。

四、项目成效

（一）机构

通过项目的实施，幸福家内部优化了原有项目书的书写申请标准，特别是在项目计划方面，在项目目标的量化上提出了更多的要求。幸福家的督导团队针对项目书撰写制定了内部标准。并把原来1.0版本的管理办法升级到2.0版本，在幸福家实施，经过几个月实践迭代后，又升级到3.0版本，全面更新了项目实施方案，优化了实施过程中的组织方式和活动形式等相关内容，改良了内部的文本和项目流程，以更好地监督指导社会工作者开展社区服务。

在社区自组织的培育方面，通过项目督导老师的理论培训，结合实际案例分享，再加上项目实际操盘摸索与孵化培育经验，形成了一套标准的社区自组织培育方法，并在幸福家内部进行交流分享。

（二）社区

最关键的是幸福家的努力获得了社区工作人员的认可和支持。凭借幸福家社会工作者扎实的工作和不断的努力与坚持，“归心似箭”项目对居民的影响逐步凸显，金花桥街道办事处和社区居民委员会也认可了社会工作者的工作，并打算将该项目覆盖到其他拆迁社区，扩大项目影响力。甚至金花桥街道办事处将“归心似箭”项目申请为党建创新项目在全街道推广。可见，“归心似箭”项目从一个在单一社区落地实践的项目变成了涉及拆迁的多个社区的综合项目，在更广泛的层面统一了多社区治理模式，形成了较大的在地影响力。

（三）社区自组织

在项目实施开展的过程中，自组织是成长最快的，九龙社区“健康之家”自组织从最初的两三名骨干成员，逐步吸引了20余名成员加入，再到组建了一个200多人的微信交流群,“健康之家”不断壮大。成员们在社会工作者的陪伴下开展会议商量出自己的章程、管理制度,并成立了自组织部门和兴趣小分队,成员们通过学习各类小组活动技能,提升了组织和服务的水平。项目组与自组织共组织微活动和例会36次,21次凝聚活动,服务累计超过4468人次,开展微信公众号等线上宣传。每月定时更新2期九花小区进度报,累计更新50余期,并在微信群和公众号内与居民互动,随时关注居民需求,相关信息覆盖超过20000人次。逐渐实现从原来的参加到现在的深度融入,再从幕前走到幕后的工作角色转变。

(四)社区居民

社区居民既是幸福家的服务对象,也是社区自组织的服务对象,居民需求的满足以及意识、行为的改变是幸福家共同努力的目标。经过项目开展,幸福家组建了以居民骨干为代表的社区自组织,并成为所有居民学习的榜样。通过居民骨干带动,幸福家将大量的居民引入自组织举办的活动,不仅增强了社区自组织的影响力,也让更多的居民会聚到社区活动中,传播社区文化、重塑社区活力。从居民参与项目活动的情况来看,居民能结合自己需求表达公共诉求、共同解决问题,居民参与社区活动的积极性明显提高,居民间的关系也变得更为亲密。

五、经验总结

技术上,社区营造的底层逻辑是自下而上、还权赋能,关注人改变的过程。所以,要不断挖掘居民骨干,培育社区自组织,定期开展例会,充分尊重居民意识,让这部分正能量带动形成整个社区的良好氛围,让良好的氛围再逐步弥散在居民生活中,从而影响更多的居民。

情感上,社会工作的基本原则是真诚,用一颗真诚的心去面对每一位居民。所以,要和居民建立信任关系,从而才能有效介入居民,才能走进他们的生活,切实了解他们的需求,更好地设置服务内容,吸引居民的参与。

项目上,项目是动态变化的,项目的执行是一个过程。项目书只是一个参考的方向，而实际实施过程中，人的资源、物的资源是不同的，需要根据实际情况而变化，所以整个项目实施中应该因地制宜地敏锐发现实施中的问题并调整项目，从而寻求最适合当地的实施方案。任何形式的介入对当地都可能产生或正面或负面的影响，因此整个项目实施是过程导向的。

六、项目影响

“归心似箭”项目以其扎实的工作获得2016年金花桥街道党建创新一等奖，并成为金花桥街道党建创新项目，获得街道党工委发文支持。

开展的各类活动也被多家媒体相继报道，《成都晚报》的《让居民更有归属感，帮外来人员融入社区——武侯区创新安置治理模式》；《成都日报》的《创新“社区营造”模式助力“美丽社区”建设，武侯区又一大型居民集中安置小区顺利封顶》等。

社区书记说

金花桥街道位于成都主城区的边缘，正在经历规划—拆迁—建设的城市化过程，也是成都市198平方千米环城生态区的规划形成期，长达10年的大面积拆迁成了街道工作的重心，“归心似箭”项目正是在这个背景下诞生的。

“归心似箭”项目抓住了群众关心的“痛点”，也是街道工作的难点，项目实施得到了拆迁群众的拥护，该项目因而成为成都市当年的“十大人气”项目之一。近3年的项目实施，既加强了社区党组织在群众中的威信，也凝聚了拆迁村民配合安置工作、主动融入城市化的共识，还培育了多个群众自治组织，取得了超预期的成效。

专家点评

“归心似箭”项目在申报成都市城乡社区可持续总体营造项目时，我正好在评审组，当时评审小组成员对该项目印象都比较深刻。一来是该项目敢于啃“硬骨头”，挑战拆迁安置社区的社区营造，直面社区治理中的难点问题；二来是项目创新性地提出了“前置营造”的想法，令人耳目一新。它拓展了社区营造的时空条件，对类似社区的治理具有启发性。

从案例展示的情况看，社会工作机构进入社区并与社区“两委”和居民融合需要必要的时间、事件和过程。在幸福家入驻之初，为了不让居民将专业社会工作服务与过去的社区活动混淆，扭转居民固有的印象，幸福家主动搬到在建工地旁边的板房开展工作。幸福家在工地的办公地点我去过，空间拥挤、条件艰苦，堆放了很多项目工作的道具和物资。重新确立办公地点这一举措展现了幸福家的专业敏感性：不仅清晰地表达了幸福家专业服务的理念，而且满足了服务对象便于了解工程进度的迫切需求。

“归心似箭”项目最大的价值在于它提供了一条拆迁社区营造的可行路径。首先，营造是对人的营造。我们通常认为，拆迁社区居民都不在本地了，工作难以开展。但是我们在案例中看到，拆迁居民要返迁，他们对未来入住的新家都高度关注，这是营造工作的根基。幸福家面对已经拆迁、没有自组织基础的居民，采用聚人举事的办法寻找居民中的积极分子。社会工作者在原有骨干居民的帮助下，选择群众基础广泛的志愿服务方式走访居民、打开局面，成立了“健康之家”自组织队伍。这支队伍成为项目后续工作的人力和资源基础，很快凝聚起项目在社区开展活动的人气。此后，具有公共参与功能的“党员民情收集队”建立起来，通过“阳光下午茶”等固定活动定期收集居民需求，且联动社区及时回应，凝聚并稳定了民心。自组织对于社区营造的价值启发了幸福家，自组织队伍培育和赋能成为幸福家开展社区营造项目固定下来的专业服务板块。

其次，项目用“前置营造”应对拆迁小区问题具有创新和示范价值。

拆迁社区本就存在人心涣散、流言浮动的问题，建立微信群及时披露新家园工程进度、建设节点邀请居民到场参观，这些举措信息透明、沟通及时、有目共睹，消除了居民对工程的疑虑，也使未来的邻居们通过参加活动提前熟络起来，构成入住后的社会网络。在这里，我们看到幸福家充分利用微信群跨越时空的特点，将互联网沟通的便利带入前置营造的工作中。而前置营造实际上是为入住后的社区生活铺垫了工作基础、人际信任和社会资本。当然，本项目在资源导入上也有其突出特点。幸福家具有资源敏感性，通过各种渠道向社区下沉政府、高校和媒体资源，一定程度上缓解了该项目资金和资源紧缺的问题，还为社区未来与各类力量建立伙伴关系起到了牵线搭桥的作用。当我们在感叹拆迁安置社区人员流动性大、资源匮乏、环境杂乱、情况复杂的时候，幸福家的营造工作为我们突破营造的时空局限、扩大资源多样化来源、凝聚民情民意提供了可行可试的工作路径。营造的根本是抓住民心动员群众自我服务，“归心似箭”项目无疑为我们展现了目标达到的可能性。

（点评人：何明洁，四川大学公共管理学院副教授，中国社会学会理事）

破解过渡板房区居民返迁难题

——以新民街道新湖街社区"携邻知还"项目为例

案例类型:社区形态篇

关键词:拆迁社区、返迁难题、居民返迁

落地社区:成都市东部新区新民街道新湖街社区

实施日期:2019—2020 年

实施人:傅春芳、李艳琳

一、背景介绍

(一)一句话:不搬

近年来,打造美丽宜居公园城市和建设成渝地区双城经济圈成为成都市发展的两大国家级战略机遇。"东进"成为成都跳出原有框架、打破格局和构架的革新以及促进城市发展的战略契机。向东发展,跨越龙泉山屏障,规划建设天府国际空港新城和现代化产业基地,发展先进制造业和生产性服务业,开辟城市永续发展新空间,打造创新驱动发展的新引擎。而在这个过程中,大量的农村社区、城市老旧社区面临着重新规划和整体搬迁,成都市东部新区丹景街道就是其中之一,并由拆迁安置形成了新民街道新湖街社区。该社区下设 4 个居民院落,社区居民 700 余户,户籍人口 7078 人,常住人口 2000 余人,其中拆迁安置居民 1800 余人,过渡板房居住人口 600 余人,多数居民以外出务工为生,留在社区生活的多为老年人、妇女和儿童。

2011 年 12 月,新湖街社区的基础设施建设已经基本完善,集中安置楼盘(一期)亦已建成,整齐的楼房、丰富的绿化,社区有了公共休闲场所、健身广场、超市,也有了临时菜市场。新民乡人民政府发布的征地房屋补偿安置协议书规定,拆迁补偿按建筑面积人均 38 平方米的标准进行基本住房补偿,其中 30 平方米为住房,8 平方米为经营性用房。经营性用房的补偿即在考虑失地农民失去了原有经济来源的基础上,通过经营性用房统一招租的方式获得一定的可持续收益。

图 1　板房区居民的居住环境

图 2　小区居民的居住环境

截至 2019 年,当地政府组织了 7 次分房,大部分居民根据政府的安排进行了搬迁,但仍有 300 余户居民质疑安置小区房屋的质量,不愿入住,仍居住在超期的活动板房内。一边是笔直林立的安置小区,一边是低矮超期的活动板房,两者对比鲜明,但一次又一次的分房安排都没有获得过渡板房区居民的认同。如果不搬,这些超期板房区域发生了火灾怎么办?发生了房屋坍塌怎么办？如果不搬，大量居住在板房区的老年人发生意外怎么办？如果不搬，这块板房占用的土地就无法腾空修建安置小区（三期），那些在外过渡的居民又要等多久才能搬回来？

分房将居民割裂成两个对立的群体，成为一个横亘在当地的死结。

（二）他们都是叛徒……

在板房区，很难就“安置”话题和居民们进行正常的沟通。因为，只要提到这个话题，大部分居民迅速收起笑容，谈及那些已经搬迁进楼房的居民，他们更是义愤填膺地说：“他们都是叛徒！”造成现状的主要原因有4个。

一是对房屋质量的质疑。房屋修建好之后，部分房屋的地坪水泥砂浆层出现开裂的情况，新民街道和市区两级相关部门立即成立联合工作组，全程监管施工方整改工作。整改完成后，由四川建筑科学研究院对房屋质量进行了鉴定，鉴定结果合格。但仍有居民将正在施工整改的拆凿维修图片作为房屋质量存在问题的“证据”，在线上线下进行宣传，造成诸如“楼板断裂”“墙体塌陷”等谣言四散传播。

二是对基层政府和社区信任缺失。在处理房屋质量等问题上，基层政府和社区并未有效地和板房区居民做好解释工作，同时前期各类公共服务的缺失，让板房区居民觉得政府“不作为”“不管他们”，造成居民对当地政府和社区工作人员有强烈的排斥。

三是抱团与排斥的惯性。板房区居民觉得自己是“被抛弃”的人，在长期“自生自灭”的状态中，板房区的居民逐渐抱团，“抛弃”他们曾经的邻居、朋友。面对那些已经住进安置小区的居民，已发展到水火不容的地步，就算见面也不打一声招呼、挤一个笑脸。这种厌倦和鄙视已经成了板房区居民的日常。

四是对未来生活的不适应与恐惧。问题终会解决，但对于板房区居民来说，偏安一隅地在板房区待着，可以自由地种植花草，生活条件虽然苦一些，但这种感觉是熟悉的，不用爬楼梯、不用守城里人的规矩、不用交物管费等。

这就是板房区居民不愿意返迁的现实因素和内心冲突，在改变与不改变之间，在信任与不信任之间，在融入与排斥之间。

二、工作模式

在成都市民政局的支持下，成都幸福家社会工作服务中心和成都市东部新区丹景街道新湖街社区居民委员会（以下简称社区居委会）共同申报了新湖街社区“携邻知还”社区营造项目，采取“陪伴参与式社区治理”理念，以“参与式空间营造＋居民参与宣导＋引导居民入住”为方法，协助板房区居民认识自己的社区，适应新的生活，并为社区“两委”和社区居民之间搭建沟通桥梁，增加彼此了解，促进互信，确保在社区“两委”的引领下、幸福家专业技能的支持下，最终引导板房区居民回归入住安置小区并推动社区分房工作的开展。

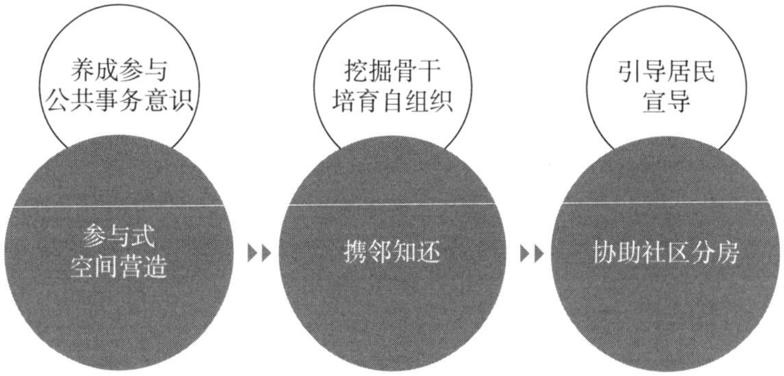

图 3 “携邻知还”项目模式

首先，项目从第三方社会组织的角度切入，通过走访、交流、服务和空间营造的方式深入板房区居民，与板房区居民建立紧密关联后，逐渐引导居民关注社区事务和社区居民生活。其次，培育以“熟人”为基础的居民自组织，通过组织集体行动，形成集体意识，从而软化内部矛盾，降低排斥感。再次，通过串门和聚会活动，板房区居民了解入住安置小区后居民的生活状态，激活板房区居民对美好生活的向往。最后，协同政府部门，鼓励和支持板房区居民愿意接受分房，入住安置小区，开启生活新篇章。

三、行动过程

2019 年 7 月项目启动。要做好社区治理项目，就要选好项目的当地执行人，幸福家非常幸运地在当地找到了一名热心居民小傅，并将她吸纳进幸福家，发展成一名社会工作者。在新湖街社区的第一步工作是走访板房区居民，初步了解他们的生活情况以及当地社区居委会工作中的难点和“痛点”。

（一）居民说：小傅，你们最好小心点

项目初期的走访并不顺利。小傅初入板房区，映入眼帘的是一片违和景象，板房区的居住环境既谈不上安全，更谈不上舒适：老旧破落房屋顶棚下杂草丛生，各处堆满了杂物，还搭建了违规灶台；由于用电负荷限制，板房区无法使用大功率家电，更无法使用空调，夏天的板房区就是一个大蒸笼。首次走访就碰壁了，社区“两委”工作人员和志愿者带领社会工作者入户了解居民信息和需求的过程中，招来了部分板房区居民的围堵，甚至放狠话：“你们给我出去！你们就算来收集一万次，我还是那句话，不搬！”为了避免冲突，第一次走访匆匆就结束了。

为了找到症结点，小傅找到一名居住在板房区的远方亲戚了解情况：“这里住的都是我们这些老年人，娃娃们都出去打工了，我们住差点也无所谓。那个房子你不晓得，有问题呀。”小傅马上解释：“我看到省里都过来做了验收和调查的呀。”“他们都是一伙的，谁请的，谁出的钱，当然就帮谁说话了。小傅，你们最好小心点，之前他们就闹过，你们最好不要管这个闲事，对你们家里人也不好。政府那帮子人，没几个好的！”小傅听完后沉默了：“我又没有经验，要试着解决这个问题太难了。”她心里也犯了嘀咕，打起了退堂鼓。

2019 年 8 月，成都市连降特大暴雨，新湖街社区周边还出现了山体滑坡，一度将出入社区的必经之路砸断。暴雨后，社会工作者来到了板房区一户人家门口，一个婆婆正在把家里的鞋和被子拿出来晾晒，他们家只有婆婆和爷爷夫妻俩居住，爷爷已经瘫痪，长期卧病在床。这户人家住在板房区的

低洼处，昨晚的暴雨让婆婆整宿没睡，因为板房区排水不畅，水一直灌进他们家里，婆婆便一个人手忙脚乱地用棉絮把漏水的地方堵住，又将家里不能泡水的东西收拾起来，但是这些鞋子还是弄湿了。“昨天我一晚上都没睡着，怕我们的房子被淹了，到时候我咋个把老头儿背出去。”说这话的时候，婆婆用满是皱纹和老茧的手抹了下眼睛。看到此情此景，小傅心里不平静了：“这已经不是住差点也无所谓的事情了，他们年龄也不小了，虽然子女在外地打拼，可他们还在这里吃苦。我们做这个项目的目的不就是让大家都过上幸福的生活吗？我们能做点什么？哪怕帮他们一点也是可以的。”

图 4　塌方路段

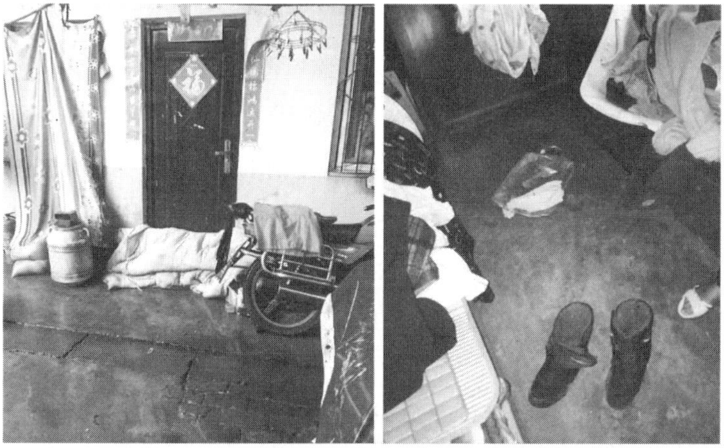

图5　婆婆用棉絮阻挡半夜渗进的雨水和浸湿的鞋子

图6　开展“老友探访 · 关爱健康”活动，收集居民需求

社会工作者通过走访得知，板房区大部分住户是独居老人，老年人也许就是推动项目开展的关键点。根据这一特点，小傅决定用给板房区居民送健康的方式拉近彼此的距离，每周固定开展“老友探访 · 关爱健康”入户活

动。由社区“两委”成员、志愿者（社区医生）和社会工作者三方组成临时为老服务队，为板房区居民免费测量血糖、血压，普及健康常识，拉拉家常。慢慢地，一次次的服务终于得到了部分板房区居民的认可，他们从最开始的排斥转变为期待，后来去板房区，部分居民会热情地和大家打招呼，主动搬出桌椅邀请大家聊天，每次测量完血压都不愿意离开，还想多说说话，也许太寂寞了。在为老服务的过程中，社会工作者逐渐和板房区居民建立了良好信任关系，同时也在聊天中自然地收集了居民的需求，并及时反馈给街道办事处和社区“两委”。

图7　“长者生日游园会”活动现场

获得一部分板房区居民的信任后，社会工作者试着鼓励他们走出板房区和安置小区居民接触。板房区大部分居民都是老年人，以前又都是老邻居，所以社会工作者决定在新湖街社区广场举办一场“长者生日游园会”，让他们感受到社区的温暖。由于板房区大部分老年人没有智能手机，所以在活动开展之前社会工作者协同志愿者到板房区挨家挨户宣传，基于前期活动建立的信任，有的老年人对此活动表现得很期待，当天走访的报名人数高达30多位。其实,小傅的心里还是很忐忑的,虽然双方已经很熟悉了,但是贸然地把对立的两群人拉到一起,如果激化了彼此之间的矛盾是很难收场的。因此,这场活动务必控制大家的沟通方向,避免探讨分房等内容吵起来,引导居民尽量关注老年人的生日庆祝。

"良辰美景时,你我共庆生!"板房区居民和小区居民紧挨在一起,社区主任一段温馨的开场白拉开了集体生日活动序幕。生日会现场还设置了有奖小游戏,长者们热情高涨、幸福洋溢,居民们踊跃参与、相互鼓励,现场气氛融洽且温馨。活动当天,参加活动的板房区居民达到了50多位,再加上陪同的家属现场近100人,场面热闹非凡,让板房区居民深切地感受到,安置小区居民是接纳他们的。本次大型活动打破了以往板房区居民不参与社区公共活动的僵局,这既是本项目阶段性破冰的成果,也是板房区居民和安置小区居民破冰的开始。

(二)居民说:这里也有我的呀

开展一段时间的工作后,板房区的居民也时不时地参加社区的活动,但他们总感觉安置小区旁的党群服务中心是"他们"的,因此部分板房区居民参加活动时会稍显拘束,如果落单的话他们宁愿不参加,他们的态度是不排斥、不主动,你对我不积极,我也对你不积极。如何让板房区的居民与社区、与入住居民进一步互动是需要考虑的问题。

一天,板房区居民张阿姨和社会工作者聊天时说道:"平时娃娃去上课还好,一到周末就没地方去。板房这边路都不平,坑坑洼洼的怕娃娃摔伤了,如果有一个地方可以去就好了。"这给社会工作者带来了灵感,如果可以让板房区居民和入住居民共同缔造一个"公共空间",会碰撞出什么样的火花呢?

在社区治理过程中,如何让大家看到和感受到变化是非常重要的。面对不关心社区事务的居民,唯有让他们看到变化才能让他们有感受,从而尽可能激发他们共同参与的意识,激活他们的归属感。于是和社区商量后,大家决定将社区二楼的闲置房间打造成公共空间。

随后,小傅通过"阳光下午茶"的形式向居民提出一起打造公共空间的提议。最初,居民们的反响并不大,他们觉得那是和他们无关的事情。张阿姨是最积极的那一个,这样她的小孩周末就有地方去了。最后在张阿姨的鼓动下,有6名居民加入了“设计小组”。紧接着,社会工作者把板房区居民和安置小区居民组织在一起,针对空间的设计和打造展开了激烈的讨论。板房区的李大爷提出,他们拆迁之后留有很多老旧物件,稀罕得很,舍不得扔,放在板房里又比较占地方,关键是还怕被偷,建议在公共空间增设一个新民乡文化展示区域,既能让后辈们了解先辈的劳动技能,又能让老一辈居民经常过来看看忆苦思甜。社区的宝妈陈姐表示,现在咱们社区经常有一些手工活动,可以打造一个居民展示区,活动后做的手工艺品可以在展示区展出,供大家观赏。就这样,你一句我一句,一个个的空间设计方向被大家讨论出来,同时还根据居民的需求增设了书吧、儿童拓展区等便民服务区域。

图8 “阳光下午茶”活动现场

公共空间打造完成正式启用的那天,“设计小组”中的板房区居民周阿姨早早地起床,她捐赠的老物件最多。不到8点她就在板房区吆喝着:“老姐姐,我们去社区咯!”然后拉着居民们去社区参加启动仪式。社区公共空间一开门,周阿姨就兴奋地拉着邻居冲了进来,然后兴奋地指着一个屏风说:“你看你看! 这里也有我的呀。”后来,周阿姨成了社区志愿者,每周协助社区打扫一次卫生,小心翼翼地整理着居民们捐赠的老物件。小傅问她:“想过把老物件拿回去不呢?”她说:“我放在家里就我一个人看,如果放在社区就是大家都能看到,享受到了。”

居民积极参与是公共空间长效运转的基础。新湖街社区让板房区居民把自己的身影镌刻进公共空间,自此他们有了到社区的理由,和社区产生更多互动,进一步消解误会,软化矛盾。

图9　公共空间打造前后对比

(三)居民说:以后有活动记得叫上我

实现了居民初步融合,又打造了公共空间后,社会工作者就开始培育居民自组织。首先,构建了一支以党员为主力的“党员民情收集队”,通过开展四川人喜欢饮茶的“阳光下午茶”活动,从家长里短的茶话会中深度了解居民的需求,进而形成针对性议题,引导居民自主思考,解决问题。值得注意的是,在喝茶议事的过程中,要适当宣传正能量,给予板房区居民正向支持。在聊天过程中,板房区就像一个“信息孤岛”,居民排斥他人,自我封闭,他们对社区和安置小区的信息知之甚少,甚至宁可相信道听途说的谣言,以讹传讹。板房区居民对小区房屋质量的质疑都是从别人那儿听来的,大部分人并没有到小区检验过房屋质量,即便向他们出示了省建筑科学院的权威检测报告,也无法改变他们的“偏见”。因此,构建板房区的正向信息传播和打造舆论战线是非常重要的工作。于是,社会工作者借助居民喜闻乐见的“阳光下午茶”形式,依靠“党员民情收集队”的正向引导，帮助板房区居民树立对安置小区房屋质量的正确认知，推动分房进度，引导板房区居民自愿且更快更好地返迁。

其次，社会工作者携手居民建立了志愿者积分制度，利用积分的形式，激励社区里热心的、愿意做公益的、愿意服务社区的居民参与社区事务，完善志愿者队伍，很快志愿者人数就突破了30人。同时，社会工作者也针对性地为志愿者开展赋能培训，营造“我志愿，我服务，我参与”的志愿服务氛围。很多时候，居民难以用准确的话语界定何为志愿者，但是他们心中有最质朴的理解，那就是“志愿者就是做好事的”。如果人人向善，多为他人着想，那还有什么矛盾解决不了呢？

图10　自组织交流培训、演出

社会工作者在整理志愿者基本资料的时候发现，可以根据不同的职能将志愿者们划分为多支队伍，其中一支队伍起到了信息互通、宣传社会工作者正能量、撬动居民共同参与的作用，这就是美好生活宣传队。“美好生活宣传队”的主要工作就是把社区每天发生的好人好事和活动信息转发到板房区居民群，同时积极与板房区居民聊天、拉家常，引导板房区居民走进安置小区，感受真实的社区生活。“今天，我们社区又组织了插花活动，你看我插得好看不？”“明天有包饺子比赛，你们要不要参加？”“这是我孙子画的画，漂亮吧！”通过美好生活宣传队不遗余力地宣传，板房区的“顽固分子”郑叔叔有了变化。以前社会工作者邀请郑叔叔参加活动，他眼皮都不抬一下，现在他会说：“以后有活动记得叫上我！”参加了几次活动后，他挺不满地说：

“一碗水要端平，为什么活动都在安置小区那边，我们板房区这边什么都没有。”其他的阿姨就会打趣他说：“你搬进去呗，搬进小区就可以就近享受了。”从居民的交谈中可以看出有些板房区居民已经松动，原有的反对与排斥也有了缝隙。有一些居民也感到党和国家的政策越来越好了，很关心他们的，对社区工作人员的态度也有了好转。

（四）居民说：其实在一起也挺好

随着工作的深入展开，社会工作者逐步获得了大多数居民的信任，每天都有数十位居民与社会工作者一起开展工作，多支自组织队伍相继成立，各司其职发挥作用。关于房屋质量等话题，就像肥皂泡，幸福家不敢贸然触及，避免居民产生习惯性排斥。也许，打破居民心里的刻板印象还是要回到居民自身上去，让居民自己去看、去想、去感受，才能真正地澄清谣言。于是，幸福家组织了几场串门活动和共聚两类邻里活动，让板房区居民进入安置小区切身去看、去感受什么才是他们想要的生活。

串门活动主要是组织板房区和安置小区的居民相互串门，共话邻里情。第一次串门活动是在安置小区曾阿姨家里，曾阿姨是一名党员，也是幸福家在当地发展的第一名志愿者。参加第一次串门活动的有社区志愿者、社区工作者代表和板房区居民冯叔叔等人。串门当天，曾阿姨早早地开好空调，还买了大西瓜招待大家，所有人到了之后，曾阿姨就向大家介绍了自己的家，冯叔叔特别仔细地打量着屋子。大家坐下后没有拘束，聊起了村里的过往和年轻时候抓人贩子的故事。曾阿姨说：“当时就老冯冲得快，否则就让他跑了。”“那是！我原来在乡里的运动会拿奖了的。”冯叔叔很得意。看大家聊得很开心，小傅抛出了一个话题：“是啊，现在住小区里面有保安的，就不怕人贩子了。”“对对对，现在小区管得还可以，要刷脸才能进来，安全多了。之前我们还担心有质量问题，整改后你看我们都住了好多年了嘛，没得问题的，唯一遗憾的就是我们这个房子没有电梯。老冯，你搬回来我们还是做邻居嘛。”冯叔叔听到曾阿姨的劝说没有接话，沉默了一会儿岔开话题说：“你这个空调什么牌子的？吹起来有点凉快哦。”我们知道冯叔叔心动了，由于用电负载，板房区是没法安装空调的。后来，幸福家又陆续组织了多次串门活动，串门的居民与被串门的居民都是认识的熟人，这样有助于彼此打开心扉交流，说出心里话。

如果串门活动是针对居民个体的，那共聚活动就是针对居民群体的，其目的在于增加邻里互动、激发邻里认同，打破次元壁让更多人感受到社区温暖氛围。第一次共聚活动恰逢冬至，简阳地区的习俗是要在冬至这天吃饺子、喝最纯正的羊肉汤。幸福家通过在微信群报名的方式在板房区和安置小区召集了4位包饺子很厉害的阿姨，邀请她们在活动当天带领居民们一起包饺子、熬羊肉汤。买材料的工作交由“党员民情收集队”负责，借锅具交由“美好生活宣传队”负责。一大早志愿者们就在小广场上搭建好自制灶台，4位阿姨早上6点就开始和面，其他居民也不闲着，做力所能及的事情。当居民们围坐一起吃着亲手包的饺子、喝着刚出锅的羊肉汤的时候，他们已经没有划分界限了。当天，“顽固分子”郑叔叔是来得最早的板房区居民，社会工作者听到他说：“其实在一起也挺好。”

图11 “串门”活动现场

这几年居民们因为拆迁安置产生的误会，挡不住板房区的居住环境与安置小区居住环境形成的强烈反差，恰恰是这股力量，将居民们拧在一起。因此，只有身临其境才能改变故步自封的生活状态，只有对新生活充满向往才能勇敢地迈出第一步。

四、项目成效

随着“携邻知还”项目的开展，项目后期已经从居民的口中听到了“领导，我们要分房”这样的话语。针对板房区居民开展的返迁意图调查结果显示，有30%的居民主动提出想尽快完成返迁，住进安置小区。为了完成整体分房，当地政府决定组织一次统一的安置。

居民们不再彼此隔绝和敌视，更多的是融合。陆续地社区里有了姐妹花合唱团、象棋队、健康操小组、舞蹈队。和原来不同的是，舞蹈队不再是板房区居民一支，安置小区居民一支，他们依然有两支队伍，但板房区和安置小区的居民融合在一起，只是根据不同的年龄分为不同的队伍，跳不同节奏强度的舞蹈。

社区“两委”在项目实施过程中也发生了很大变化。最初，社区“两委”本着多一事不如少一事的心态，不太情愿支持社会工作者开展工作，到逐步对治理工作有了认同和自己的理解。怎么让居民看到社区？怎么让居民准确地认识社区？怎么让居民认同社区？怎么让居民参与社区事务？社区“两委”在深入开展工作的过程中，也逐步找到了自己的路径。

五、经验总结

（一）活用居民对美好生活的向往

每个人都向往美好的生活。“携邻知还”项目在设计之初就考虑到了板房区居民和安置小区居民在生活条件上的巨大差异，一旦板房区居民意识到并切身感受到这巨大差异时，他们内心的不平衡感可能会促使他们作出改变，从而转化为具体行动。

(二)群众是最好的解说员

在社区治理过程中,如果某社区已经存在很多矛盾和问题,刻板印象已经形成,多方对立关系已经建立,那么此时站在政府或社区的角度是很难有效地对这些居民进行说服或解释的。那么该如何动员居民并完成组织化?如何撬动群众之间的对话?动员群众现身说法,也许可以更好地说服持有不同意见的居民,并达成共识。

(三)将心比心地贴近居民

社区治理的过程就是进入居民生活的过程,如果不走进居民的生活,就无法看到他们的"难处"和"痛处",就无法与他们感同身受,形成共鸣。因此,在治理过程中,要做有共情能力的陪伴者,逐步激发居民的潜能,让他们看到自己忽略的问题,再逐步帮助他们放下执念。

(四)让居民的问题回归居民

板房区居民和安置小区居民的对立,本质上是对安置工作的选择差异和立场差异。因此,找到彼此对立和矛盾的根源,在共融中逐步让他们看到存在的问题,缓解居民之间的矛盾,实现利益最大化。

社区书记说

作为刚成立的"两委",新生的新湖街社区迫切需要一个居民可以沟通、交流的平台,以促进社区融合。通过"携邻知还"的项目结识了幸福家,随着项目不断深入开展,社会工作者专业的社区营造手法,以居民为参与主体:"开放话题,靶向问题;潜在需求,引导共识;多方参与,因地制宜"带动社区"两委"不断用行动表明为居民们解决困难的决心,取得了良好的成效,推动了居民对社区的认同感和信任感。

专家点评

新民街道新湖街社区“携邻知还”项目体现了人本思维，这是社区治理的核心要义。以人为本是我们必须更深刻地从人民的角度出发，理解人民所思所想，并且将这种所思所想带入决策、治理过程，并变成人民的美好生活体验。社区是最靠近人民的地方，承载着居民对日常生活多元的、异质的需求，因此，社区治理不仅需要识别需求，更需要调和相矛盾的需求并找到令居民满意的方法回应需求。“携邻知还”项目通过强化居民社区认同，利用各类文化活动、志愿互助活动引入社会资源，打破板房区居民和安置小区居民的分隔，进一步营造浓厚的邻里氛围，创建“熟人社区”，为存在不同利益甚至利益矛盾的居民创造了集体行动、平等合作的条件；通过社会工作者的多次走访，识别居民需求、动员居民参与公共活动，培育居民自我表达、自我思考与共同议事的能力，进一步营造开放的对话氛围，为居民提供了准确表达需求、共同寻求方法的基础；通过第三方社会组织、居民自组织、社区“两委”与政府部门的协同合作，新湖社区居民返迁难题最终被完美破题。总的来说，以人为本是核心，打造社区认同是抓手，实现居民幸福美好生活则是根本价值指向。

（点评人：何艳玲，中国人民大学二级教授，博士生导师）

企业破产职能移交政府院落治理

——以郫都区郫筒街道凉水井社区为例

案例类型：社区形态篇

关键词：企业破产社区、老旧院落治理

落地社区名称：成都市郫都区郫筒街道凉水井社区 348 小区

项目实施日期：2016—2017 年

实施人：钟莲、范晓婷、刘桂华

一、背景介绍

近年来，随着城市化进程的加快，居民的生活条件和居住环境得到了极大改善。但受历史因素的限制，早期建设的城市老旧住宅小区与新建的良好宜居小区相比相形见绌，与日益完善的城市功能相比显得滞后，这已成为当前我国城市化进程中亟须改进的薄弱环节之一。其中，企业破产后移交社区管理的小区的情况更为复杂。此类小区普遍存在经济利益矛盾，当退休职工突然和原有可依靠的企业脱离关系的时候就会导致矛盾频发。位于成都市郫都区郫筒街道凉水井社区的 348 小区就是这种情况。

成都市郫都区郫筒街道凉水井社区的 348 小区是被大家称为"毒瘤"的"老大难"小区。348 厂在国企改革过程中，员工与厂方出现了矛盾。348 厂（四川原国营红光光学仪器厂）1965 年在华蓥市禄市镇建厂，投产后生产了某型号火炮瞄准设备。还先后生产过电影机、照相机、化油器、节气门等民营产品。1998 年该厂从华蓥市禄市镇搬迁到成都市郫县二环路上。搬迁

后，化油器生产曾供不应求，企业生产形势一片大好，但工厂领导并未抓住市场机会及时调整产品结构。随着 2008 年的企业改制，各类关于企业的谣言层出不穷。例如，2008 年，348 厂顺利实现了国有企业私有化，实现了“蛇吞大象”，该厂曾经配套小作坊的某老板“摇身一变”成了 348 厂的大股东。2013 年 5 月，更传原厂长 × 将剩余的一部分国有土地转卖给当地的开发商，获利 2 亿元。根据郫县国土局回复，348 厂土地使用权为工业用地，不能作为他用，实际由政府置换作为菜市场。得知此类消息的老职工气愤不已，纷纷要求保卫他们为之奉献了一生的企业国有财产不被鲸吞。他们在曾经属于他们的工厂前静坐示威，讨要说法。

工人觉得自己的利益受损且无法获得补偿，因此他们认为自己是处置企业过程中的受害方，“等、靠、要”思想严重。348 厂还在的时候，小区居民遇到什么事情都习惯性地找厂里解决，只要闹一闹走走关系问题就能解决。现在 348 厂没有了，348 小区居民可以依赖的对象也没有了。因此，现在只要居民提出的要求没有被社区满足，他们就会责怪政府不负责不作为，要求政府或原厂方为所有的事务买单，没有成年人应有的责任意识与承担精神。

2016 年，成都幸福家社会工作服务中心受邀进入 348 小区开展治理工作。初次与居民接触和沟通时，居民像看敌人一样窥视幸福家工作人员的一举一动，他们对外来者并不友好。他们说：“你们没法做好的，你们改变不了的。”幸福家负责人进入小区后，还有居民把负责人骂了一顿说：“你们就是政府请来哄我们的！分化我们的！别以为我们不知道！”每次社会工作者走进居民群体和他们聊天，居民们都充斥着负面情绪，沟通一次通常需要一两个小时。

在走访调研凉水井社区的过程中，幸福家工作人员发现该社区整体发展较为成熟，社区居民对社区居委会好感度高，居民之间氛围和谐，并且居民活动范围较为集中，生活也比较便利。但是，348 小区完全是另一个境况。社会工作者通过走访面谈、电访、张贴情况说明等方式，对 348 小区 2000 余户居民进行了全覆盖宣传，明确了 348 小区居民的核心诉求，也充分了解了 348 小区存在的“高龄、高留存、高矛盾”等问题。

一是348小区属于老龄化小区。在面访者年龄分布上,35岁以上的中老年居民占总居民数的81%,其中60岁及以上的老年居民占比38%,老龄化程度高。

二是受访者对348小区的归属感强,希望本地居住环境能有根本性的改变。受访者多为本地居民,户口在本地的有615户,占面访人数的80%。有79%的面访居民已经在348小区居住超过了5年,大部分受访居民表示已经住习惯了并不愿意搬离348小区。

三是针对业委会的调研问题,由于怕被打击报复,部分居民拒绝参与调查。总体上看,超过2/3的居民认为业委会作用不大。

四是社区基层宣传力度小、覆盖范围窄。政策信息传达、社区文化传播等发布渠道少,居民覆盖范围窄,很多居民不知晓获取政府信息的渠道。348小区内充斥着各种各样的声音。

五是社区组织的各类服务未覆盖大部分社区居民需求,功能单一、工作表面。社区老年居民的日常活动仅为棋牌娱乐、带孩子、做家务等,针对老年人和儿童需求开展的活动不足。

六是348小区存在环境卫生、社区治安、外来人口等诸多问题。这些问题主要是因为该小区没有有效开展物业管理。据调查,受访的72%的原住居民非常支持引入专业物业来管理小区,这部分居民认为在引入物业后,小区的治安和环境卫生都能得到很大改善,也愿意为此支付物管费用。但对于一些租客来说,他们并不愿意支付物管费用,因为选择在348小区租房就是因为房租便宜;此外,自他们租房以来便未交纳过物管费,也不愿意为此增加一笔支出。这部分不愿意交物管费的租客造成了一系列连锁反应,影响了一部分原住居民也对物业交费问题持观望态度。现有物业服务质量已经比不上最初的服务质量,已经陷入"不交物管费—服务质量变差—不交物管费"的恶性循环中。

七是348小区是20世纪90年代建设的老旧小区,不仅设施老旧,而且小区内人车不分流,机动车随意停放。部分楼房存在安全隐患,消防车、救护车很难进入小区。

面对这样的生活情况,居民却没有从根本上解决问题,只是不停地抱怨。在无法有效改变小区的情况下,他们更多的是三五成群地聚在一起,唠叨、吐槽、哀叹、愤怒,为社区治理埋下深层次隐患。

二、工作模式

348 小区老居民最大的心结是只能眼睁睁看着“为之奋斗一生”的企业的国有资产不断流失,却无法作为,而这个矛盾是社会组织无法为他们解决的。所以,本案例的核心是在稳定居民不激化矛盾的基础上,构建居民与社区的信任,重新梳理内部关系,重塑小区居民生活,利用更舒适、更积极的生活来弥补由企业破产形成的怨念和心灵空缺。

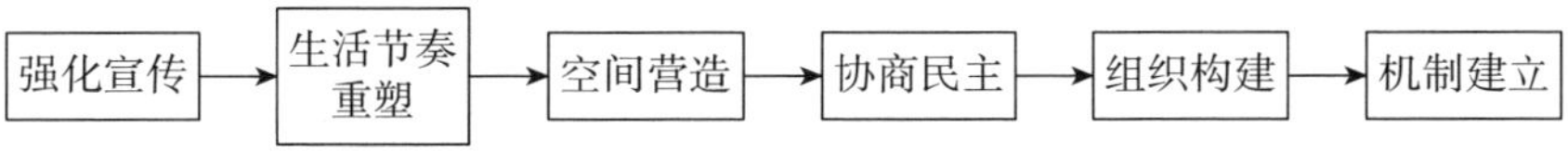

图 1　348 小区治理的工作模式

首先,面对社区老年居民的不信任与排斥,机构反其道而行,决定大张旗鼓地进入小区,广泛宣传幸福家的服务与使命,促进社会工作者与居民的初步相识。其次,开展为老服务,让小区老年人获得服务的同时,逐步软化其对立情绪,并在服务过程中重塑老年居民的生活内容。再次,将小区空置的破旧房屋打造成社会工作者室和居民活动阵地,让空间承载居民的参与和服务。最后,以协商民主的方式,让原本众矢之的的业委会可以与居民冷静地坐下沟通,以行动重新构建彼此的信任,共同解决小区的各类问题。

三、行动过程

(一)敲锣打鼓走进小区

348 小区的治理难度在于,小区居民的核心矛盾是不可调和的,幸福家没法直接靶向矛盾从最直接的切口来获得居民信任。这种不可调和的矛盾导致居民对社区态度的两面性，一方面居民不信任社区，因为社区无法解决他们的问题，不能“帮助”他们；另一方面，居民又希望有一个可依赖的主体，过往的企业是一个可信赖的主体，但是现在这个依赖没有了，这种空缺让他们恐惧和不适应。

与其他治理案例不同，社会工作者进入348小区的第一件事情是开展轰轰烈烈的宣传，告诉居民们“幸福来了！幸福家来了！”让社会工作者进入小区开展工作成为小区的重要事件。暂时撇清幸福家与社区的关系可以有效避免居民把对社区的防御心理投射到幸福家，使居民降低期待，从而让社会工作者顺利进入小区，贴近居民生活。然后在后续的治理过程中重新导入社区，让居民看到社区对他们的支持和帮助，重塑居民对社区的信任。

图2　社会工作者入户为居民介绍幸福家和项目

首先，在征询城管、社区居委会和物业公司意见的基础上，幸福家在小区的主干道上悬挂了4条大横幅，“热烈欢迎幸福家公益入驻348小区”“从自身做起，从细节做起，我们一起幸福”等，每一个居民进入小区大门，在郁郁葱葱的梧桐树叶的映衬下，第一眼看到的就是这些明显的横幅。

幸福家紧接着制作了以“幸福家来了！”为题的门形展架放置在小区门边。门形展架上呈现的是幸福家简介和项目介绍，不同于一般的项目介绍，幸福家把项目内容用朴素简洁的话语翻译成居民可以理解的内容，让他们知道幸福家这个机构到底能给大家带来什么。最后,社会工作者在居民聚集较多的树下和广场边,以发传单的方式介绍幸福家,并邀请居民参与幸福家的公益活动和服务。

久而久之,“幸福是什么?”“幸福家是什么?”这些问题在居民心中泛起了涟漪。一轮敲锣打鼓似的宣传,让居民快速地对幸福家有了基本认识。这个过程中社会工作者有意识地与社区居委会隔绝,也有助于幸福家短时间内不被拉进小区无法解决的误会、谣言、矛盾中。

(二)重塑居民生活节奏

初相识后,社会工作者紧锣密鼓地开始组织服务。小小的348小区,老年居民们却分为4个派系,各个派系之间由于在原有企业中职业层级不同、文化素质不同,他们的需求和兴趣爱好也有很大差异,很难用单一的服务满足居民的需求,所以社会工作者从“志愿、关怀、学习、健康”4个维度,针对不同居民的需求设计多样的服务内容。

志愿:在文娱活动、交流活动、培训活动的基础上开展志愿服务,鼓励老年居民积极参与,在服务和被服务中建立良好的人际关系,加深348小区整体的人文关怀氛围。例如,小区每周三都会开展老歌会,每次老歌会都会联系2名志愿者协助开展服务。

图3　每周三的老歌会

图4　组织居民下象棋

关怀:每周社会工作者和志愿者们一起入户探访残疾家庭和部分困难

老年家庭，整合多种社会资源为他们提供多元化的服务，为他们搭建社区支持网络，协助需要帮扶的对象解决困难和处理危机；结合自组织服务孵化项目，孵化关爱小组，对居民开展长效性帮扶。

学习：为社区老年居民提供知识学习的课程，提升老年居民防谣言、防诈骗等技能，激发老年居民的生活活力和热情。例如，组建微信学习小组，让老年居民学会用智能手机和子女视频沟通。

图5　为社区居民开展防诈骗宣传活动

图6　组建微信学习小组

健康：健康是老年人的共同关注点，所以以健康为切口开展服务可以最大限度地促进居民的参与。邀请养生操老师每周教授居民健康养生操，然后由居民骨干带领居民每天进行身体锻炼，并逐渐形成锻炼习惯，再影响更多的居民参与健身行动。

与其他类型社区治理提供的为老服务不同，348 小区的为老服务种类多、频次高，让居民原本枯燥的生活有了更多亮点，也让他们慢慢适应了现在的生活节奏,习惯了每天参加他们喜欢的活动,周三是以歌会友,周五是骑行出游。服务的开展提升了老年居民的生活品质,构建起了居民的生活节奏,也逐渐减少了居民对社会工作者的防御心理。居民们发现,社会工作者是真的可以让他们感到幸福快乐的存在,不满的声音也在逐渐减少,甚至小区里经常上访的L大爷也很长时间没有动静了。项目中期评估的时候,社会工作者悄悄问L大爷:“大爷,听说您没有打电话了呀?”大爷佯装生气地对社会工作者说:“还不是因为你,你看我现在每天参加你们的志愿活动都忙死了。”其实,L大爷只是渴望得到关注和在乎,当居民的生活变得充实且满足时,那些猜忌自然就减少了。

图7　为348小区老年人开展义诊

图8　开展养生文化公益社区行

(三)打造承载居民念想的场景

在为老年居民提供服务的同时,幸福家也与社区居委会联系想将小区边上一排空置的房屋收拾出来作为居民参与活动的阵地,也让社会工作者有驻点工作的场所。一个受欢迎的阵地需要充分考虑政府、社区居委会和居民等各方建设者、使用者、运营者的需求。其中,居民作为主体,动员其全程参与是阵地打造的主线,让空间与居民产生关联,才能激发居民共鸣,进而吸引他们参与、关注、使用和维护,才能让空间成为居民生活的一部分。

公共空间的打造本是一片好意,当幸福家选好了场地,满怀信心地准备动员居民一起打造的时候,突然出现了激烈的反对声音。业委会主任X老师站了出来:“这是我们厂里的房子,你们无权使用!”X老师集合业委会成员堵在屋子门口,“他们侵占了我们厂里的资产,你们还要来侵占我们的房子!”X老师紧紧地捏着拳头,涨红了脸特别激动地说。社会工作者赶紧安慰X老师:“叔叔,您别着急,我们是想把这里收拾出来,给厂里的居民一起使用的。”“别靠近我！你们就是政府请来哄骗我们的！别以为我不知道!”X老师戒备心很强。“对！什么幸福家！一点都不幸福！你们说了要来帮助我们,那你们帮我们把流失的国有资产给我们追回来呀!”其他业委会的居民也随声附和着。面对这样的僵局,社会工作者无法进入房屋,只能暂时放弃对房屋的打造。

要想完成打造首先要过业委会这一关,因此眼下的工作重心是软化业委会的排斥态度,说服业委会同意打造。社会工作者不能贸然去找X老师沟通,因为他是小区里出名的“老顽固”,从前期访谈得知,居民对他专断独行的处事风格有很多不满,但由于他是原厂的工会主席,所以居民们对他又抱有期待。于是,社会工作者想到了X老师在骑游队的好友S阿姨。S阿姨长期参与小区的为老服务,已经与社会工作者熟识,S阿姨知道社会工作者到小区是为了帮助小区恢复活力,也是真心实意为居民服务的。S阿姨理解了社会工作者的意图后,爽快地答应并快速组织了几个老工友一起上阵,为X老师设了一个“局”。

某天傍晚,在348小区的小广场上社会工作者和居民们正在开展每周一次的“追忆往昔红歌会”。X老师如往常一样遛弯回来路过小广场。S阿姨看到他后,忙冲过去拉住他:“老X,你也来唱一首吧！我记得《洪湖水浪打浪》你唱得很好!”“歌神来了哇!”“鼓掌!”X老师在居民们的簇拥下有点不知所措,又不好意思拒绝,只能硬着头皮唱了一首歌。起初,他唱得并不好,但是见大家为他打拍子,也放松下来,神采慢慢爬上了他的脸颊。一曲毕,X老师有些得意地问:“怎么样?”“宝刀未老!”S阿姨赞美道。X老师笑了,心情很舒畅。S阿姨趁热打铁地说:“你以后要多参加我们的活动。我们最近过得多开心啊,自从幸福家的小姑娘们来了后,我们每天都像过节一样。”X老师看了看邻居们的笑脸没说什么,又抢过话筒唱了一首《松花江上》。

后来,X老师遇到过很多次社会工作者为居民开展活动,但他总是远远地观察着,不靠近也不参与。直到一个月后,他来到社会工作者办公室,寒暄后问道:“你们想要那个房子做什么?”社会工作者给他作了详细的介绍和讲解,也邀请他一起参与空间打造。X老师一直盯着社会工作者,耐心地听完社会工作者的介绍。他沉默了一会儿，说："那你们要把房子管好。如果给社区用，你们就不要想再进348小区了。"说完，他放下一串钥匙又板着脸走出了办公室。

在居民的热情参与下，不到半个月时间空间就打造完成了。还有热心居民题写了一幅字，有居民在空间旁边种了一架多肉，X老师则把他家的条桌搬了过来。空间正式"开业"那一天，居民们像过节一样欢乐。

图9　热心居民为活动阵地送的牌匾

(四)重塑小区自治组织

空间开始运营的那一天，S阿姨和老工友们表达了对X老师的感谢："这次你们业委会是做了一件大好事。"X老师很感慨，他好像也找到了业委会今后的工作方向。从空间启动的那一天开始，社会工作者逐渐将一些简单的为老服务转化为志愿服务，让居民自行开展服务，从而让居民也可以相互服务起来。而社会工作者的工作重心则转向了重构小区的自治组织——业主委员会。

348小区的业委会在居民心中是有标签的，居民认为他们强势、独断、不作为。所以，小区内反对业委会的居民成立了一个维权中心。但从社会工作者的走访中发现，业委会并非不想作为，而是刻板印象让他们将自己和小区都封闭起来，不接受支持，也不接受指导，强烈的防御心理让348小区的业委会像孤岛一样，他们不知道支点在哪里，也不知道能做什么，只能在与社区对抗的行动中找到一点存在感，以此来告诉居民们："我们在做、我们能做。"而维权中心，更像是那些对社区不满的居民的宣泄口，常常捕风捉影试图证明业委会另有所图，有私心。维权中心长期占有小区内原有的工厂食堂，还设立了维权中心办公室，就像一个"对立方"镶入在小区里面。

重塑业委会，就要让业委会与居民实现信息互通，加强彼此间的沟通交流，逐步回应居民需求，重新获取居民信任。因此，以"阳光下午茶"项目为依托，促进协商民主和集体行动就显得尤为重要。"阳光下午茶"活动，一方面可以保障社区居民拥有公开透明正式表达诉求的渠道和途径；另一方面也可以帮助社区居委会、政府更好地宣传政策信息，提供便民服务。

348小区的"阳光下午茶"活动与其他社区也不一样。首先，348小区的"阳光下午茶"频次更高，几乎每周都有。其次，348小区的"阳光下午茶"在每个月的第三周的下午是业委会下午茶专场。为了避免部分居民在参与活动的过程中不能很好地融入活动，社会工作者运用"人在情景"理论，充分了解居民所处的环境、面临的问题，再由业委会牵头讨论，共同协商解决方案。最后，业委会下午茶专场都必须形成协商结果，再以协商结果为凭依，动员多元主体分工着手解决棘手的问题，使居民需求得到满足，并在此基础上塑造彼此的信任。

"阳光下午茶"项目是具有功能性的，是开展下一步工作的坚实基础，有助于社会工作者在交谈中挖掘居民实际需求，也有助于在项目执行前与社区居民进行确认，推动项目和服务的顺利进行。业委会下午茶专场的推进并非一帆风顺，最初有的居民看到X老师在场时转身就走，也有当场冷嘲热讽的。针对该情况，社会工作者积极动员以S阿姨为首的老工友们支持业委会，合理提出自己的诉求，并在下午茶活动上共商解决办法。例如，居民建议将小区人车分流，向上级部门申请破墙打通消防通道避免安全隐患等。然后，在社会工作者的陪伴下，由业委会牵头试点解决问题。对能解决的问题，及时回馈解决进度，并通过微信群、公众号等形式，让居民看到业委会的付出和行动。针对不能解决的问题，要开诚布公地说明情况，组织居民志愿者强化宣传，避免维权中心进一步散播谣言。

在社会工作者和热心居民的陪伴和支持下，通过10余次的“阳光下午茶”，X老师所带领的业委会逐渐找到了工作的方向，并形成了一套与居民共商互动机制。他们整理出25个348小区后续的工作要点，并有条不紊地在小区里推动，一条条解决居民提出的物业难题。慢慢地，小区路边随意摆摊卖菜的少了，环境卫生变好了，租户的管理清晰了，X老师也不再老是板着脸了。而居民们面对社区居委会也已经变成了“可以协商，认同管理，不排斥，不激进”的态度，当社区居委会提供帮助、踏踏实实地支持小区解决问题后，居民们发现社区也是可以信任的。

（五）激活多元社区社会组织

348小区治理工作推行半年后，能动员的居民数量已趋于稳定，那些最积极主动的居民已经完全融进社区志愿服务，但小区里更多的仍是漠不关心的居民。很多居民动员不起来的关键在于，社会工作者并没有找到他们的需求点与共鸣点。因此，需要根据社区的居民需求、人员情况，以兴趣爱好小组为切口，从自益到共益、从业余到专业、从小圈子到大范围，挖掘和培育更多的社区居民骨干，推进社区社会组织构建。多元的组织可以在多组织交互中，推动社区氛围找到平衡感。

348小区里有一支傲娇的队伍——气排球队。348厂还没倒闭时，气排球队是一道亮丽的风景线。企业破产小区管理职能移交政府后，居民们的生活交集瞬间崩塌，好像彼此间的联结突然被剪断，每个居民都自顾忙着自己的事情。但气排球队的居民们还在坚持。

社会工作者听说气排球队获得了比赛名次后，找到了气排球队的队长，想为气排球队组织一次庆祝活动。队长很诧异地说：“为什么要进行这样的庆祝活动?”社会工作者说：“大家都是348小区的居民，你们获得了荣誉就是为小区争光，你们坚持的精神值得大家学习。之前小区居民一直在抱怨，我们认为气排球队体现的是小区的活力，是348小区的一种精神，它可以让社区居民更积极向上。所以，在咱们社区居委会的支持下，我们想组织一次这样的活动。”队长听完后很激动,大手一挥说:“我一定把大家都召集起来。”活动那天,其实特别简单,拉了两条“喜报”横幅,和大家开了一个简单的茶话会,社区书记也到现场为队员们送来祝福。队长红着眼圈:“我们这些人都不年轻了。厂里破产后气排球队的队员能坚持下来的不多了,有些人甚至已经搬离了小区。没想到,社区竟然还想着我们,还支持我们,还给我们开庆功会。之前也想过干脆今年过完年就散了吧,现在我想说,只要我还能打,我就要坚持下去,为348小区、为我们的社区争光!”

图10　348小区气排球队的庆功宴

庆功会后,社会工作者协助气排球队制订了后续发展计划,并联系了体校的退休老师指导气排球队。同时,暑假的时候,气排球队也会开设公益课堂,招募小区的青少年学习气排球。队长说,她想要把气排球的精神在小区传承下去。

通过不断激活居民的参与意识,348小区成立了“文明劝导小组”“关爱小队”“348骑行队”“348合唱队”“公益象棋队”等多元的社区社会组织。每一支队伍都秉承初心,在小区内发挥自己的作用。

四、项目成效

经过一年的努力,幸福家累计开展116场大大小小的活动,直接服务居民11902人次,协同组建9支自组织队伍,发展247名居民志愿者。慢慢地,348小区里不再只是抱怨,居民开始重新信任社区。他们在有争议和不满的时候,选择与社区协商,听取社区建议,支持和拥护社区工作。他们开始感恩变化，也感觉到了348小区的团结和幸福。随着项目的结束，年轻的社会工作者回归主城区继续下一个服务项目，当地招募和培育的阿姨成长为一名成熟的社会工作者，继续在社区发挥光与热，帮助348小区居民们一起面对接下来的生活。这一年，有很多值得回忆的瞬间：

一起追忆348的10年，居民们和幸福家分享他们风采依旧的过往；

图11　348小区的欢乐合唱队

图12　居民一起包汤圆、写对联

在居民的帮助参与下幸福家有了社区活动场地，那牌匾，还是居民送给幸福家的；

有了空间，社会工作者为居民开设了微信学习班，第一次他们学会了通过微信和儿女们在手机上“面对面”交流，感觉自己也年轻了；

围绕着空间，每周几十位居民聚到一起唱他们喜欢的老歌，虽然唱得有一点点荒腔走板，但掌声从来没有少过，慢慢地居民成立了欢唱小队；

每天居民都会来活动阵地下象棋，社会工作者告诉他们要试着去服务邻居，于是公益象棋队诞生了；

过年，居民们写春联、送春联，元宵节大家一起包汤圆。三八节大家聚一聚、聊聊天，邻里们就不再孤单了，在一起仿佛也养成了习惯；

有的老年居民子女没在身边多年，很久没有过过一个像样的生日了，还惦记着他们的，是邻居、幸福家和社区；

图 13　为 348 小区老年人一起办生日宴

居民们似乎也意识到了应该为社区做些什么，于是他们开始去爱 348 小区，他们愿意做志愿大扫除活动，愿意主动关爱周围的人。

居民们变了，得益于好的时代，得益于社区、社会工作者和居民志愿者的通力付出，得益于居民对幸福的渴望和热情的参与。点滴付出一定会有回报，生活永远向前，他们的变化还在继续，坚信 348 小区会越来越好！

五、经验总结

（一）不要进入矛盾的旋涡中心

诚然，在社区治理过程中，幸福家希望能直接靶向问题核心，直击“痛点”。但现实中，有很多问题并非社会工作者、幸福家直接面对就可以解决的。所以，需要明确地审视自我能力，寻求合适的路径，在自己能力范围内尽可能协助居民解决能解决的问题，而不是直接跳入旋涡的中心成为众矢之的。

（二）陪伴居民适应变化

348 小区前期的状况多是企业破产职能移交政府过程中的“应激反应”，需要避其锋芒，在推动居民认同的基础上，做强有力且贴心的支持者、陪伴者，逐步让居民认同、适应变化，找到新生活状况下个人和组织的位置。只有经历了这一步，才能让居民以更“健康舒适”的状态去迎接和参与社区治理。

（三）明确社区与机构的位置

在 348 小区治理中，阶段性地让社区居委会回避是居民对社区有刻板印象的合适策略。需要注意的是，在社区治理过程中，社会组织不应有“个人英雄主义”，包揽一切，认为自己无所不能，而应该逐步让社区回归到应在的位置和状态，这样才能推动社区与居民重构信任，形成良性互动。

（四）用精准的服务去塑造认知

居民参与社区治理的过程中，对社会组织的认知直接决定了他们可能提出的诉求，也影响着他们对待社会组织的态度，所以精准塑造居民对社会组织的认知是社会组织初步进入社区的重要工作内容。

社区居民说

一位70多岁的阿姨来信：

毛主席教导我们："没有调查，没有发言权。"

邓小平，老百姓爱戴的"三起三落"的布尔什维克，改革开放的"现代四化"的总设计师，始终坚持"实事求是"的根本原则。是我们活着的中国人永远铭记的引以为荣的导师。

习近平，平易近人，深入基层，率领14亿中国人民，始终贯彻反腐倡廉，撸起袖子加油干。为实现两个百年奋斗目标，尽心尽力奋力拼搏，令世人刮目相看，全国人无不敬佩，跟着"起来起来"的号角声，奋勇前进。

我们社区"美丽家园"的群团，何日开始，我不清楚。但从我融入这个"家园"的那一天开始，就好似一块无法抗拒的磁石，把我紧紧地、暖暖地、深深地吸进去了。

为什么呢？我想说，这个小团队在民政局、新筹建的凉水井党支部和社区居委会的双重领导下，生龙活虎、尽责尽职，共筑科学的、绿色的、美丽的348社区家园。

这种创新，是值得我们加入的，是值得我们点赞的。

这两位乖巧、美丽、刚强的"90后"工作人员，是值得我们大家爱护和尊重的。谁人没有儿女子孙后代？也许你我的后代，还在牙牙撒娇、畏难退缩，她们却远离父母、孤身一人，响应祖国号召，为创建一个美丽家园，克勤克俭、踏踏实实，奋力前进着。

还有一位圆脸的淳朴憨厚的中年阿姨。尽管自己有老公孩子需要照顾，尽管自己有一位多病的长辈需要护理，但是为了创建这个美丽的家园。她却义不容辞，加入了这个"小团队"。

"小团队"由一位贤惠聪明的"90后"小姑娘——A领队，另一位戴眼镜的笑容可掬的姑娘——B鼎力相助，还有一位慈祥的、爱人如己的阿姨——C默默无闻、亲力亲为地辅助她俩。她们渴望她们的付出是实实在在的青春奉献，是为两个百年梦添砖加瓦、发光发热的。尽管有这样那样的阻力或摸着石头过河的险滩浪潮，但辛勤培植的绿苗新种，一定会茁壮成长，开花结果。

爱的奉献，是无须回报的。种瓜得瓜，种豆得豆。你们团结和睦的“小团队”，一定会得到348社区每一位居民赞扬，大家会共同参与，共同给力的。

春天已来了，秋天的硕果累累是你们的丰收应得，共奏凯歌！

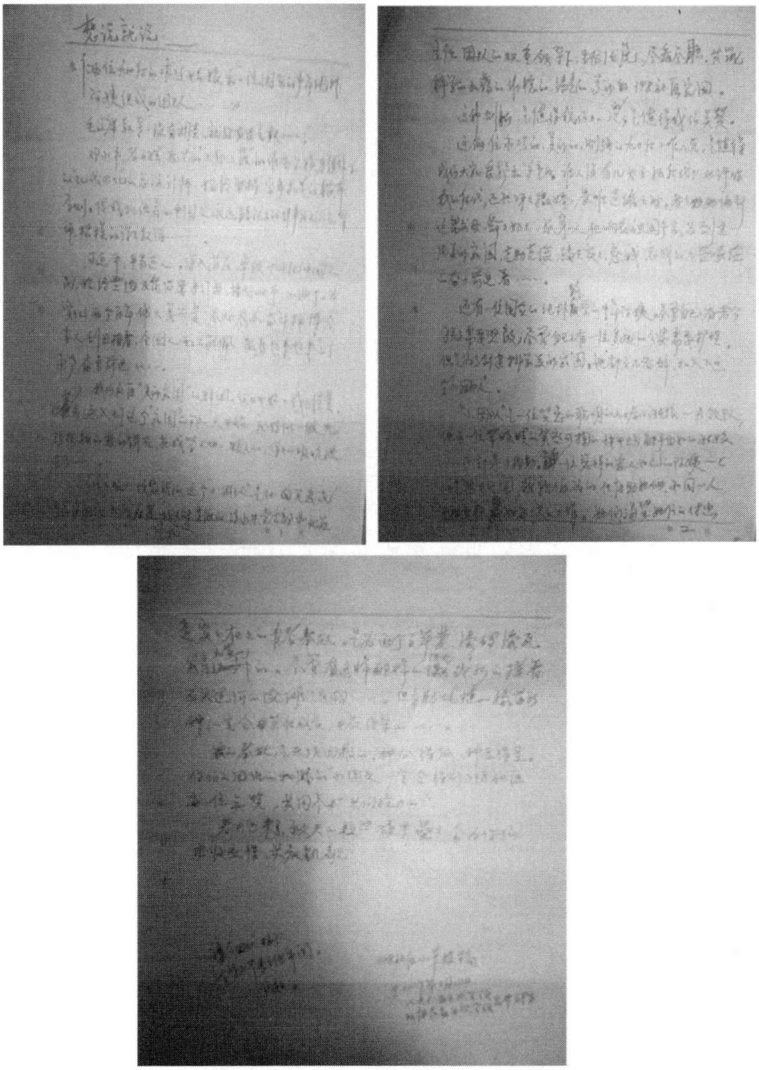

图14　居民的手写信

专家点评

国有企业改制留下了不少社区治理的“痛点”与难点。这在北京、上海、广州、南京等历史悠久的城市非常普遍。因此，幸福家社会工作服务中心对348社区的工作思路和方法具有重要的普遍性意义，值得进一步总结和发扬。大体上，幸福家从情感联结入手，接着从服务带动、空间吸纳到制度吸纳，形成了一个完整的方法论。具体来说，首先，面对社区老年居民的不信任与排斥，幸福家反其道而行，决定大张旗鼓地进入小区，广泛宣传幸福家的服务使命，促进社会工作者与居民的初步相识。其次，开展为老服务，让小区老年人获得服务的同时，逐步软化其对立情绪，并在服务过程中重塑老年居民的生活节奏。再次，将小区空置的破旧房屋打造成社会工作室和居民活动阵地，让空间承载居民的参与。最后，以协商民主的方式，让原本众矢之的的业委会与居民可以冷静地坐下来沟通，构建彼此的信任，共同解决小区的各类问题。

这些做法建立在扎实的需求调研以及可靠的承诺基础上。特别是针对小区老龄人口居多的情况下，幸福家还对老龄人口的爱好、关系和诉求进行了区别管理，这是影响带动居民的主要前提。老旧小区一定要处理好老与旧之间的关系。遵循“三多”原则：“多观察、多关心、多服务”，统筹兼顾公共事务的处理与公共空间的改造。社区居民说事、主事、议事的前提是情感的动员与凝聚。

（点评人：刘学，中国社会科学院社会发展战略研究院助理研究员）

产社互动　安居乐业

——以视高铺社区产业社区营造与治理项目为例

案例类型:社区形态篇

关键词:产业社区、党建引领、社区治理

社区名称:四川省眉山市视高街道视高铺社区

实施时间:2021 年 5 月至今

实施人:唐永生

一、背景介绍

在新型城镇化与工业化进程不断推进的背景下,各地纷纷兴起经济开发区、工业园区等的建设,以成都市为例,2021 年优化调整了 12 个产业生态圈和 66 个产业功能区。而在早期的工业园区规划建设中,普遍以基础设施投资和招商引资为重点,优先发展生产和创收,忽略了产业园生活属性,导致产城分离、环境劣质、能源浪费、空间缺乏人性化的城市问题,从而使产业园区如同一个孤岛,与城市发展相对割裂。在这样一个封闭的园区中,又聚集了大量的中青年群体,他们的需求如何满足,他们的价值如何彰显？他们是谁,他们属于哪里？这制约了园区产业的发展升级,也成为职工如何幸福生活最大的症结。

因此,受新时代城市空间布局和产业发展规律影响,产业社区应运而生。产业社区是以产业为核心,在产业园区周边构建融合城市生活功能的新型社区,进一步彰显社区的生态价值、人文价值、经济价值。它倡导的是

一种更全面、更尊重需求的规划思想与设计视角,为产业空间的新一轮更新换代提供重要的目标与方向。打破传统产业园区的地理边界;让产业园区与城市生活同频共振。成都市在2019年10月发布了《成都市城乡社区发展治理总体规划(2018—2035年)》,明确将成都市的社区分为城镇社区、乡村社区和产业社区三类,并明确了产业社区的七大发展治理场景。

产业社区具有"产业"和"社区"的双重属性,产业聚集了大量就业人员和优秀的企业,是社区形成的基础,而社区本身的治理机制和服务配套强化了对人才的吸引力,搭建产业主体和就业人才的社群平台,打造生态、舒适的生活环境。可以说,产业社区需要促进产业功能与生活功能融合发展。

四川省眉山市视高街道辖区面积188.7平方千米,户籍人口9.162万。其下辖的视高铺社区与河心社区、花园社区、桂花社区等14个村(社区)相邻。视高铺社区2013年12月成立,由原青林6组、河心6组等合并而成。辖区由场镇聚居区和产业集成区两个集群构成。产业集成区属视高经开区,主要发展机械制造和电子信息产业,其发展规划于2008年5月获四川省发改委批准。在视高经开区,以伟易达、中天丹琪等为龙头打造通信电子产业集群,以云端为龙头打造核电装备制造产业集群,以恒重压缩为龙头打造油田装备制造产业集群,以倍特电动车为龙头打造电动车船新能源产业集群,以艾英特等为龙头打造LED光电产业集群。大量的职工居住在产业园区,虽然企业提供的宿舍、食堂满足了职工的基本吃住需求,但是,由于企业周边没有其他配套设施,如果职工需要改善饮食则需要坐公交,并乘车到3千米外的场镇才能获得服务。

前期对100余家企业和900余名职工的问卷调研如下。

一是在参与调查职工学历分布上,高中/中专学历占比最大为36.64%,其次为初中及以下的学历为36.58%,专科/本科学历占25.94%,高学历人才占比仍较低。

二是在园区内居住职工人数占75.53%,园区外居住职工占比24.47%。对职工来说,园区提供住宿解决了职工的生活问题。职工对园区的生活配套设施等要求比较高,便捷而丰富的服务体系是职工在宿舍居住情况下感受到便捷生活的关键。

三是在生活服务设施方面，企业职工需求最大的是多功能便利店，需求占比达到了63.3%，其次是社区餐厅为52.3%，两者占比皆超过了半数。

四是产业功能区大部分用在企业生产上，公共区域不能满足企业职工文体和兴趣活动的需求。另外，社区提供的活动场景（如社区活动空间）离企业职工生产生活的区域太远，也不方便企业职工文体活动和兴趣小组的展开。

五是企业职工在社区服务方面的主要需求是职业技能培训、职业发展和生活服务。结合数据可以看出，企业职工视园区为个人成就发展的载体，对个人提升方面的要求高于生活服务，可见，社区在完善提升企业职工职业发展体系，引入专业化和规模化的职业服务方面的紧切性和必要性。

2021年，在眉山市天府新区党群工作部和视高街道办事处的邀请下，成都幸福家社会工作服务中心介入视高铺社区产业社区治理。本项目重点关注视高经开区的职工生活和发展需求，以“陪伴参与式社区治理”为技术基底，在转变社区的基础上，构建产业社区治理体系，完善产业社区服务内容，改善职工的生活状况，推动职工成长和在地归属。

二、工作模式

本项目在社会工作者参与前期规划和实施的基础上，以党建为引领，以服务为主线，遵循“人、城、产”的城市发展逻辑，依托视高工业园区，紧紧围绕“职工居民化、园区生活化，产社互动、安居乐业”的思路，构建产业社区的四大场景治理和服务体系，努力建设创新创智功能区、宜商宜居新社区，构建政社企互动、“人、城、产”融合的产业社区发展治理新格局。具体策略如下：

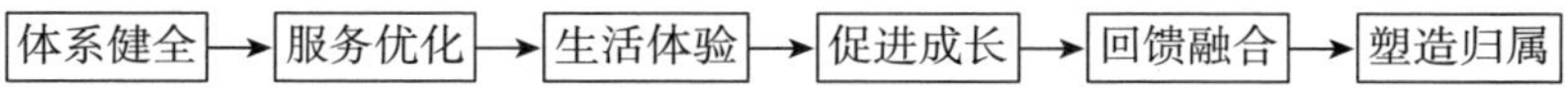

图1　视高铺社区产业社区治理策略

支持社区、企业以党组织联建的方式构建，健全组织体系。然后扭转社区的治理逻辑和思路，将企业职工以居民的身份对待，将职工的需求纳入社区服务的范畴，从空间营造、服务引入等方面优化社区的服务体系。在此基础上，丰富职工在社区的生活服务，以职工发展作为社区工作的关注要素，促进职工发展和成长。在此基础上，逐步推动职工成长与在地融合，在提升职工社区归属感的基础上，让职工在社区安居与乐业并举。

三、行动过程

（一）捅破社区与企业那层膜

小唐是幸福家派驻到当地的工作人员。刚到视高铺社区的时候，小唐发现原有的计划无法推动下去，最初考量的是通过社区与园区企业的关系，可以快速地和企业建立关系，然后再通过企业联结到职工。但是囿于社区定式的工作思路，社区的工作内容和治理逻辑都在原有场镇的居民身上。虽然这些企业、这些人都住在社区的地界内，但“我问过社区园区有多少职工，园区有多少规模以上企业，得到的回复都是‘不太清楚’”。在无法借助社区直接支持的基础上，小唐只能在社区寻求一个盖章工牌和部分企业联系方式的情况下，独自走访园区内企业。幸福家试图先由社会工作者完成与企业的破冰工作，再支持社区基层党委与企业支部联动，构建党建引领的组织体系。

“其实与我之前想的不一样，比我想的容易一些，我以为可能都会拒绝我让我吃闭门羹吧，结果几乎每家企业我都可以进去和他们交流。但也没那么简单。最初他们都是有距离感的。之前长期与他们失联，让企业都不知道我要做什么，能做什么。所以，最初都是观望的状况。”两个月的时间，小唐将以社区为中心的几十家企业都跑了不下 100 次，有的时候只要路过他都会进厂区和社区简单交流下，打个招呼也好。要撬动企业，总是要走进他们的生产生活里，只有这样才能为后续开展工作做好准备。通安公司是最初难做工作的一家企业，每次打电话预约的时候他们总会拒绝，可是经过国庆晚会，他们的态度发生了变化。

图 2　社会工作者小唐到企业走访

国庆佳节临近，为了更进一步推动产业园区企业的认同，小唐与部分铁粉企业商量决定筹备开展国庆晚会。在策划好活动方案后，小唐立即联系各企业代表共同讨论晚会细节，由于各个企业工作时间不一致，在通过 5 轮讨论后才最终敲定了活动方案。从下发活动通知开始，各企业积极报名参与，各企业职工在不影响正常工作的情况下，利用业余时间认真排练节目，既要保证工作正常运转，又要保障节目的质量，结果他们做到了工作、排练两不误。

在各企业的充分准备下，国庆晚会以一首《我的中国心》正式拉开序幕，玉骑铃公司精彩的表演，掀起了现场的第一波高潮。一首首耳熟能详的红歌回荡在舞台，参演人员用铿锵的语言、豪迈且激情嘹亮的歌声唱出对党的无限忠诚、对祖国的美好祝愿，让现场的所有观众接受了一次红色精神的洗礼。晚会现场气氛热烈，精彩的节目博得了观众的欢呼，赢得了无数热烈的掌声，展现了职工的文艺才能。

“从没有想到，我们还能上台！哈哈哈哈。”“邹姐，你下来也要教我唱一首哈！”“祖国万岁！时代真的变好了。”职工和居民们讨论着，笑容绽放在他们的脸上。那天晚会幸福家只有小唐一个人，那是一场对他的挑战，这就意味着小唐需要全力整合志愿者资源。他动员了企业职工，也动员了天府信息职业学院和四川科技职业学院的青年志愿者们，当这么多伙伴和他一起工作，他心里也就踏实了。

“其实这个活动给我压力有点大，最初我说做个 50 人的活动，幸福家说治理是需要有一个‘大放’和‘大收’的问题的，说我已经走访一段时间了，需要有一次‘爆发’。这样就能大规模地获得企业共鸣，所以这次我需要尽可能地让职工、居民参与进来，要做一个几百人的活动。”事实证明，作为退役军人的小唐，他的坚韧与踏实让企业看到了，而这个过程也拉近了他与各企业、职工的距离，增进了彼此的亲密感，还提升了各企业对幸福家的信任度。通安公司主动和小唐联系，商量以后一起做活动。

图 3　职居共建国庆晚会

在完成破冰后，小唐支持社区理顺企业与社区联动制度机制，成立了视高工业园区综合党委，夯实了产业社区基层党建工作。然后在园区内组建了党建联盟、社企联盟，每月支持召开党建联席会议，通过“党建 +”的模式，促进资源转化利用，实现组织共建、资源共献、发展共商、基层共治。

现在，在幸福家小唐有一个绰号叫“饭霸”，他已经在园区内各家企业食堂都吃了个遍。

(二)规划重构社区服务体系

随着视高工业园区综合党委的成立，社区也逐渐发生了改变：坚持需求导向，优化提升视高铺社区党群服务中心服务功能，基于规划重新梳理运营和服务内容。由于视高铺社区党群服务中心就在园区内，机构支持社区重新规划社区党群服务中心职能，将部分面对一般居民的便民服务下沉到场镇区域，现有党群服务中心除了服务场镇的居民外，还增加对企业、职工的服务内容。陆续地，区域党建空间、运动场更新、阅读茶吧、职工夜校、“流动快剪”等服务平台慢慢建立起来。社区联结人社部门积极拓展就业创业服务，持续做好企业招工备案、就业推介、劳动仲裁、医疗卫生、社会救助等服务，推行延时错时服务，系统搭建服务平台。积极对接区级相关部门（单位）定期开展教育服务进企业活动，积极争取开设人才招聘分会场，定期举办招聘活动、企业沙龙、文体赛事、音乐节、才艺展等特色活动，“社会精英‘HR 沙龙’”“单身青年联谊 Party”“寻找新视高铺人”等系列社区特色活动。为了支持各类公益服务的可持续开展，在视高街道办事处的指导和支持下，在眉山市慈善会成立了眉山市第一只产业园区公益基金，由各个企业定向捐赠，用于支持开展面向职工的文化活动、公益服务、急难救助等。

图 4　社区阅读咖啡室

周×是视高铺社区的理发手艺人，在场镇上开了一家美容美发小店。产业园区的职工一般都是周末才能到她的店里理发，这个往返就是 2 个多小时。一般周末都是要排队的，那时间可能就要 3 个小时，好不容易一个周末小半天就没有了。对于周×来说，工作日都是淡季，来理发的人并不多。为了缩短职工理发时间，构建新的服务内容，小唐与周×商量开发了“流动快剪”服务。针对园区职工的理发需求，只要企业统计有 5 名职工有理发需求，周×就利用中午时间上门提供快剪理发服务，每个人收 10 元钱。既能解决职工理发耗时的问题，又可以帮助周×增收。服务启动后，周×的“流动快剪”每天都是满员的，现在已经发展成每个企业轮流开展服务的形式。周×也不再只是一个人上门提供服务了，又招了 2 名学徒。

（三）丰富职工生活体验

为了进一步丰富职工的业余生活，引入多元主体参与生活性服务的提供，视高铺社区不仅优化了党群服务社区的服务供给，更在党群服务中心周边整理聚合 15 亩集体土地，用两年时间分两期逐步打造了绿色生态、活力运动、多元参与的产业社区生活集群。

第一期打造主要针对 9 亩地，集中完成口袋公园和运动场建设，通过社会化的形式满足职工需求。

在生态环境上，以“屿”为核心构建社区的口袋公园，通过口袋公园构建一个职工可进出的绿色休闲和放松身心区域，同时对单身职工，口袋公园是一个散心聊天的好去处。

在活力运动上，设置了 3 处居民运动场，有支持 5V5 足球的蓝屿运动场、乒乓球等小球运动的全民运动场和篮球场。所有的空间使用对职工是免费的，但是如涉及包场时在使用前需要提前预约和安排。

在商业服务上，由集装箱搭建了两组建筑，分别开办了便利店和洲屿餐厅。便利店引入荣获中国青年志愿服务项目大赛全国金奖的“微爱公益慈善超市”项目。微爱超市面向辖区职工提供日常生活用品的销售服务，也集成了菜鸟驿站做到常态引流。根据职工建议，微爱超市的商品以便利店需求为主，也针对性地引入了水果等产品。除此之外，微爱超市还集成了社区志愿服务积分管理体系，以“园区志愿者”为载体，即职工通过参与社区、园区的志愿服务就可以获得一定积分，逐步积累，可以在微爱超市兑换物品。洲屿餐厅则定位为大众消费，主要满足周边企业的宴请需求，同时提供奶茶、外卖等服务。洲屿餐厅不仅能满足产业园区周边企业的需求,还可以满足眉山天府新区管委会的需求。

第二期打造主要针对剩余的6亩地,预计2022年完成。主要是构建一个卫生健康中心、一个帮助失地农民再就业的职工夜市以及引入特色服务"共享家"项目。"共享家"项目是小唐在日常和职工交流过程中发现的需求,在产业园区有不少男性职工实际是与妻儿分开不住在一起的。"可能要大半年他们才能见上一面,像通安公司的那个陈大哥,已经一年多没回去了。他老婆其实想带着娃娃过来看他,但陈大哥舍不得,如果他老婆带娃娃来一天的吃住就100多元,他很多时候又陪不了妻儿。如果能帮他们做一些事情也是可以的。"于是,"共享家"项目在小唐脑子里慢慢成形。二期打造后,幸福家引入4—6个集装箱房,一字排开。每个房里有床、有电磁炉、有桌椅,产业园区可以低偿租用这些集装箱房。职工家人到产业园区后可以买菜为职工做一顿饭,尝尝家里的味道,一家人可以短聚共享天伦之乐。

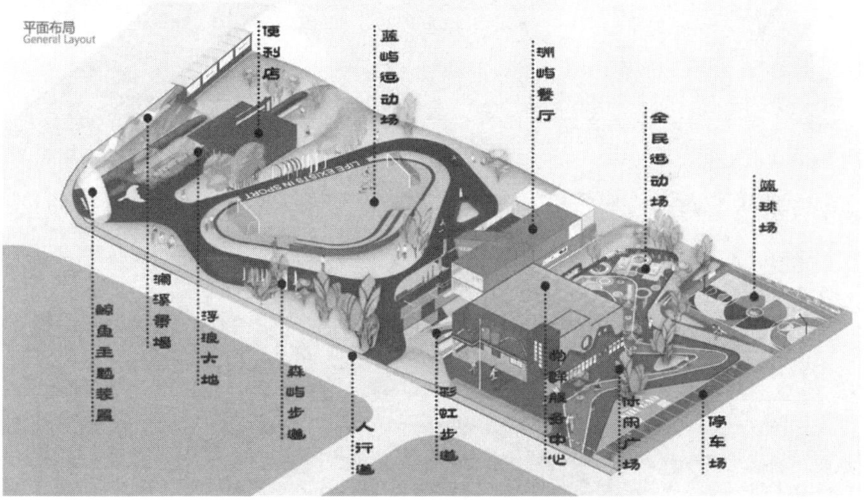

图5　产业便民服务区功能布局

(四)助力职工成长与增收

"产业"的发展对于在地来说是凝聚人的过程,也是成就人的过程。从企业的角度看,如何让职工的能力和效率提升,提高稳定度和忠诚度是长远发展非常重要的内容。从职工的角度看,工作是谋生的过程,也是个人成长的过程。产业园区部分职工希望能有机会提升个人能力后可以获得职位晋升,收入提高。于是,在各类空间打造完成后,小唐与四川科技职业学院团委老师商量,在眉山市团市委、眉山新天府新区团区委的支持下,启动了"滋长荣生"产业社区青年赋能与成长项目。

这个项目是在社会工作者牵头和职校团委的支持下,聚合学校的青年教师形成志愿者队伍,并联结企业的发展和中端人才诉求规划,完成了30余门课程,大部分课程集中在春秋两季,每季开放一轮,上课时间以夜校和周末班为主。课程分为技能培育类、专业素养类和兴趣爱好类,根据报名情况选择开班安排。每个职工参加学习是免费的,但需要支付押金,学习完成并考核通过后押金退还。

图6　动员职工参与学习增收

天府新区(视高工业园区)莱福德科技有限公司的小张和小唐是同龄人,在前期走访企业的过程中他们成了朋友。但小张只有高中学历,对自己的未来很迷茫。在小唐的鼓励下,小张成为"滋长荣生"产业社区青年赋能与成长项目的第一批学员。在四川科技职业学院的青年教师志愿者的指导下,通过为期一个季度的学习、实践,小张顺利通过了中级焊工技能鉴定考试。而小张的工资也因为学会了专业技能做了岗位调整,增收了24%。像小张这样的职工,在产业园区还有不少,"滋长荣生"产业社区青年赋能与成长项目已经使近百名职工学有所获,薪酬水平都有不同程度的提高。

(五)增进职工对在地的认同

产业社区不止党委政府、社区、社会工作者在为他们服务,让他们生活得更好,希望他们在这里安居乐业,职工也悄然发生了变化。在小唐的努力推动下,"视高园区青年志愿者队"成立了,视高铺社区的刘书记为志愿者队成员戴上了红袖套标。

图7 职工志愿服务自组织成立

在一次"阳光下午茶"需求收集活动上,倍特的小李说:"既然社区的口袋花园是为我们大家打造的,那口袋花园周边的环境卫生就由我们志愿者队负责打扫和维护。”每周 3 次，由小李带领的环境维护队到口袋公园进行绿植修剪、路面垃圾清理等。志愿者队不但要清理卫生，还在小唐的支持下制作了“我爱视高家”的宣传资料，向园区各企业和职工宣传爱护口袋公园。

除了口袋公园的秩序和卫生外，志愿者队还定期利用周末时间分批次不定期协助社区巡逻，对产业园区的占道停放、公共设施待修等进行排查，在支持并配合社区治理工作的同时，还对污染路面、乱丢垃圾、阻碍交通等不文明现象进行积极劝导宣传并严格管理。在这一过程中，各企业职工的文明卫生意识有了提高，恒重压缩的赵经理特别得意地和小唐说：“之前我特别担心他们躺在床上吸烟引起火灾。每次进他们宿舍都是满地烟头。你别说，现在他们好像有点讲究了，宿舍里面乱丢烟头的情况少多了。”在新冠肺炎疫情期间，职工们更是挺身而出协助社区、企业在园区各处路口设立卡点，对出入车辆和人员进行排查和劝导。

图 8　职工志愿者参与疫情排查

四、项目成效

小唐说:“虽然在这边我是一个人做项目,可是我觉得我不是一个人在战斗。你看各个企业的消防演习都希望我支持和参加,最近我还在帮企业协调学校广场举办他们的运动会呢。”通过产业社区的工作开展,小唐慢慢地在政府、社区和企业的支持下,在职工的广泛参与下,构建了一个职工共融互助的体系,这里面有职工的日常需求,有职工的发展,有职工的爱好,有职工的情感。也许产业园区的外墙是灰色的,远远看去是乏味和冷淡的,但视高铺社区产业社区却如同一个归宿一样,静静地陪伴着职工,走过他们人生中重要的一程。

每个人心中都有一束火光。通过项目的实施,凝聚起了企业、职工们对社区的情感,他们有了归属感。他们会发现身边真的有些人是愿意真诚地给予支持的,他们也是能给予你积极的回应甚至加倍的回应的。2021 年的 11 月 13 日周六,一般来说,小唐会花 3 个小时回到远在成都市青白江区的家,但那天他参加了小张的新居开火宴,原来小张家在场镇上买了一套房,小张准备把他的户口迁到视高铺社区,他说他觉得在这边自己被尊重,也有机会。

五、经验总结

(一)像居民一样对待职工

很多时候所谓的社区发展治理主体,是指生活和工作在本地的人。产业园区的职工是常常在治理惯性上被忽略的群体。我们可以给居民组织重阳节活动,可以组织“你好 · 邻居”的邻里节,却忽略了这些超越传统意义上的“邻居”。只有社区像居民一样平等地对待、关心职工,产业社区的治理工作才能从实质上提升一个层次。

（二）产业社区治理不是做打造

产业社区的治理工作诚然会有部分环境、硬件补短板的工作，但是产业社区的治理工作更多的是要遵循“人、城、产”发展逻辑，在营造职工的更好生活状态和内容上下功夫，如何长效运转，如何与企业、职工产生关联，催生参与才是核心工作。

（三）产业社区发展是硬道理

“发展”是产业社区开展治理工作的万能钥匙，只要能在企业、职工的发展上聚合多方力量，就能破题社区与企业、职工疏离的情况。这里的发展不只是经济的发展，也是个体、集体的发展。同时，社区也需要将企业、职工作为在地发展的“要素”，以要素式发展的视角给予聚合资源、工作辅助等方面的支持。

（四）推动企业履行社会责任

在产业社区，原生性的企业具有经济性，也需要履行社会责任。党的十九届四中全会提出：“重视发挥第三次分配作用，发展慈善等社会公益事业。”构建产业园区公益基金，并运用职工关爱、在地治理等方法，是推动产业社区治理可持续的天然优势。但如何融合企业和让企业愿意，是一个系统工程，“一刀切”地要求企业捐款只能破坏产社互动。

（五）形成消费与公益的综合体

在产业社区治理中，面对企业、职工的具体现状和需求，如何发掘新服务、构建新场景是获得企业、职工认同的脉门。除了服务和开展公益慈善行动，合理导入社会化力量也有助于各类服务的品质保障和可持续。

园区企业说

感谢幸福家社会工作服务中心的专业与担当，用高度的专业和社会责任感，以助人自助的价值观念、理性务实的服务风格提供多层次、全方位、专业化的社会工作服务，感谢社会工作者小唐一直秉持专业理念、肩负社会工作使命为企业作出的一切努力！

——四川玉骑铃科技有限公司

感谢政府与幸福家社会工作者一直以来的高度重视，为企业解决困难，也为职工增加了丰富的生活娱乐，你们的工作成果也将持续影响着我们，我们也将持续为产业社区的公益事业和谐发展作出我们共同的贡献，为此，再一次对你们表示深深的敬意和衷心的感谢！

——四川世纪雄风电动科技有限公司

感谢政府的关怀，感谢幸福家社会工作服务中心工作人员给予的热情和温暖，感谢一直以来的关心与帮助，企业的点滴进步离不开你们的大力支持与厚爱。恭祝2022年事业兴旺、捷报频传、新年新气象，再创新辉煌。

——盛熙新材料科技有限公司

在政府与社会工作者的统一指挥和领导下，组织调动各方资源对企业、职工全力支持，在工作中，幸福家社会工作者小唐坚毅乐观、不畏困难，秉承“专业、服务”的价值观，为企业带来服务，为职工送去温暖，在新的一年里，我们有信心与政府、幸福家社会工作服务中心一起合作共赢，创造更好成绩！

——眉山双胜新能源车业有限责任公司

感谢幸福家社会工作服务中心的工作人员，感谢你们带着党和政府的关怀无时无刻不在关注职工的生活水平与需求。你们的热情工作，让我们感动；你们的关怀，让我们难忘。在此，我代表全体员工对党和政府、幸福家社会工作服务中心表示衷心的感谢！请领导放心，我们将一如既往地做好本职工作，用实际行动来回报关心、关爱我们的各位领导！

——四川天府江东科技有限公司

专家点评

工业园区是我国城市化的重要推力，但是好多工业园区产城分离、职住分离，造成工业园区难以吸引聚集留住就业人才。本案例针对这一问题，以产业社区的理念，提出通过强化人文关怀、产业社区营造、企业履行社会责任、形成消费与公益综合体等措施，通过搭建产业主体和就业人才的社群平台，打造生态、舒适的生活环境，为园区务工人员营造了适宜务工和生活的社区环境，促进工业园区“产业”与“社区”的有机融合。

总体上看，“产业社区”对此类问题的研究具有一定的理论价值，对决策部门和管理部门具有一定的政策价值和实践价值，所提出的措施具有一定的可操作性。

（点评人：孙宽平，北京大学城市治理研究院副院长，研究员）

社区切口篇

管治协同　和谐共融：“城管＋社工”模式探索
——老街场的管治发展之路

案例类型：社区切口篇

关键词：城管、社会工作者、社区治理、地摊经济

落地社区名称：成都市东部新区养马街道荷花社区

项目实施日期：2020年5—12月

实施人：许红梅、李巧文

一、背景介绍

（一）政策背景

党的十九大报告指出要建立共建共治共享的社会治理格局，并且指出了社会治理的制度建设、提高四化水平和加强四个体系建设。城市管理作为城市治理中决策、执行之后的一个末端环节，是以城市基本信息流为基础，运用决策、计划、组织、指挥等一系列机制，采用法律、经济、行政、技术等手段，通过政府、市场与社会的互动，围绕城市运行和发展进行的决策引导、规范协调、服务和经营行为。

2020年3月15日，成都出台“五允许一坚持”服务措施，在保障安全，不占用盲道、消防通道，不侵害他人利益，做好疫情防控和清洁卫生的前提下，允许商贩占道经营。之后，3万余名城管和协管人员走进街道、小区、市场、商铺，讲政策、听建议、解难题。环卫作业单位加强临时占道区域的环卫和

消毒工作,确保垃圾日产日清,杜绝污水横流。全市增加就业岗位10万个以上,中心城区餐饮店铺复工率超过98%。全市市容和环境卫生秩序总体良好。这一探索得到中央文明办的关注,中央文明办明确,在2020年全国文明城市测评指标中,不再将占道经营、马路市场、流动商贩列为文明城市测评考核内容。

2020年5月28日,《成都市城市管理委员会关于建立城市管理“八项机制” 深化柔性管理服务助力“六保”任务落实落地的意见》正式发布,深入推进柔性管理服务。意见是“五允许一坚持”的升级版,对原有措施进行细化和补充,包括建立摊点摊区设置引导、商贩摊主清洁卫生责任、群众投诉现场快速处置、商贩摊主容错纠错、商贩摊主榜样示范、商贩摊区择优拓展、摊区安全防护、城管巡查服务等。在省委、省政府、成都市委的支持下,针对流动商贩,成都市政府明确规定,要精准施策敢担当,打破常规思维,坚持柔性监管、审慎监管。2020年5月28日,十三届全国人大三次会议闭幕后,国务院总理李克强在回答中外记者提问时说:“我们西部有个城市,按照当地的规范,设置了3.6万个流动商贩的摊位,结果一夜之间有10万人就业。”允许流动商贩临时占道经营这项政策的“发源地”,正是成都。面对新冠肺炎疫情,成都一手抓防控,一手抓复苏,科学引导城市回归有序。

“城管+社工”模式,是在成都地摊经济快速兴起的基础上,为进一步提高规范性,深入助力疫情后经济恢复,以党建为引领,“社治+综治”理念为指导,社会工作者为抓手,积极发挥在地社区党委和城管的作用,在智慧化、精细化和治理化三个维度,全面提升地摊经济的运作能力和管理能力。

(二)荷花社区的状况

荷花社区是养马街道的核心区域,面积2平方千米,常住人口1.55万,其内有世纪街、芙蓉街、荷花南街、荷花北街等道路纵横交错,有小学、中学各一所。荷花社区距住户密集的安置小区仅1千米,距简州新城管委会、海大集团、中铁二十三局养马分公司仅2千米,交通便利、人流量大、商贸基础好。据了解,至少有一半的养马街道居民会在荷花社区的几大主流街道消费,其中以荷花北街为消费中心,所以养马街道的大部分流动商贩集中在荷花北街。初期走访调查发现,流动商贩仅聚焦个人生活,商贩的规则意识淡薄,时不时发生扰邻或争吵。社区居民希望对流动商贩进行整治,街道城管对流动商贩的自治化需求十分迫切。

一是流动商贩随意占道,影响交通,城管监管难度大。由于荷花北街处于老街中心,周围有市场和学校等人流聚集地,每天早晚时分街头巷尾总是随处可见各类摊贩,卖菜的、卖水果的、卖百货的、卖小吃的应有尽有,哪里人多,流动商贩就往哪里凑,很容易造成交通堵塞,影响通行。而城管对流动商贩的处理方式不是撵就是罚,并不能达到可持续规范管理的目的。除此之外,商贩还会和城管“打游击”,不仅浪费城管人力,还达不到效果,处罚轻了,商贩们不当回事,依然不讲规则;处罚重了,又民怨四起。这些情况在一定程度上都加大了城管监管的难度。

二是流动商贩随意处置经营垃圾,严重影响街道卫生和周边居民的生活质量。流动商贩对蔬菜皮、烂菜叶、坏掉的水果、食物残渣和油渍等各种垃圾随意处置,产生的异味污水,严重影响街道的卫生。烧烤摊一般会营业到凌晨两三点,除了经营时的扰民,经营过程中产生的垃圾、油渍也特别多,油渍不仅难以清洗影响街道美观,还会影响行人通行,甚至出现路人滑倒摔伤的情况,并且油渍在夏季散发出的异味也让人难以接受,周边居民对此也是频频投诉。

三是食品类流动商贩因其流动性强,不方便监督,产品质量无法保证。经调查走访,养马街道的流动商贩在 80 户左右,其中 60% 以上的都是食品类流动商贩。但是调查发现,有 80% 以上的食品类流动商贩是没有任何相关证件的,比如经营人员的健康证、生产食品的卫生许可证以及食物来源的渠道证明等。同时食品类流动商贩的流动性很强,没有固定的经营品类、经营时间和地点,监管难度大,导致其所经营的产品质量无法保证。

四是流动商贩的经营产品档次低品类少,彼此之间存在恶性竞争。调查发现,养马街道流动商贩的经营种类较少,果蔬类的基本为应季果蔬,重复率最高,产橘子的时候随处可见卖橘子的,产红薯的时候随处可见卖红薯的。小吃类的基本上以常见的土豆、凉皮、凉面、饼、馍、炸串、臭豆腐、卤菜、烧烤为主,并且还存在很多流动商贩同时经营几类小吃的现象,加大了经营的重复率。百货类的重复率较低,流动商贩数量也较少,但是存在经营产品档次较低的现象,基本上为50元以内的常见百货。很多流动商贩的经营品种不是固定的,有时候见别人卖什么好就跟着卖什么,这也是导致经营产品重复和恶性竞争的原因之一,也埋下了一些治安隐患。

二、工作模式

(一)“城管+社工”模式的治理逻辑

在地摊经济政策的支持下,成都市地摊经济快速发展,随之产生的还有新的社会矛盾和对城管部门更高的治理要求。本案例以养马街道荷花社区城管、居民与流动商贩之间的矛盾为切入点,通过社区“两委”、城管、社区居民和流动商贩的支持配合,试点“社治+综治”(成都市委十三届六次全会要求),引入成都幸福家社会工作服务中心协同参与城市治理,运用“陪伴参与式社区治理”的理念,积极探索“城管+社工”的陪伴参与式社区治理模式,推动商贩形成自发展、自治理的组织,达到管、治结合,形成商贩的规范经营。再借由流动商贩的自治组织与居民开展一系列具体的协商和联合活动,让居民和商贩实现共存、共融、共商、共治,促进各方的和谐共处,推动形成自治型街区的发展治理模式。

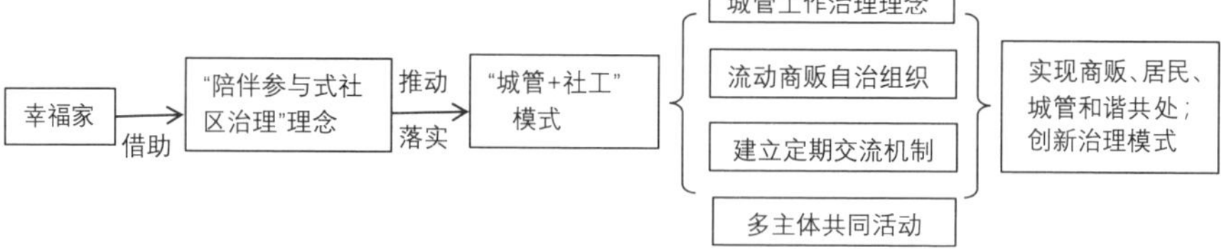

图1 “城管+社工”模式的治理逻辑

（二）理论框架设计

1. 主体研究

以多元主体参与共同构建团队，主要包括社会组织、社区“两委”、城管、社区居民和流动商贩。

社会组织：主要作为项目运作的支撑执行机构，以陪伴参与的方法联结各方主体，重点推动社区与居民联动，并进一步将居民需求整合提交给专门团队。

社区“两委”和城管：作为本项目的需求提供方之一，其本身有一定的治理需求，同时，作为项目参与者，起到背书作用，需要收集流动商贩和居民的需求，并在整合后提交给社会组织。

流动商贩和社区居民：在参与社区治理与综合治理的过程中，一方面，让他们觉得自己不再是旁观者，而是建议者、实施者、决策者；另一方面，提升他们对治理成果的认同感，增强自觉维护治理成果的积极性，为今后共同建设自己的社区奠定良好基础。

2. 实施路径

由于社区之间的文化底蕴、硬件条件、居民情况、社区需求的差异性，在“城管＋社工”模式的社区治理过程中会有不同的实施方案，但普遍遵循以下路径。

与社区“两委”对接：社会组织与社区“两委”进行项目对接，社会组织负责收集梳理社区“两委”的需求，同时社区“两委”负责向社会组织提供社区基本信息。

本地调研：社会组织进入社区开展调研工作，进行社区走访，了解社区基本情况，对流动商贩和社区居民进行访谈，获得第一手需求资料。

社区居民和商贩的对接与融合：社会组织进入本地开展社区治理工作，推动普通居民与流动商贩的融合，为后续居民参与做准备。

社区居民和商贩的沟通与动员：社会工作者与社区居民、流动商贩进行对接沟通并开展动员活动，引导居民将流动商贩的规范治理作为其关注的公共事务，并引导流动商贩增强自我规范意识，同时，筛选愿意参与的居民骨干和商贩骨干。

"城管 + 社工"的陪伴参与式社区治理的实施:搭建由社会组织、社区"两委"、城管、流动商贩、社区居民形成多方协同的平台,构建"需求收集—需求议定—需求实现"的内部工作流程,制订治理工作计划。

从各方目标实现上说,有以下方面。

在社区"两委"和城管方面,可以促进相互协作,陪伴他们对居民进行引导、教育,从而潜移默化地提高居民素质、转变居民观念,逐渐改善街面秩序混乱、商贩居民冲突等问题。

在流动商贩方面,社会组织通过人为引导,为商贩提供人流量、提高收入、提升家庭生活质量,推动流动商贩自主结社,陪伴商贩自我赋能、自我成长,最终形成自我治理新局面。

在社区居民方面,社会组织协同各方一起努力完成以下目标,规范街面秩序,顺畅交通,管理街面卫生,改善居住环境;控制油烟、噪声污染,融洽商居关系等。

在流动商贩治理过程中,社会组织要实现陪伴和促进流动商贩参与解决自己的问题,提高流动商贩的社会意识;调整或改善居民与流动商贩之间的关系,减少社区冲突;鼓励流动商贩参与社区公共事务,增强与居民互动来往,促成商贩联盟自治;改善流动商贩与城管的对立关系,实现以需求为导向,自下而上的治理,构建流动商贩与城管之间的协商共治;发挥居民的潜能,发掘并培养社区领导人才,为社区增能。

三、行动过程

本案例记录了"城管 + 社工"陪伴参与式社区治理的治理过程,以及流动商贩从个体到形成商贩自治联盟的转变历程。

(一)社会组织启动"城管 + 社工"陪伴参与式社区治理

2020 年 5 月,在成都东部新区养马街道政府的支持下,幸福家来到荷花社区,并将荷花社区作为"城管 + 社工"陪伴参与式社区治理运行的试点。

首先，养马街道引入成都市城乡社区发展治理促进会为城管、社区的相关工作人员开展了“城管工作治理化培训”，进行培训赋能。在课堂上，督导提出大家要“转理念”，以“陪伴参与式”为核心理念，依托四方交流会和定期汇报机制，运用“互联网＋”的思维和工具，掌握商贩最新情况和需求，对他们进行合理的引导和帮助。这一理论得到了社区和城管的认可和大力支持，培训后立即邀请社区“两委”和辖区城管参与讨论，并结合荷花社区实际情况，拟订落地方案。

图2　城管工作治理化培训

其次，在社区党委的支持下，本着“堵不如疏”“和谐共治”的基本思路，对荷花社区流动商贩进行深入调研，这次调研目标明确、对象清晰，获得了重大成效。

社会工作者针对流动商贩摆摊时间和地点不固定、流动性较强等特点，初步拟定的调查标准如下：

尽可能大面积、长时间走访，多回收问卷，获得流动商贩的认同，详细介绍调查内容，多做宣传；

若存在流动商贩拒绝的情况，包括但不限于流动商贩离开，商贩直接拒绝，无法收集流动商贩信息的，将该流动商贩视作弃权处理；

若流动商贩在部分项目弃选的，同样视作流动商贩对该问题弃权；

调研过程中，针对每个调查对象，尽量让他们加入流动商贩群，一方面方便对商户进行回访以确保调查数据的真实性，另一方面也方便后期工作的开展。

图3　走访调研流动商贩

据统计，共发放问卷60份，回收有效问卷44份，有效率达73.3%。社会工作者通过调研，进一步摸清了荷花社区流动商贩的摆摊现状、内部的矛盾和问题。调研结果显示，流动商贩属于比较年轻的团队，90%的人为30岁以上；其经营产品重复率高，60%以上为应季产品；从受访者摆摊的目的看，82%的流动商贩是家庭主要经济支柱，13.5%用于补贴家用，4.5%是打发时间，对于摆摊收入是家庭主要经济收入的流动商贩而言，往往会和城管“打游击”，哪里人多往哪里凑，没有固定的经营场所。根据调研情况，社会工作者挨个明确流动商贩的经营规模、经营内容和经营频率，并根据“划定区域与流动经营”“经营过程中产生的垃圾如何处理”“需要何种社区治理服务”等问题与他们进行了交流，对社区临摊商贸情况进行了“勾描”。对于划定区域给流动商贩，90%的表示赞同，10%的表示不赞同，不赞同的主要是自己本身在市场就有摊位的流动商贩，或部分流动商贩觉得流动起来可能会更好卖。针对在经营过程中产生的垃圾，大部分商贩都能做到自己带垃圾袋收集。

图4　四方会谈

最后,积极开展宣传引导,为"城管+社工"模式的推广造势。社区"两委"通过面对面沟通、发放宣传资料、坝坝座谈会等方式,引导临摊商贩和居民代表,从各自的角度正确认识这一崭新的社区治理模式,帮助大家打破社区、城管工作人员开展管理工作就是"收摊摊""撵摊摊"的"旧观念",建立对"城管+社工"临摊经济优化提质、居民共同建设的新认知。

(二)拥抱服务治理新理念、新方法,城管主动转变执法思维

1. 反抗或合作? 城管唐某的担心和热情

在养马街道工作10多年的城管唐某从他多年的工作经验出发,表达了自己的担心。他说:"过去多年,对街道流动商贩,因为他们也有生存需要,杜绝是不切实际的,但是他们也不是完全无视规则,比如执法人员让流动商贩走他们也会走,可实际就是换一个地点接着摆、接着吆喝,加上工作人员人手不够,就形成了'你追我赶,你停我摆'的状态……对于划定区域集中规范管理流动商贩这一设想,我认为可以一试,这样既方便管理,又不会扰民和影响交通,而且组织化流动商贩,也方便对他们进行引导和教育,让他们

相互促进……但是点位不好找。最好的地点是综合市场,但是因为尚花社区综合市场较小,放不下流动商贩小货车;铁东社区综合市场较大,可人流量少,会影响销量,流动商贩也不愿意去。这可能需要把社区的宣传教育和综合执法工作人员的强制执法相结合……我最担心的问题是,组织化是否会适得其反,商贩是否会因此联合起来,形成一股势力,抵制和反抗执法人员的执法管理?”

图5 流动商贩自治组织议事会

带着唐某的担心和疑虑,幸福家在推行“城管+社工”模式时,充分考虑了流动商贩对规则的认知状况。在流动商贩、社会工作者、社区“两委”和城管的多次讨论下,形成了一套针对流动商贩经营的“入驻规则公约”,并且入驻指定摆摊区域的流动商贩需要交纳200元的承诺押金,通过努力签订承诺书的商贩达到了78个,“入驻规则公约”的内容基本上得到了养马街道流动商贩的认可。事实证明,得力于社区“两委”的全力支持与配合以及事先的介入得当,城管守住“考评权”,抓住了管理的底线,因此唐某的担心不但没有成为现实,相反,通过组织化管理,流动商贩与城管形成了良好的沟通。

流动商贩自组织——“创生社”在社区“两委”的带领和社会工作者的协作下，主动提供各个摊位的考评数据，唐某的考评工作只需面对组织负责人，无须各个调研，极大地提升了工作效率，降低了工作难度。

养马创生社入驻承诺书

1. 交押金入驻创生社，拥有选摊位资格。押金数额为200.00元，对应积分200分，并与社区签订责任书。

2. 一次性抽签决定摊位，抽签顺序由交押金顺序决定。若商贩数少于摊位数，则有多少商贩就拿多少个摊位出来进行抽签，后期有商贩想要入驻，则需先到社区登记，摊位分派则由登记时间确定，依次后推；若摊位少于商贩数量，则等待摊位空出。摊位确定后到社区登记备案。

3. 申请一个摊位必须保证经营时间一个星期不低于5天，低于5天者取缔摊位。

4. 禁止私下转让摊位，一旦发现售卖、出租自己摊位给别人的行为，取消摊位入驻资格。

5. 佩证上岗，文明经营，公平竞争。若发生扰乱公共秩序事件，轻则扣除50积分，重则直接取缔摊位。

6. 必须在指定位置经营，保持摊位整齐美观，实行摊前“三包”。不准超出已核定的摊位数量和超摊位线经营。不准乱搭乱挂；不准乱丢垃圾、乱排（倒）污水废水和乱堆放物品；不准损坏园林绿化和市政公用设施；不准堵塞交通和超过规定时间经营。对临时摊点经营情况定期、不定期实行跟踪检查。小组成员相互监督，若出现组内摊位不合格情况，违规者扣除积分20分，小组成员扣5分，组长扣10分。

7. 禁止播放喇叭或者高声喧哗，若有居民投诉相关问题，被投诉摊贩扣除积分20分，小组成员扣5分，组长扣10分。

8. 相应摊贩负责规范自己的顾客，顾客乱扔垃圾等情况，商贩负责规劝。

9. 各商贩必须严格遵守中华人民共和国相关法律法规。

10. 每个摊位至少配备一个垃圾桶，违规者扣除积分10分，小组成员扣

5分，组长扣5分。

11. 扣完全部积分之后，取消一个月的入驻资格。

姓名：　　　　性别：　　　　身份证号：

（请手写"我承诺遵守以上规则"）

签字（手印章）：

日期：　　年　　月　　日

在社会工作者的陪伴下，城管唐某看到了流动商贩对划定区域的渴望，与愿意遵守相关规则的决心，感受到了组织化的高效与便捷，"城管+社工"陪伴参与式社区治理模式彻底改变了唐某的担心，让唐某对"城管+社工"模式充满了自信和热情，他希望这套模式能够在整个东部新区得到推广。

图6　临街底商的走访与宣传

2. 从"吵架"到"谈心"，城管魏某某眼中"人的转变"

城管魏某某最关注的是居民素质，这在停车问题上反映得较为明显。

魏某某表示："养马街道车位（场）原本就不够，停在店铺门前会影响商家的经营，所以他们会用杂物或电瓶车占车位；同时，部分车主有停车位却不规范停车等，这些因素叠加就导致原本紧缺的停车位更加紧缺。三轮车、私家车、网约车到处停放，也影响交通。"

魏某某建议实行严格的规范制度，比如停车收费、乱停罚款等。但目前养马街道的城市管理综合执法部门工作人员没有执法权，不能严格实施奖惩制度。因为城管的单一执法效果有限，魏某某提议可以和社区"两委"协作，由社会工作者对周边居民和商贩进行引导、教育，线上线下广泛宣传引导规范停车，针对不听劝导的进行拍照公示披露，引起居民对规范停车的重视，最后再由城管对屡教不改的车辆进行当面警告和处罚。从而实现柔性劝导和强制执法相结合，潜移默化地提高居民素质、转变居民观念。

图 7　规范停车的街面

"城管 + 社工"模式实施 3 个月后，魏某某明显感受到了街道的变化。在社区"两委"和社会工作者的引导下，商贩们按要求停车，不越界、听指挥，主动沟通配合，就连之前乱停乱放的人也在自组织引导下合理停放，街面秩序更加井然。

综上，在社会工作者的引导下，“城管+社工”模式的实行让城管和流动商贩的“友好接触”更加频繁了，城管不再只是维持秩序的执法人员，也变成了可以和流动商贩坐下来沟通解决问题的探讨者，越来越多的流动商贩不再是看见城管就怕就跑了，而是听指挥、守规则，可以主动找城管诉说难处的“正规商贩”了。

“从对立到互动、从处罚到引导、从管理到治理，我的工作从‘吵架’变成了‘谈心’，‘城管+社工’模式推行之后，我切实感受到了居民素质的提升，什么问题都可以商量着解决了。”魏某某这样说道。

3. 携手“天府市民云”，智慧推动管治双线新融合

居民、商贩、管理者三方形成良好的互动之后，针对临摊点位、经营人员流动性大这一特点，引入先进的辅助手段，不断提升“城管+社工”的工作效率就显得非常必要。

图8 “创生社”进行“天府市民云”培训

为此，幸福家社会工作者利用“互联网+”思维，依托现代化信息技术手段，引入“天府市民云”信息化平台作为支撑，筹划构建社区临摊“大数据”，

即通过“天府市民云”相关功能录入辖区内商贩信息，经营概况一目了然，管理人员也可以借助此平台发布诸如交通情况、环境清理等重要信息，更接地气的是，平台还支持社区居民接入，方便他们在线浏览快速找到心仪的摊点，也许只是几串烧烤、一件小物、一把新鲜蔬菜，但对丰富临摊经济、提升居民生活的便利度都是实实在在的贡献。

“天府市民云”项目负责人表示，随着“天府市民云”与社区治理的深度融合，“城管＋社工”模式开发的线上程序，将作为他们未来的主打产品，在不断完善的基础上，推荐给更多的社区使用。养马街道的城管表示“天府市民云”平台带给他们最不一样的感受是，引入智慧平台，不仅能让他们及时获取流动商贩完整的数据模块，还能把他们从琐碎的事务中解放出来，发挥他们组织、协调的功能，让城管的工作更加高效和完善。

（三）自主结社，流动商贩形成自我治理新局面

1. 竞争还是配合？摊贩周叔的“业态提升”

2017 年伊始，40 多岁的养马街道居民周叔放弃了沿海打工生活，回到成都养马街道把摆摊卖水果作为自己的主业养家糊口。他的出摊时间基本集中在上午 10 点到 11 点半，下午 6 点到 8 点，每天毛利润在 100 元到 120 元。如果遇到镇上搞活动，各地乡民聚集，收入还可以翻番。

目前周叔主要面临三个经营问题：一是经营品类单一，只有当季水果，“有时就是单一品种，有时有两三种，主要根据批发市场的价格而定”；二是水果售卖竞争激烈，同一时间、同一地点，通常还有一两个与自己经营种类相似的摊贩，倘若换一个地方，情况可能更糟；三是与城管之间的矛盾严峻，出摊的地方通常在菜市场门口，但是给市场交费后没多久，城管就来赶他们走。

面对周叔的三个问题，社区“两委”和城管分别提出了针对性的解决方案。为了解决第一个和第二个问题，幸福家社会工作者在充分调研，并利用“天府市民云”大数据进行对比分析后，分别建群，把经营内容相近的流动商贩聚拢起来，大家一起协商各自的经营范围和经营种类，由社会工作者汇总建立调控建议单，再由流动商贩多次讨论协商，最终形成流动商贩们的错峰错位错品经营，最大限度地利用现有资源；同时，社会工作者在社区“两委”

的支持下，为流动商贩提供了更多的经营渠道，链接相关资源帮助他们“业态升级”。基于此，6 月的第二周，周叔放弃了原本销售车厘子的计划，在社区的帮助下，他卖起了印有水果图案的 T 恤，经营地点也从菜市场换到了小区门口，营业收入提升了约五成。针对第三个问题，从“城管 + 社工”模式推行的第一天起，就得到了完美解决：因为在城管规定的区域里摆摊，不但不用担心被赶走，还能享受到社区“两委”组织活动帮助引流的“福利”。周叔说：“我感觉我不再是一个孤独的摊贩，我的背后有党和政府的支持，我很感激，也愿意贡献出力量来做公益。”

2. 未来的路应该怎么走？流动商贩自治的长效机制

“城管 + 社工”模式的最终目的是推动流动商贩形成社区社会组织，崇尚遵守规约，实现自我管理、自我服务，并能和居民定期沟通，实现内部共融。

长久以来，流动商贩对创新城市治理也存在诸多期盼：希望明确收费标准、希望为流动商贩设置的销售点人流量尽可能密集、希望多设置几个点位，等等。这些期盼的背后包含着一个个家庭对生活质量提升的朴实诉求，更是“城管 + 社工”模式要化解的实际矛盾。项目组建了流动商贩社区社会组织，并明确社区社会组织要承担的责任和义务，同时为社区社会组织制定相应的回馈机制，以“最美商贩”评选活动等多种形式，对诚信经营、爱护环境、为社区治理注入“正能量”的商贩给予一定的表彰和宣传，调动商贩参与自治管理的积极性，促进城管、商贩和居民三方和谐共处，携手共建自治社区的全新模式。

（四）临街居民的态度转变，助推临摊新经济

流动商贩的经营一直是一个让临街居民很头疼的问题，但也存在两种不同的声音：一种是支持，方便了他们的日常所需；另一种是反对，嘈杂的喧闹声、不规范的经营时间和经营垃圾的随意处理，严重影响了居民的生活质量。将流动商贩的经营规范化，是解决流动商贩与居民问题的关键所在。带着解决问题的初心，社会工作者首先走访调研临街居民，深入了解居民与流动商贩的问题所在，基本还是集中在规范经营和经营卫生上面。其次在社区“两委”、城管和社会工作者的努力和介入下，鼓励流动商贩签订规则公约，承诺在规定的区域和时间范围内规范经营，经营食品类的流动商贩必须

具有健康证；同时社区居民可以在“天府市民云”平台对流动商贩进行评价，这也会作为考评流动商贩的参考之一。最后由幸福家社会工作者组织开展不定期的“阳光下午茶”活动，在流动商贩和社区居民的积极参与下，在收集了双方需求的同时，也拉近了两者的关系。“阳光下午茶”本着有问题就商量再解决的原则，鼓励流动商贩和居民将问题提出来，能自我消化解决的就自我处理，比如卖蔬菜水果的吆喝声扰民，在协商后调整为晚上 8 点之后禁止高声吆喝；需要其他部门协助的就由社会工作者链接资源解决，比如经营时段的车辆进出会造成严重的拥堵，邀请综合执法部门协助，在规定的经营时段里禁止车辆通行。

在社区“两委”的引领、城管的协助、幸福家社会工作者的参与下，“城管＋社工”模式的实施让社区居民对流动商贩的抱怨声越来越小，支持率越来越高，流动商贩规范化的经营不仅提升了居民生活的便捷度，也带动了临摊经济的发展。

图 9　商贩与居民的共同活动

四、项目成效

“小楼一夜听春雨，深巷明朝卖杏花。”养马街道荷花社区将持续深入推进“城管＋社工”项目，助推临摊商贸活跃、提升居民生活品质，让夜色灯影下的大排档和雾气氤氲的早餐摊唤醒人间烟火气，为城市发展注入温度。

“城管＋社工”模式是党建引领社治化的崭新模式，这一模式可运用的场景还有很多,除了居民社区,在产业功能社区、景区,甚至大学周边均可实施。此模式的逻辑是新时代的治理共识,不仅是城管,“X+社工”模式均有探索与尝试的可能和价值。

五、经验总结

(一)搭建多方交流平台,推进项目成功开展

社区治理项目的成功执行,需要利益相关方的紧密配合。本项目的执行过程,涉及社区“两委”、社会组织、社会工作者、城管、社区居民和流动商贩等多个角色,搭建多方交流平台并形成定期的交流机制显得尤为重要,只有各个环节之间的信息准确传达,通过沟通、探讨、议事等多种形式达成共识和公共决策,才能更加高效地促进目标实现。缺少了任何一方的配合与合作,都会让整个项目黯然失色。

(二)促进社区治理主体的平等性,引导居民积极参与

社区治理做的就是“人”的服务,其落脚点在于为人民谋福利,切实提升居民的生活质量。本项目中,流动商贩、临街底商、居民都属于该社区的居民,在社区治理过程中不能厚此薄彼,应该从多角度、多方面去考虑、平衡各方的利益,注重收集参与主体的需求并及时反馈;鼓励流动商贩、临街底商和社区居民之间相互理解、尊重、包容与合作,以及对项目实施方的信任与支持,培育社区居民的主体意识,认识到自己才是社区的主人,引导他们主动参与社区事务,形成社区社会组织。

(三)转变治理理念,厘清角色定位

“城管+社工”治理模式要求社会组织、社会工作者打破原来“授人以鱼”的助人局限,真正做到“授人以渔”,因此要求社会组织和社会工作者扮演陪伴参与者和关系协调者的角色。社会组织要利用自己的专业知识和技能引导和陪伴他们参与行动,而不是全权替代或者放任不管,否则不利于他

们的成长和增能；要求城管转变工作视角，努力改变居民心中城管每天都在不停“撵摊摊”的刻板印象，回归本位，扮演其社区秩序统筹和协调的角色，和流动商贩、居民间形成良好互动关系。分主体治理使各个主体之间能够内生和谐，再协调主体与主体之间的矛盾冲突，形成互融共生的治理场景。

六、项目影响

“城管＋社工”项目经成都《东进新时空》栏目报道：“360 度看新区，活力新区养马，魅力滨水新城。”

在地城管说

项目结束后，幸福家社会工作者再次回访荷花社区的多位城管，城管们都表示，“城管＋社工”项目的实施，给城管自身的管治工作、流动商贩、社区居民都带来了正向影响。首先，因为流动商贩的集中，缓解了往常因为商贩占道经营，影响交通以及居民出行的问题，比如在放学时段，学校门口的流动商贩减少了，接送小孩的车辆通行更顺畅了，交通拥堵现象得到了缓解。其次，在日常管理中，因为流动商贩集中经营，减轻了城管的工作压力，缓解了在特殊时段人手不足的问题。最后，居民在这个项目中逐步形成自治组织，参与自我管理、自我服务，让城管和商贩在管理工作执行过程中变得更加和谐。

专家点评

“管治协同　和谐共融”的治理模式是成都幸福家社会工作服务中心在成都东部新区养马街道政府的支持下，响应党中央国务院、成都市委市政府的号召，助力新冠肺炎疫情后经济恢复，解决百姓就业问题，在荷花社区对地摊经济、流动商贩开展柔性管理的一项创新实践。这种“城管＋社工”模式与党的十九大报告中在加强和创新社会治理领域，提出要建立共建共治共享的社会治理格局的精神相吻合，以党建为引领、人民为中心、社治为抓手、法治为保障、专业为支撑、技术为手段，促使政府、市场与社会良性互动，形成各治理主体之间共存、共融、共商、共治的格局，探索出自治型街区的发展治理模式。这一模式体现了多种治理要素的结合与统一。

首先，在治理主体上，体现了管理主体和自治主体的结合。“城管 + 社工”模式采取了“社治 + 综治”陪伴参与式社区营造方法，不仅有城管执法，还推动商贩形成自治发展组织，实现自我管理、自我服务，并能和居民定期沟通，形成城管、商贩和居民三方和谐共处，携手自治社区的全新模式。

其次，在治理方式上，体现了刚性规制与柔性服务的结合。“城管 + 社工”模式充分考虑商贩对规则的认知，牢守“考评权”必须抓在城管手中的底线，实现组织化管理。与此同时，城管改变了对立、处罚和管理的工作模式和观念，在社会组织专业介入下，充分考虑各方需求，对居民和商贩进行引导教育，为其提供多样化服务，潜移默化地提高其素质，从而改善街面秩序混乱、商贩居民冲突等问题。

再次，在治理技术上，体现了线下互动和线上连通的结合。在线下，居民、商贩、管理者三方积极交流沟通、协商对话，形成良好互动，共同解决问题；在线上，利用“互联网 +”思维，依托现代化信息技术手段，引入“天府市民云”信息化平台作为支撑，使居民、商贩和管理者在线实现信息发布和共享，实现了临摊经济丰富度和居民生活便利度的提升。

最后，在治理成效上，体现了街面秩序和民生发展的结合。实施“城管 + 社工”模式后，一方面，街面秩序得到规范，交通更加顺畅，停车更加有序，卫生得到改善，油污噪声减少；另一方面，商贩们不仅可以摆摊经营，还享受到社区党委帮助的引流福利，居民生活品质也得到提升，社区充满人间烟火气，城市有了温度和活力。

（点评人：盛智明，上海大学社会学院副院长，副教授）

推动物业归位：“物业+社工”模式的探索

案例类型：社区切口篇

关键词：小区物业、权责划分、社区治理

落地社区：成都市武侯区簇锦街道团结社区、簇桥街道锦城社区、红牌楼街道丽都花园社区

项目实施日期：2019年至今

实施人：王丽琳、唐琳华

一、背景介绍

国家统计局发布的报告显示，2020年末，我国常住人口城镇化率超过60%，这意味着，城市小区已经成为市民生活的基本空间。随着人口流动加快，陌生人组成的小区完全不同于传统的乡村社区，也不同于基于同事关系的单位社区。在这里，熟人社会规则的约束力大大减弱，大规模、高密度的居住方式让各种矛盾纠纷频发，新的治理机制和治理模式亟待建立。

2017年6月，中共中央、国务院发布了《关于加强和完善城乡社区治理的意见》，首次对社区治理进行顶层设计和宏观布局，其中明确将与群众密切相关的社区物业管理作为补齐城乡社区治理短板的重要内容。在我国，影响物业发展的主要因素包括住宅建设的迅猛发展、住房制度改革的逐步深化、市场经济体制的逐步确立、人民群众生活水平的不断提高等，物业管理正逐步成为社区治理的重要一环，居民对物业管理水平的期望也越来越

高。2021 年 1 月,四川省制定出台了《关于加快物业服务业转型升级发展助推城市基层治理能力提升的指导意见》,指出要积极培育物业服务类社会企业,鼓励探索"物业 + 社工"服务模式。物业公司作为社区共同体中的一员,它的位置在哪里?如何履行共同体职责,如何有所作为?新的"物业 + 社工"模式,应该如何开展?这些问题是当下的热点,也是难点。

当下常见的 5 类物业与居民矛盾表现为:一是物业收费随意上涨,业主拖欠时有发生;二是公共基础设施需要维修更换,但费用结算不清;三是小区公私资产被滥用牟利,且收支不明;四是停车收费混乱,管理不规范;五是水电费代收未能便民,反而"坑民"。

以上问题的出现,需要从物业和居民两个角度进行分析。

(一)从物业的角度来看

物业的工作对居民而言,可感知度不高,双方信息互通不足。例如,居民发现电灯坏了,在业主微信群里吐槽,物业看到之后立马做了更换,但是未向居民反馈,导致居民记忆中留下的是物业"不作为"的形象。

物业与居民的接触点多为负面场景。居民与物业各管各事,接触不多,物业和居民接触的时候经常是处理停电、电梯维修、交纳物管费等居民带有负面情绪的场景,不利于双方的正向沟通。

物业从业人员整体文化素质水平不高,无法为居民提供更高效、更舒适的服务。为了节约成本,物业聘用人员多为大龄进城务工人员,他们的服务和规则意识不强。同时,物业公司本身的管理水平不高,受薪酬水平影响,缺乏对高级管理人才的吸引力,这也是造成服务质量低下的重要因素。

物业的站位不明,以"管理"替代"服务"。部分物业公司认为自己是在"管理"居民,在小区内做"山大王",并未找准自己"服务"居民的定位。

物业行业准入门槛低,存在灰色地带。部分小区前期物业为开发商自有物业,居民无权选择。

(二)从居民的角度来看

居民权责意识不清晰,只想要权利不想承担义务。例如,部分居民借故不交物管费,物业因此不作为,管理不规范。

居民的治理意识不强,参与小区公共事务的积极性低,部分居民存在“关门就是一家人”,其他都与我无关的想法。例如,小区公共设施设备需要维修和更换时,居民不参与决策,在一定程度上会损害小区公共利益。

居民内部为了私利自行结社,小区内部派系丛生。小区内部通常存在多个利益小群体,物业在协助社区“两委”推进小区治理时,可能会受到不同利益群体的阻碍,例如,垃圾分类箱的位置选择,多个群体意见不统一,最终无法敲定垃圾箱的安置,阻碍垃圾分类政策的落实。

居民之间关系疏离,无法良性结社,无法自我解决内部问题。大部分商品房小区居民来自五湖四海,彼此之间不熟悉,也不愿意走出家门。

小区居民将矛盾转移到物业、社区“两委”和政府身上。例如,部分小区为了成立业委会,故意把居民之间的矛盾转移给社区“两委”、政府。

二、工作模式

(一)试点目的

“社工 + 物业”项目基于与物业公司的沟通情况以及物业公司的支持程度,分别形成了 A、B、C 三种“物业 + 社工”模式,并在不同的小区试点。每个模式至少实施半年,并在项目实施前后分别开展影响力评估,以评估 3 种模式的实施效果。

(二)三种模式

基于前期的调研结论,本项目选择了 3 个小区,因地制宜,分别运用 3 种不同的“物业 + 社工”模式开展项目试点。根据社区配合程度、物业意愿、小区治理现状等多方面因素,选择了团结社区的 S 小区实行模式 A;锦城社区的 Q 小区实行模式 B;丽都花园社区的 L 小区实行模式 C。

表 1 “物业 + 社工”模式的 3 种具体模式对比

实践小区	实践模式	模式基本内容
S 小区	A 模式	社会组织单纯对物业赋能,转变小区物业的服务意识,同时陪伴物业在小区开展公共活动
Q 小区	B 模式	社会组织运用“赋能 + 督导”模式,对物业赋能 + 提升社区治理意识 + 工作督导(定期公益活动策划指导),社会工作者及时引导和组织物业工作人员参与和开展小区治理
L 小区	C 模式	物业公司自主引入社会工作机构,社会工作者利用“陪伴参与式社区治理”技术,协助物业搭建多元的(社区居委会、社区党支部、业主委员会、物业、小区自组织、小区居民)协商共治平台,实现多主体共同治理小区;同时引导物业找回“为居民服务的初心”

3 种不同模式,试图寻找物业如何更好参与小区治理的路径和结构性位置,推动物业转型和归位,深化城市社区治理。

(三)关于“物业 + 社工”模式

此处的“物业 + 社工”模式定义为模式 C,即以党建为引领,在社区党委的监督和支持下,物业公司引入社会工作者驻点小区,由社会工作者采取“陪伴参与式社区治理”方法与物业公司一同进行社区治理,协同指导物业公司做好党建工作,推动物业公司工作人员服务意识的转变和服务能力的提升,共同为居民提供高质量服务,促进物业与居民的和谐相处。试点开展“物业 + 社工”模式,联结专业的社会组织,构建以物业公司为支撑的“需求收集—多方议事—问题解决—信息通达”的小区治理新模式。

在此过程中,社会组织以第三方的身份与居民融合,协同居民解决内部问题。并在行动过程中,延伸物业对居民的服务内容,增加物业与居民接触的可能性和深度。同时,让小区居民认同物业服务,支持物业工作,提升小区居民满意度。最后,推动居民结社,加强居民教育,让居民清晰权责边界,参与小区自治。

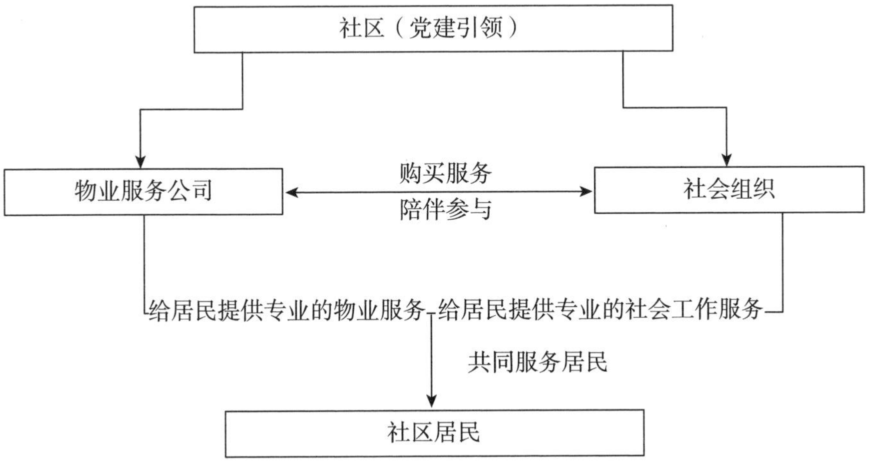

图1 “物业＋社工”模式的逻辑框架

（四）各主体权责关系

在“物业＋社工”模式下的小区治理中，各个主体的权责关系如下。

社区“两委”：执行监督指导的职责，监督指导小区党支部、业委会工作的开展，为居民服务、提供政策引导，协调资源、对接工作。

小区党支部：充分发挥党员的先锋榜样作用，推动小区居民结社，积极参与小区治理。

业主委员会：代表业主提出诉求，监督物业服务，管理小区大小事务。

物业公司：为业主在服务标准范围内提供优质服务，公开小区物业服务财务费用的使用情况。

三、行动过程

2019年6月，在武侯区委社区发展治理委员会的引入和支持下，成都幸福家社会工作服务中心进入团结社区和锦城社区，并在这两个社区试点“物业＋社工”A模式和B模式。

（一）A 模式实践：S 小区行动过程

S 小区位于武侯区簇锦街道团结社区，该小区属于商品房小区，于 2014 年建成，约有住户 1900 户，常住人口 4500 人，居民居住时间不长，现有物业服务公司为 SH 物业。

2019 年 6 月底，经过前期宣传，幸福家组织志愿者进入小区走访调研。进入小区的第一天，试着在小区里以偶遇的方式，邀请居民填写问卷，但大部分居民一听是与物业有关的事情，就选择避而不谈。随后一周里，社会工作者组织志愿者在小区内开展了为期一周的“聊天式”调研，融入老年人群体，用拉家常的方式和他们聊天，拉近与居民之间的距离，继而完成了问卷调查。和居民聊天的过程中，社会工作者了解到该小区物业与居民矛盾一直存在，曾经出现过居民与物业理论却被物业报复的事情，导致居民们不敢与物业产生过多的纠纷。此次调研，社会工作者发现 SH 物业缺乏主动服务意识，因此幸福家决定采取模式 A，对物业赋能，转变小区物业的服务意识，同时陪伴物业在小区开展公共活动。

2019 年 7 月，幸福家对 S 小区、Q 小区进行了社区治理知识培训，开展了“物业 + 社工”项目的讨论会。在讨论会上，主讲老师向物业公司讲解了关于“社区治理”“社区营造”的核心思想以及社会组织陪伴物业开展治理的实施方案。主讲老师表示想要做好小区治理、改善物居关系，需要改变物业的服务意识，由被动转变为主动，推动物业公司与居民之间的互动，才能使物业成为社区治理强有力的抓手。随着此次培训会的开展，“社工 + 物业”项目正式在团结社区与锦城社区实施。

2019 年 8 月初，S 小区物业主动联系幸福家，希望能够申请社区项目为小区带来活动，并直言希望在小区内开展的活动能够促收物业费，否则将不再配合“物业 + 社工”项目的开展。在和社区“两委”、幸福家督导讨论后，也出于对“物业 + 社工”项目更有效推进的考虑，幸福家申请了拜托了邻居——团结社区睦邻计划项目，该项目由社区居委会提供资金和办公场所支持，社会工作者驻点社区开展居民活动和服务。将此项目与“物业 + 社工”A 模式联合起来在 S 小区进行实践探索。

后期社会工作者陪伴物业在S小区内开展了坝坝电影、夏季送清凉、地毯清洗等系列的便民活动,同时也对物业的服务意识转变进行基础培训。最后,社会工作者无法全面开展“陪伴参与式社区治理”的内容,而小区物业经过几个月的赋能尝试后,物业服务意识非但没有提升,反而以活动作为收取物业费的手段,不符合引导转变物业作为社区治理抓手的治理理念。

(二)B模式实践:Q小区行动过程

Q小区位于武侯区簇桥街道锦城社区,该小区属于商品房小区,于2012年建成,常住户数761户,人口约2500人,居民居住时间较长,现有物业服务公司为CD物业。2019年6月底,在社区居委会和物业对本项目进行宣传后,社会工作者组织志愿者、物业工作人员,协同完成了问卷调查。

进入Q小区后,由CD物业安保人员带领社会工作者和志愿者在小区内对居民开展调研,耐心地向有疑惑的居民解释。虽然保安们不能解释项目的具体细则,但也会回复居民说:“这是社区居委会和我们公司引进的社会工作者,想把我们小区搞得更好,大家多支持哦。”进入小区的第二周,社会工作者了解到Q小区物业服务虽然品质一般,但是物业服务态度很好,前物业遗留下的水管老化难维修等问题,CD物业一直都在积极地处理,号召居民使用维修基金、商铺募捐、链接管道维修资源等方式解决该问题。

2019年7月,同S小区一起进行了相关培训后,Q小区正式实践“物业+社工”B模式。幸福家继而对Q小区物业进行了“赋能+督导”工作,在开展活动时直接对物业进行技术指导,为其提供与居民有效沟通的方法,并且每月对物业工作进行跟踪,定期对物业工作人员进行专业督导。该小区物业经理主动向社会工作者了解如何提升居民参与积极性等问题,这表明CD物业工作人员的社区治理意识有了很大的提升。总体而言,在短期内Q小区物业治理意识提升效果较好,但是因为项目时间短,物业工作人员自身素质参差不齐,很难全面转换物业思维,可持续性并不强。当社会工作者建议保安、保洁可以在日常休息时在小区大门边试着开展“阳光下午茶”行动来推动居民和物业的相互熟悉的时候,保安、保洁不愿增加工作量,以工作繁忙为由拒绝了。

总结与反思：模式 A 只针对物业开展了赋能培训和活动，在物业服务意识提升方面只是单纯地输出，未考虑是否真正实现了物业服务动机的转变。S 小区物业虽然主动为居民服务，但实际上是想利用活动拉近与居民的关系，促使物业提升收费率，实际上并没有通过转变意识开展小区治理、真正地改善物居关系。模式 B 针对物业运用“赋能 + 督导”模式，发现物业管理层意识有被撬动，服务理念和服务意识得到加强，居民的参与度也有所提升。总体而言，模式 A 与模式 B 都是通过介入物业层面来改善小区治理状况，但各物业公司配合态度不一，且一线员工没有过多精力参与，物业服务理念改变效果的可持续性不强。同时，模式 A 与模式 B 均忽略了居民对物居关系的诉求。

（三）C 模式实践：L 小区行动过程

1. L 小区物业自主引入社会工作服务

在模式 A 与模式 B 的实践效果下，幸福家针对模式 A、模式 B 的不足，结合“陪伴参与式社区治理”理念，重新设计了“物业 + 社工”模式（以下用模式 C 表示）。模式 C 汲取了模式 A、模式 B 只赋能而未陪伴参与成长的不足，在物业公司自主引入社会工作者的基础上，抓住居民是社区治理的核心主体这一理念，在党建引领下，搭建多元协商共治平台，助推“物业 + 社工”模式达到最优。

2019 年 12 月底，丽都花园社区二楼会议室聚集了丽都花园社区的党委书记、居委会主任、SX 物业丽都项目部经理和幸福家的督导老师与社会工作者，从小区治理的问题谈到了社区治理的抓手。督导老师对“物业 + 社工”模式进行了解说，社区和物业都表示对该项目非常感兴趣。一周之后，丽都花园社区“两委”和物业再次邀约幸福家洽谈合作，三方达成一致，决定在丽都花园实施“物业 + 社工”C 模式。2020 年 1 月 1 日，幸福家与丽都花园社区居委会、SX 物业丽都项目部在核桃书院正式签署协议，协议规定社区居委会为幸福家提供办公场地支持，SX 物业提供人力、资金支持。就这样，幸福家开始了陪伴参与式的“物业 + 社工”模式的第二次探索。

2020 年 1 月，新冠肺炎疫情的蔓延让全国人民都措手不及，模式 C 在丽都花园社区的前期阶段也受到影响。2020 年1—4月，幸福家基本上采用线上的方式陪伴物业与居民开展工作，联合物业在居民微信群里推出了“实时疫情播报”“疫情线上辟谣”“疫情线上心理辅导”等服务板块，通过开展“童心看疫情”和“最美抗疫女神展”活动，收集居民在疫情期间的正能量，缓解居民因小区封禁压抑的心情。

2. 以为老服务与节庆为契机，拉近与居民骨干的距离

2020 年 5 月，国内疫情已经得到有效控制，在物业的支持和帮助下，社会工作者开始了“摆摊式”和“上门式”的为老服务。第一周和第二周，社会工作者在小区里开展了义诊活动，服务中认识了 130 多位居民；第三周和第四周，在物业人员的协助下，幸福家为小区里的 40 多户老年家庭开展上门空调清洗服务。在此过程中，社会工作者认识了喜爱乐器的李叔叔和热爱跳舞的王阿姨这对热心的志愿者夫妇以及其他 7 名党员和居民骨干志愿者。

转眼就是端午节，知晓居民们在疫情以来都处于比较紧张和压抑的状态，社区居委会和物业希望在疫情已经得到有效控制的情况下，开展社区活动舒缓居民的心情，于是社会工作者开始策划端午节活动。结合以往物业组织居民包粽子的传统，添加了套圈、猜谜、夹弹珠等游戏环节，活动很快就策划好了，但是问题也随之而来。因为活动环节的增加和疫情防控的需要，人手不够了，在社区“两委”的帮助下，幸福家获得了小区热心居民和党员代表的名单，并采取电话、上访等方式与他们取得联系。当然不是每个人都相信并且愿意帮忙，有些阿姨把社会工作者当成了商户认为是做推销的，也有的因为疫情不愿意接触更多的人群，最后只寻求到了 3 位志愿者的帮助，人手还是稍显紧张。之后社会工作者又联系了物业经理补充人手，再联系了前期挖掘的志愿者李叔叔，最终人员不足的问题得到了解决。也是在这场活动中，社会工作者结识了文明宣传队队长陈阿姨。

此次活动，在物业和志愿者的共同动员下，吸引了 50 余名居民参与。其中志愿者李叔叔负责猜谜游戏、志愿者陈阿姨负责夹弹珠游戏、物业服务人员负责套圈活动和现场防疫工作秩序维护等，社会工作者负责现场的活动协调。现场活动中，志愿者李叔叔负责的猜谜游戏最受欢迎，配合着李叔叔热情的“吆喝”，不知不觉间吸引了许多居民参与。

图 2　大家一起包粽子

图 3　物居互动，其乐融融

活动结束后，唐阿姨对物业经理小赵说："这次端午节你们和社会工作者组织得非常好，让我们有了更多的参与感，虽然说这个节日你们一直在办，但原来每次都是大家一窝蜂地包完粽子就走人了，就失去了节日原本的意义。"事后物业经理小赵也谈起了自己的感受："以前我们开展活动也就是带着完成任务的心态在做事，想着只要在相应的节日送完礼，我们的工作也就做完了，并没有体会到参与的快乐，这次端午节我们从中感受到了与居民共同参与、相互合作的乐趣，我们也应该改变以往单纯的服务模式，与居民同参与才能共赢。”

在物业与居民骨干的齐心协力下，这次端午节活动顺利完成，疫情防控工作在物业的监督下也做得非常到位，让受疫情影响变得安静的L小区热闹起来。端午节活动结束后，L小区的故事还在继续上演，L小区的志愿者群体也在逐渐壮大，居民与物业的正向互动也逐渐增多。

3.“阳光下午茶”，搭建多方协商平台

经过前期的积累，机构也积攒了一部分骨干居民，主角已经就位，那这场社区治理的“好戏”应该上台表演了。“协商、共识、参与、同行”是“陪伴参与式社区治理”实施过程中的4个基本逻辑，幸福家便从最简单的参与开始组织“阳光下午茶”。四川人有一个习惯，只要有一张桌、一盏茶，大家就能坐在一起开始“摆龙门阵”。抓住这一特性，社会工作者发动志愿者，开始邀约小区居民喝茶议事。2020年6月10日，在L小区4栋的架空层组织了第一次“阳光下午茶”，但这次喝茶议事的过程并不顺利。按照预期，大家应该是义愤填膺地提出问题，再协商解决问题，实际上却变成了居民分成几片，熟识的人在一起聊天，偶尔主动和别人打招呼。因为社会工作者忽略了很重要的一点：有些居民相互不认识。

图4　形式多样、人员聚集的下午茶

吸取教训，接下来的“阳光下午茶”活动，社会工作者改变了策略，首先是开展联谊会，让居民们相互认识，增进感情。其次是社会工作者听居民们聊天，并且一边听一边记录，在聊天中收集重要信息。再次是慢慢地抛出社区公共性议题让居民们讨论，并试着找到解决方法。最后是将居民的诉求以“社区书记约茶”“物业经理论茶”等形式提出来，推动多方参与，逐步形成多方协商解决问题的途径。总的来说，要形成多方协商议事的机制，需要从认识了解—认识问题—提出问题—尝试解决问题—协商解决问题等过程一步步来，这样才能更好地实现居民自治，推进社区治理。

社区书记约茶：邀请社区书记、“两委”成员参与“阳光下午茶”活动。丽都花园的“社区书记约茶”活动，社区党委张书记、居委会张主任、纪委王书记均参与过，并顺利解决了L小区居民党组织关系转移问题，小区党支部新增与合并问题，调解了小区内两位拾荒老人因摩擦产生的纠纷问题，帮助小区贫困癌症户申请困难补助等问题，进一步发挥了社区“两委”班子为民服务的作用。

图5　社区书记约茶

物业经理论茶：邀请物业经理、相关部门主管等参与“阳光下午茶”活动，一对一解决居民提出的L小区问题，改善物业与居民关系。通过3次“物业经理论茶”活动，物业一对一解决了单元门损坏、小区门口乱停放单车、架空层路灯常开无人管理、小狗随处大小便、小区内餐饮排烟不规范等近70条问题。其中针对L小区宠物随处大小便等不文明现象，物业主动邀请社会工作者与居民骨干进行讨论，最后决定组建一支由物业、居民、青少年组成的文明劝导队,并由这支队伍动员居民维护小区环境,带领居民共创美好家园。

图6　物业经理论茶

4. 培育社区自组织,促进社区自治

通过多次的“阳光下午茶”活动,幸福家不仅收集到居民不同的需求,也收获了更多的志愿者。既然有这么多热心 L 小区事务的志愿者,社会工作者也开始策划如何更好地组织培育他们,让其更好地发挥自我价值和余热,为小区作更多的贡献。

社会工作者通过整合志愿者们在 L 小区内成立了一支文明劝导队和一支广场舞队。说起这两支队伍,就不得不提起 L 小区的热心志愿者陈阿姨。陈阿姨今年 70 岁,是社区里有名的热心人士,几乎每天都会到社区服务中心报到,为社区排忧解难。她虽然不是党员,但服务群众的热情在 L 小区称得上第一位。陈阿姨也是这两支队伍的负责人,平时主要负责队伍带领工作,有效发挥队伍应有的作用。

第一支队伍是文明劝导队,主要负责小区内文明养犬宣传、宠物便民箱清理等工作。这支队伍的成立,还得从小区内的两只小狗互咬说起。在某次“阳光下午茶”活动上，有几位阿姨携带了自家的宠物狗，其中有位阿姨因为没有拴遛狗绳，导致小狗飞奔出去和另一只小狗开始互吠，后面就直接互相撕咬起来，两只小狗都有受伤。其中一位阿姨说：“你这个人也是，别人出门都晓得把狗绳子拴起，你是把自己当拴狗的吗？”然后两位阿姨便因此发生了口角，虽然最后被大家劝停了，但之后两位阿姨就没有再说过话。

图7 文明劝导队——小小队员，大大力量

经过那次事件之后，陈阿姨发现小区里不文明养犬现象很严重，有的不拴遛狗绳，有的不清理小狗便便等，之后陈阿姨就找到社会工作者协商如何解决这些问题。于是幸福家组织了社区“两委”、物业、业委会和小区党支部开展协商，最后在陈阿姨的努力下，由业委会出面，召集小区里的小朋友志愿者，成立了一支由小朋友、物业工作人员和业委会成员组成的志愿者队伍。在物业工程部的协助下，小朋友们在小区里不同的地方安置了6个宠物便民箱，并定期对其清理。除此之外，陈阿姨还带着小朋友志愿者对居民进行了文明养犬宣传，以小教大，让大人做到文明养犬。慢慢地，小区内养狗的不文明行为消失了。由于长期一起参与志愿服务，两位有矛盾的阿姨也渐渐放下了成见。

第二支队伍是广场舞队，这支队伍是社区 10 支队伍中的一支，陈阿姨是队长。2020 年 3 月 1 日，《成都市生活垃圾管理条例》正式实施，在之前还进行了几个月的试实施分类，但是让居民落实垃圾分类是非常困难的，社区“两委”对此也手足无措。陈阿姨知道这一问题后一如既往地积极寻找解决方法。在“阳光下午茶”活动中，陈阿姨就把“垃圾分类”的议题抛出来，想集思广益，收集解决方法。社会工作者建议可以活用现有的广场舞队在小区里进行垃圾分类的宣传。

图 8　广场舞队成员们摇身变为“垃圾分类”宣传大使

图 9　广场舞队在表演中融入垃圾分类小知识

因此，广场舞队由最开始的在小区里发放垃圾分类宣传单，转变为以表演节目的形式宣传。广场舞队成员也由最初的12人，不断吸引小区党支部陈书记，党员李阿姨、朱阿姨、王阿姨等党员先锋的加入，扩充到30余人。在小区党支部和社区文娱队的配合下，以“阳光下午茶”为沟通交流平台，陈阿姨的舞蹈队从垃圾分类健身操、快板，再到垃圾分类三句半、小品等，以多样的形式给居民呈现垃圾分类知识，让居民提升垃圾分类意识。

总之，在以党建引领下开展的喝茶协商议事为开端，在社会工作者的陪伴下，引导多元的自组织解决小区事务，让更多的居民意识到小区的事自己提，小区的事自己管，不断挖掘居民参与的主体性，促进居民从被动参加到主动参与意识的转变，并在此过程中，帮助居民发现自己的角色、能力和价值，发挥小区居民和自组织的作用。

垃圾分类快板词

场景开始
A：喂，快来呀！
齐：好，我们来了
（全体走向舞台中央，注意站位）
A：现在全国正在开展垃圾分类，我们行动起来吧，
垃圾分类从我们做起，好不好哇！
齐：好
（打起快板走一圈，然后以原来的队形排好，排好后打4下快板）齐声说：
竹板一声响啊，我们上了台，
今天不把别的讲，专把垃圾分类讲一讲！讲一讲！
垃圾分类就是好，蓝红灰绿干湿分。
蓝色回收又能卖，红色有毒又有害，
绿色剩菜瓜果皮，灰色桶里放其他。
人人一定要记住，美化环境靠大家！靠大家！

（四）“物业＋社工”模式的成效对比分析

1. S、Q、L小区治理对比

幸福家通过参考小区治理相关主体情况、“物业＋社工”模式服务板块差异以及居民美好生活指标等内容，经过与专家研究讨论，提出了检验“物业＋

社工”模式嵌入小区治理的7个有效性一级指标，分别是小区生活指标、邻里关系指标、物业意识指标、党建引领指标、小区自治指标、物业服务指标、小区共商指标。表2即幸福家构建的“物业+社工”模式的影响力评估指标。

基于影响力评估指标设计评估问卷，分别对模式A、B、C进行影响力评估，并对3组数据进行横向对比，分析3种模式的效果。对模式C在行动介入前和行动介入后都发放了此问卷，做前后纵向效果对比分析形成成效评估。

S小区共发放问卷300份，收回有效问卷271份，有效回收率90.3%。Q小区发放问卷300份，收回有效问卷283份，有效回收率94.3%。L小区行动前发放问卷300份，收回有效问卷275份，有效回收率为91.7%；L小区行动后发放问卷300份，收回有效问卷286份，有效回收率95.3%，其中配对样本98份。

表2 S、Q、L小区分别介入A、B、C模式后的小区治理效果对比（%）

指标	总体得分均值	S小区（模式A）得分均值	Q小区（模式B）得分均值	L小区（模式C）得分均值
小区生活指标	20.0	18.9	19.0	22.3
邻里关系指标	16.3	14.6	15.6	18.6
物业意识指标	6.7	0.0	10.0	10.0
党建引领指标	6.1	0.0	0.0	18.3
小区自治指标	16.9	12.8	13.9	24.2
物业服务指标	13.1	10.8	10.0	18.4
小区共商指标	3.8	0.0	0.0	11.3

从得分上看，由于介入模型不同，S小区和Q小区在党建引领、小区共商指标上均无得分，表明模型A和模型B介入小区治理工作不深入，覆盖不全面，居民对社区感知不强，物业服务还停留在单一的保安、保洁等服务上，小区治理成效不显著。在物业对小区治理意识指标上，虽然对Q小区的物业工作人员进行了赋能培训，Q小区物业管理人员对小区治理有了正确认识，但由于物业人手不够、精力不足，小区收益不能支持购买外部人工服务，只能维持现

有服务,无法满足居民需求,其物业服务指标明显低于L小区。在其他指标中,除小区生活指标、邻里关系指标得分3个小区无明显差异外,其他指标L小区得分均比S小区、Q小区高很多,表明模式C介入小区治理更为深入。

2. L小区前、后测对比分析

基于前后测中的配对样本,对L小区前、后测问卷数据进行分析,探究"物业+社工"模式(模式C)嵌入小区治理的影响力。

L小区是一个典型的商品楼盘小区,是成都市修建较早的高品质小区,居民收入水平较高,归侨人员多,居民融合度低,邻里之间熟悉度不高。2020年1月,引入"物业+社工"模式(模式C)试点,通过半年的努力取得了显著的成效。

表3 L小区居民对物业满意度前后测数据汇总(%)

指标	增幅	L小区 (模式C) 前测得分均值	L小区 (模式C) 后测得分均值
邻里熟悉度	24	13.5	16.75
邻里参与度	44	12.65	18.2
居民归属感	50	2.8	4.2
政社互动数	10	25	27.5
物业费收缴率	3	96	99
业主综合满意度	7	85	92
治理概念普及指数	78	0	78

根据表3,L小区在引入"陪伴参与式社区治理"技术后(模式C),小区治理水平明显提升,由于居民之间广泛参与,居民之间的熟悉程度明显提升,居民对小区的归属感大幅度增强。就"物居"矛盾最直观的层面(物业费收缴率)而言,有了明显的增幅,且多为长期拒绝交费的部分居民。其中对物业工作人员调查,由于共同开展小区治理工作并相互认同,物业"治理概念普及指数"达到78%,表明大多数物业工作人员已经拥有一定的治理理念。同时100%的物业工作人员对"物业+社工"模式的试点反馈为满意。

四、项目成效

2019 年 6 月至今，幸福家一直在对“物业 + 社工”模式进行不断的探索与研究。从模式 A 到模式 C，从单纯地改变物业到影响小区治理的多元主体共建，从解决小区皮毛“小事”到深入社区治理“大事”，居民意识在逐步改变，“物业 + 社工”模式也在不断优化，共同推进小区和社区的发展。

2022 年，幸福家将多年的小区治理经验进行梳理总结，在中共成都市委城乡社区发展治理委员会和成都市住房和城乡建设局的支持下，构建了物业服务与小区治理支持中心，从物业和居民两个切口进行介入，以“全生命周期小区治理”的理念，在不同阶段推动不同的小区治理策略，从而分类分阶段施策解决小区问题，凸显社会工作者在维护小区稳定，解决小区矛盾，促进各方共建共治共享中的意义和价值。

五、经验总结

（一）党建引领，联动四方力量

始终坚持党的领导，引领工作方向。在社区党委的牵头下，联动小区支部、物业支部和社会组织支部，共商小区治理策略，拟订小区治理计划，互补推动小区矛盾解决。在模式 C 的实施过程中，社会组织需要清晰感知并及时调整自己的角色。对于社会组织来说，购买服务的甲方从原有的社区、政府变成物业公司，需求方的转换意味着社会组织在满足甲方需求的情况下，如何坚守职业操守，不成为物业公司的“打手”是非常重要的关注点。

（二）物业购买，引入社会工作服务

由物业公司购买社会工作机构服务，引入社会工作人才驻点小区，采取“陪伴参与式社区治理”的方法与物业公司一同开展社区营造。从居民视角上看，物业公司提供专业的物业服务，社会组织提供专业的社会服务，满足

居民多元化的需求。社会组织从小区党建协同、小区自治支持、小区物业赋能和“陪伴参与式社区治理”4 个角度,充分发挥连接物业和居民友好互动的桥梁作用,深入开展治理工作。

(三)明晰责任,厘清各方权责

在小区治理过程中,要充分厘清参与主体的权责关系,完善内部工作流程,构建在党建引领下,以物业公司为支撑、居民广泛参与的“需求收集—多方议事—问题解决—信息通达”的小区治理新模式,消弭居民与物业公司的信息鸿沟,也让各方主体找到自己应该承担的责任。

(四)陪伴参与,推动居民自治

社会组织以第三方的身份通过“陪伴参与式社区治理”的方法在小区内推动居民融合,引导居民理性关注小区问题,协同居民解决部分内部矛盾。在推动居民自主结社的过程中,加强居民教育,培育社区社会组织,让居民逐步参与小区治理工作,助推小区自治。

(五)物业赋能,聚合治理力量

物业服务作为居民在小区生活中的有机组成部分,需要充分考虑物业的利益以及物业自身成长的需求,为物业赋能,推动物业与居民的良好互动。社会组织在开展“物业 + 社工”工作中,通过课程培训、外出参访、工作坊等形式对物业工作人员赋能,让物业工作人员认同和支持小区治理,成为基层治理的有机力量。

六、项目影响

CDTV4《天府对话》第二十七期:社工助力社区治理。
《住宅与房地产》2021 年 4 月刊(上)。

小区物业说

社会工作者和L小区物业管理人员杨经理聊天时，杨经理这样说："自从你们社会工作者入驻以后，我们小区有了非常明显的变化，投诉减少了、建议变多了、居民熟络了、小区热闹了。你们举办的'阳光下午茶'活动，虽然只固定在4栋架空层下面开展，但每次活动都能吸引不同单元楼的居民来参与，他们之间也越来越熟悉，见面时打招呼都多了。对于我们物业来说，我们收到的投诉也减少了不少，没事找事儿的居民也少了，就之前7栋楼下的大厅改造工程，邵大爷被放在那里的玻璃绊倒了，要是换作以前，邵大爷肯定要跑到物业来闹事，但是这次就没有，还特意到物业前台来提醒我们在上面打上'注意'的标识，提醒其他居民要小心。所以说'物业+社工'模式对于我们物业来说，确实是带来了很多的益处。"

专家点评

该项目以模式设计为先导，以"社会实验"为方法，通过三类模式治理过程与效果的对比，为如何改善城市小区治理提供了以下几点重要启示。

一是以居民为主体，是城市小区治理最根本的价值遵循。模式A与模式B，虽然运行上有差异，但治理效果都不太理想。尤其是模式A，设计之初，以为赋能物业就是改善小区治理，结果却因居民"置身事外"而异变为物业"更强能力"的"凌驾"。模式C，在纠模式A和模式B之偏的基础上有意识地强化了居民在此过程的主体性，并结合具体的治理情境不断探索其主体性的实现方式，治理效果也因此明显改善。

二是创新居民参与小区治理的形式和路径，是城市基层社会治理创新最关键的起点。没有多元多样的参与，居民主体就很容易流于口号和抽象。模式C的运行过程，最突出的特点就是社会工作者挖掘、发现、利用小区居民的主体性——组织不一样的端午活动,筛选与动员螺旋推进去发现小区热心人,通过发现热心人实现参与者的滚雪球,通过滚雪球把参与者组织起来,通过组织起来唤起小区居民的主动性和自觉意识。对比模式A和模式B,创新居民参与就是模式C这个运行过程“多米诺骨牌”的第一块。这第一块动不起来,结果可想而知。

三是便捷而合适的协商、沟通平台,是小区治理各主体转变观念、达成共识并在此基础上形成治理共同体最基本的机制。“阳光下午茶”居民、物业、社会工作者等主体的交往空间,也是各主体围绕小区治理议题(不管是文明遛狗还是垃圾分类)通过沟通、协商达成共识的公共空间。也正是在这个空间,居民和物业的服务供需得到了及时、精准的对接;也正是通过这样的对接,推动彼此的关系运行得到同心同向的改变。

四是以支部联建、支部联动为主要形式的党建引领,是多元主体在小区内实现协同治理最核心的纽带。在模式C中,社区党委牵头,小区支部、物业支部和社会组织支部联建联动,是小区各治理主体逐步找准自己的角色、定位自身功能,遵循自身行动逻辑、明晰自身行动边界的主要引擎。也正是在此引擎带动下,伴随小区治理状况改善而逐步形成的公共价值、公共精神也就有了不断凝聚和扩散的枢纽。

综上,很希望模式C能在更长时间段的治理实践中得到进一步的完善,尤其是在创新居民参与并以此实现将居民需求诉求“组织起来”——在小区自治结构的进一步完善上有更好的治理成效和经验。

(点评人:肖尧中,中共四川省委党校四川行政学院教授)

参与式公共空间营造

——以广汉市汉州街道龙居社区为例

案例类型：社区切口篇

关键词：参与式公共空间、社区营造

社区名称：广汉市汉州街道龙居社区

实施时间：2021 年 3 月至今

实施人：郑花蕊、唐永生

一、背景介绍

（一）公共空间打造过程中存在的问题

公共空间是居民长效参与社区治理的重要载体，公共空间的打造是社区治理工作可视化的重要内容。传统自上而下的公共空间打造是以“政绩”“亮点”为打造目标，而陪伴参与式社区治理要求在打造过程中更注重自下而上居民的参与性。但目前，在大部分的公共空间具体打造过程中暴露出不少问题。

1. 公共空间的打造缺乏居民参与

部分公共空间的打造在街道办事处的指导下全权交由社区居委会操办。一方面，很多时候社区一味地认为高大上的空间、好看的空间就是合适的，在此过程中缺乏居民参与，缺乏对居民需求和兴趣的考虑，造成空间功能与居民实际使用脱节。在功能设计过程中，社区居委会、街道办事处与设

计公司形成设计团队，自行“约定”空间功能，而与居民的真实需求存在偏差。另一方面，在空间内容设置上也常常出现“重形式而轻使用”的现象，大量空间用于展示社区工作的成绩或亮点项目，而服务居民的实际使用空间却被大幅度挤压。

2. 公共空间的风格同质化严重

通常社区公共空间设计或改造的项目规模不大，而且时间紧迫，设计团队水平参差不齐，再加上社区居委会本身的设计和创新水平不足，只能在过往参观过的空间或网上热门的空间打造中寻找灵感，造成空间“千社一面”的情况。例如，江浙一带某知名社区的党徽吸顶设计被众多社区模仿。目前常见的有两种风格：“北欧混搭日式风格”和“科技风格”，前者大量采用原木色家具和布艺，主张简约清爽；后者则主要是在 LOFT 工厂风的基础上加入科技元素，多使用 LED 光带、大屏幕、互联网等元素装点空间。

3. 公共空间的功能设计不合理

部分公共空间的设计以“填空题”的方式追求大而全，存在功能堆砌的情况。部分空间一味追求大场面、大格局、高规格，只求面积大不求利用率高，只求视觉冲击不求空间用途，只借鉴照搬不思考融合，造成空间浪费，风格上也较为混乱。功能规划上缺乏有效的引导，空间中盲目塞入党建、群团等板块，墙面挂满各类牌匾，但实际上不少这类型的空间利用率较低。此外，还有不少空间强调功能的覆盖面，而没有考虑空间后续的长期运营和居民使用，导致维护不善，难以为继。

4. 公共空间的设计不切实际只追求概念

一些空间设计盲目追求时下流行的设计概念，但在概念解读上又较为表面。例如，部分公共空间为了追求“开放空间”的视觉通畅和“大”格局，而忽略了实际使用中功能组合的规律和原则，造成不同的功能空间在使用过程中相互干扰，在无人使用的情况下尚觉清爽，一旦有居民使用，嘈杂的声音此起彼伏，相互干扰，导致各空间无法正常使用。

5. 公共空间的伪社会化运营

现有公共空间较为崇尚推行社会化运营，本意是在适应社区发展治理的过程中，发掘和培育更多的新服务、新业态、新场景。但存在一种情况，即部分机构将成本低廉甚至免费的公共空间转化为自己“谋利”的工具，把自己变为利用“低租金”优势与周边市场竞争的逐利体；又或者以服务换空间的模式，由于服务本身非标准化，从而让公共空间运营本身行走在政策风险的边缘，造成公共空间利用坪效比低。

（二）龙居社区介绍

龙居社区隶属于广汉市汉州街道，于2020年5月22日经村级建制调整及社区优化改革，由原广东村、龙居村、海口路社区（老场镇部分）合并成立，辖区面积5.9平方千米，户籍人口4000余人，辖区共13个居民小组，党员170名，所辖聚心嘉园小区是广汉市最大的拆迁安置小区。2020年6月30日，四川省民政厅为全面贯彻党的十九届四中全会和省委十一届六次全会精神，有效破解社区布局不优、服务功能不强、居民参与不够、专业人才队伍不足、社会组织发育不充分等问题，同省委组织部、财政厅等部门，启动实施了城乡社区治理试点示范3年行动计划，着力探索社区治理的新理念、新机制、新模式、新场景。龙居社区是第一轮城乡社区治理试点示范社区。

前期，龙居社区创新性地提出了“大党委+物管委”的治理路径，即成立了由街道组织委员兼党委书记，居民数量最多的6个村的党支部书记、副书记、党委委员等形成功能性“大党委”，并成立小区“物业管理委员会”，“大党委”成员与“物管委”成员深度交叉任职，联合实施“大党委领导下的物管委负责制”的便民连心服务，实现“小区人管小区，小区事小区管”的基层治理模式。

但是，随着社区的发展，越来越多的问题涌现出来：居民素质不高，参与公共管理意识不足，“等靠要”思想严重；由于地处产业园区附近，外来人口增多，在地不稳定因素随之增加；现有的党群服务中心无法满足居民新的需求，特别是没有足够的社区公共空间为居民提供公共服务等。因此，项目重点关注在参与式公共空间营造的技术下，如何促进居民逐步参与小区架空层的打造，凝聚共识，推动社区治理。

二、工作模式

“参与式公共空间营造”是成都幸福家社会工作服务中心基于“陪伴参与式社区治理”理念和技术，以空间营造为切口开展社区治理的方法，具体以专业的艺术家/空间设计师团队、专业的高校公共艺术系师生、社会组织、社区“两委”和社区居民多元参与的形式，挖掘在地文化，依托社区居民需求，形成广泛共鸣，全程陪伴居民共同打造公共空间。让每个空间成为居民需求的放大，而不单纯是社区居委会或政府的需要，让空间的每个功能和构件都是有效的。

（一）多元主体参与

组织多元主体参与社区公共空间的打造，该设计团队主要包括专业规划设计机构（高校）、社会组织、街道办事处/社区居委会、社区居民等。不同的项目有所差异，并非每个项目都需要所有主体参与。

1. 专业规划设计机构（高校）

设计机构主要负责项目的整体空间设计。引入专业的设计团队，一方面可以提供专业支持；另一方面与高校合作的公共空间的项目实施地也可以成为学生的实训基地。有条件的情况下还可以引入艺术家资源，通过艺术家挖掘在地文化，协同创造特色化的文化风貌。

2. 社会组织

社会组织主要作为项目运作的执行机构，在完成需求调研的基础上，以陪伴参与式社区治理的方法联结各方主体，重点推动居民动员和参与，并确保居民需求能被规划设计机构（高校）理解和重视，使规划设计机构（高校）的方案可执行。

3. 街道办事处/社区居委会

街道办事处/社区居委会作为需求提供方和实施支持方，其本身有一定的空间需求，同时也需要他们协同收集居民需求，整合后提交给社会组织和专业规划设计团队（高校），并在社会组织开展工作过程中提供一定的资金、资源的支持。

4. 社区居民

社区居民是项目的需求提供方和具体实施参与者。居民的参与,一方面,让居民不仅是空间设计的选择者,更是建议者、实施者和决策者;另一方面,因为空间的成果凝聚了居民的努力和汗水,因此居民对空间会有更高的认同度,也更愿意主动参与后续的空间维护。

(二)具体实施路径

不同的社区有不同的文化底蕴、硬件条件、居民情况、社区需求,因此在参与式公共空间营造上会有不同的实施方案,但普遍遵循以下路径。

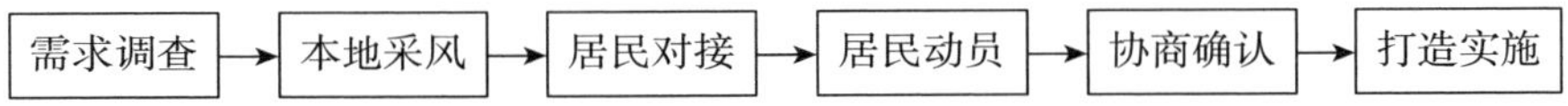

图 1　龙居社区公共空间打造工作模式

1. 需求调查

由社会组织牵头,与社区居委会/街道办事处进行项目对接,同时开展需求收集行动,摸清当地的基础情况和各方需求,支撑后续工作的开展。

2. 本地采风

专业规划设计机构(高校)进入社区展开采风工作,进行社区走访、文化溯源,并协助社会组织对前期需求调查数据进行整理汇总。

3. 居民对接

社会组织进入本地开展“陪伴参与式社区治理”工作,与居民建立联系,获得居民信任,推动居民融合,为后续居民参与空间营造做好人力准备。

4. 居民动员

与居民沟通并开展项目动员,引导居民将社区公共空间营造作为其关注的公共事务。同时,筛选和激活愿意参与的居民骨干。

5. 协商确认

由专业设计机构(高校)、社会组织、社区居民、社区居委会/街道办事处形成多方参与的协同虚拟项目组。构建“需求收集—需求议定—需求实现”的内部工作流程，制订空间打造的工作计划，并通过公开的协商民主，让打造工作成为当地的焦点事件，引导更多居民的关注和参与。

从空间实现上说：在功能设计上，需要考虑居民互益性服务内容的集成，同时也要关注社区居委会/街道办事处行政性需求的实现；在视觉设计上，由专业规划设计机构（高校）基于多方需求搭建设计框架，在专业指导下，群策群力地陪伴居民确认各项空间设计，同时，兼顾在地文化和特色亮点的呈现。

6. 打造实施

公共空间的打造过程中可以向全体居民同步公示打造进度，组织居民对打造质量进行监督，也可以动员居民介入力所能及的打造内容，深化居民参与；还可以通过筹资、筹力的方式鼓励居民参与共建。

三、行动过程

（一）深入摸清居民情况

作为第一个在成都市之外实施的项目，机构在项目实施之初比较谨慎，主要考虑到广汉市在地居民和成都居民存在差异。为此，幸福家实地走访调研了 502 位龙居社区居民（占户籍人口的 12.55%）。

居民情况。龙居社区居民文化素质不高，74% 的社区居民受教育程度是初中及以下。在整个社区中有一半以上的居民都是农转非的失地农民，大多数家庭没有固定收入。有 79% 的居民在拆迁安置后就一直居住在龙居社区。相对来说，龙居社区是一个“熟人”交往环境，这为后期工作的开展奠定了基础。

活动开展情况。由于大部分居民来自农村或者是离退休人员，空闲时间较多，一半以上的受访居民表示愿意参加社区活动，特别是文娱活动或志愿服务活动。实际上，居民参与最多的社区活动就是选举，其他组织性的文娱类活动几乎没有，居民间的互动交流较少，他们希望通过多样的社区活动加强彼此间的联系。由于周边配套设施不完善，社区老年人只能聚集在文化广场和小区架空层，结伴聊天，下棋打牌，针对老年人的活动很少。

设施需求。针对小区的基础设施建设，大部分居民对小区架空层内部的照明设备和楼道的照明设备很不满意，指出小区的排水排污系统也存在问题，以及小区内部分监控设备并未有效运行。

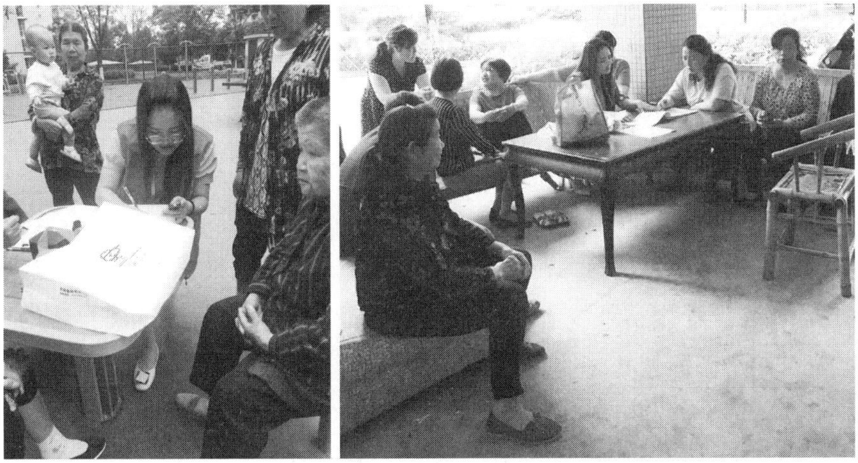

图 2　社会工作者走访调研，收集居民需求

参与意愿。受访居民中，有 48% 的居民比较愿意参与社区公共事务，其中有 30% 的居民表示非常愿意参与公共事务，但由于社区党委与社区居民互动的局限，很少有机会让社区居民真正参与社区事务，社区居民并未被整合形成有机合力。

通过走访调研，幸福家了解了居民的基本情况，也由于社区“两委”班子整体水平不错，特别是社区书记的情怀与专注，让幸福家为接下来的工作充满了信心。

（二）空间打造目标达成共识

作为示范创建工作中很重要的可视化内容，街道办事处和社区党委对架空层打造工作的积极性非常高，也很期待。如何将有限的资金更有效地运用到架空层打造中，他们却没有主意，因为不同于可以广泛借鉴的党群服务中心打造,架空层的设计更自由也更个性。很多时候,幸福家最担心的是对公共空间有过高的效果期待和过分的效果呈现,会让后续工作举步维艰。另外,如果把空间打造交由社区党委或者社会组织包办,由于居民参与和认同不高,那么空间的后续维持时间一般不会超过3个月就可能被居民使用损坏。

为此,幸福家组织了一场“参与式公共空间营造”的项目说明会。说明会最主要的目的是与街道办事处、社区党委在空间打造上形成一致目标。说明会上,幸福家基于前期调研数据初步分析了公共空间周边的情况,并补充收集了街道办事处和社区党委的营造意向和使用需求。通过说明会,各方对项目达成共识,并汇总各方的建议如下。

第一,明确架空层的定位是承载居民服务、推动居民互动的载体,所以每个空间在设计之初就要考虑提供什么功能;第二,要适当体现党建的内容,充分动员楼栋党员,让他们亮明身份;第三,要融入面向老年人、妇女、儿童的服务内容,通过服务的植入让公共服务下沉到楼栋去;第四,有限的资金做有限的事情,不拘泥、不攀比、不强求,在居民意愿和参与的基础上,尽可能地体现美学应用;第五,在空间营造上充分动员居民参与。

多方融合了以上5点建议并共同制订了整个“参与式公共空间营造”的工作计划,将主基调确定为:不是要雷同地去创造一种生活文化,而是放大社区本有的生活文化。

(三)居民给的下马威

在践行“陪伴参与式社区治理”理念的过程中,幸福家尽可能在本地招聘工作人员。原因主要有以下3点:首先,只要基本知识没有问题,本地人员可以更好地融入居民,通过他们在本地的关系网络可以快速地与居民建立良好的社交关系,推动项目更快捷地深入开展;其次,对于有责任心的当地居民而言,让当地变得更好是一种责任,在这样的责任感驱使下会让他们更具有主观能动性,如果做好了可以获得更多的认同感和成就感;最后,当项目结束幸福家撤离社区后,也可以为当地留下一些专业力量。

于是,幸福家招聘了一名社区推荐的居民小郑后,龙居社区的“参与式公共空间营造”工作就正式开始了。在实施过程中,经验不足的她遭遇了当头一棒。最初,幸福家认为由于小郑已经是居民,最基础的居民融合就已经可以跳过了,直接从收集居民架空层的打造意愿开始工作。但是当社会工作者站在居民面前时,突然就触发了居民各种各样的内心想法:“我们的车棚没有充电桩,你们改造一定要把充电桩安好。还有,门禁要有锁的,电子打卡的那种。”“我们的下水道经常堵,你们改造的时候可以把水管改一下。”“我们这个地面有点滑,到时候你们要弄点防滑的地胶。”“你们要弄干脆把我们墙面都粉刷了,之前暴雨就泡过我们的墙壁”……听着居民提出的各类需求甚至抱怨,小郑面露难色,显而易见这些问题已经完全超越了项目可承受的范围,虽然这些需求或不满体现了居民对更高生活质量的追求。而当小郑一提到“钱”这个敏感词时,居民的反应更为激烈:“为什么要我们出钱?”“不是该你们做的吗?”“当初拆迁的时候,你们承诺过……”各种不同的抱怨、争执充斥在小郑耳边,瞬间整个工作陷入停滞。

幸福家负责人及时发现了状况,指出了问题的关键,即居民对社会工作的认知判断存在偏差。习惯了“等靠要”的居民们认为社会工作者是社区的。在他们的印象中,社区就应该解决这一切的问题,既然来了个社会工作者也就该解决一切的问题。在这样的误解下,过高的期待会让社会工作者无法推进开展工作。因此,眼下最关键的是要扭转居民对幸福家的认知。所以,应立马开展为老服务,在服务中小郑告诉他们“我们是谁”“我们没钱”“我们是来做什么的”“我们不会做什么”等内容。

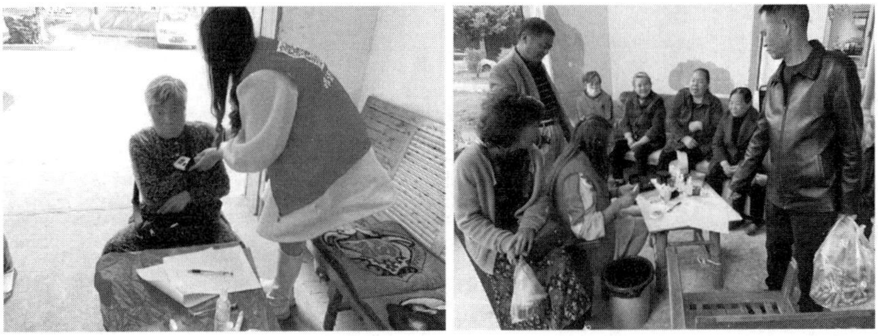

图3　社会工作者开展为老服务活动

第二天,小郑不再继续做居民意愿调查,转为在架空层内为居民开展量血压、测血糖等为老服务。来量血压的居民很好奇:“你们不是装修公司的吗?”“我们是幸福家的社会工作者,我们是来做社区服务的……”在服务过程中,社会工作者通过简短的沟通和温暖的关心,让社区的居民真正认识了社会工作者是做什么的。就这样,小郑在架空层里设置了服务点位,每周一至周五上午定时开展服务,在服务中慢慢地让居民熟悉自己、喜欢自己、信任自己。最终,通过一个星期的为老服务,居民再也没有提出超过幸福家能力范围的各种要求。社会工作者也挖掘到4名积极主动的居民骨干。

(四)我们才不要打造呢

服务了居民半个月之后,小郑组织了第一次“阳光下午茶”活动,希望在开展居民融合后,在居民骨干的认同和支持下,通过喝茶议事的方式讨论打造的话题。在聊天的过程中,小郑看到了居民的改变,社区居民不再过分地要求社会工作者为他们做什么,而是说我们大家可以做什么。居民N阿姨说:“8楼的周某,做装修已经10多年了,我们这个架空层可以请他来牵头,指导我们的粉墙工作。”“10楼的张某,他女儿做设计好几年了,我们可以请她来帮我们设计……”一切都在往好的方向发展,小郑也在“阳光下午茶”活动中挖掘到了社区能人,于是便紧锣密鼓地准备把楼栋长、社区能人、居民骨干聚集在一起按楼栋正式地组织“聚心凝力,共创嘉园”的门庭讨论会。

图4 召集楼栋居民开讨论会

前几次的讨论会都挺顺利的，但在8栋的讨论会上却出现了状况。讨论会当天，小郑一如既往地将前期专业社区规划机构收集的需求向参会的居民展示说明，然后在小郑的陪伴下，由居民骨干牵头，楼栋居民一起参与议事，居民们一起商量了架空层的规划布局、设计风格、打造理念，甚至推选出了架空层打造的负责人。最后，小郑宣布希望居民要参与全程打造，以及需要居民众筹一定的打造资金，说完这条规则后，一石激起千层浪：“你们打造还要我们出钱？”“我才不要打造呢！”“对，当时安置就骗我们，现在又想骗我们的钱！”……居民们七嘴八舌地闹起来，虽然有楼栋长安抚居民的情绪，但8栋的讨论会仍以失败告终。

第二天，被大家寄予厚望的周某到社区投诉了小郑，说方案有这样或那样的问题，说打造的预算过高怀疑小郑贪污。社区回应周某说：“您既然是专业的，那就由您牵头来指导粉刷，您看这样可以吗？”但周某却拒绝了。然后在周某的煽动下，8栋居民提出了想要打造架空层，就需要把地下室也一并打造了。后来即使在社区牵头下，小郑与8栋居民骨干组织了多次协商，均以失败告终。8栋的阻力甚至还波及周边的几个楼栋，部分原本积极主动的楼栋也改持观望态度。

（五）众筹大赛撬动居民热情

为了解决居民参与不积极的问题，幸福家与社区提出了组织架空层众筹大赛的构想。总有居民是支持打造架空层的，不妨让愿意做的楼栋先做，通过比赛的方式形成“你追我赶”的氛围。为了完善规则，规避执行过程中的风险，避免众筹大赛流于形式或由于规则不完善造成居民误会引发新的矛盾，社区和幸福家经过6轮磋商拟定了众筹大赛的规则，核心规则内容节选如下。

- 资金总量只有12万元，只能支持不超过6个架空层打造；
- 打造要注重受益群体的广泛性，符合本楼栋全体居民的需求，符合法律法规要求，项目完成后要有明确的人员负责架空层持续性的日常维护，任何个人、组织不得用作商业获利；
- 在社会工作者支持下，各楼栋自行制订架空层微更新方案，作出具体的规划和预算,并认真填写“众筹项目申请单”,打造预算金额应结合实际,不得虚报、谎报,否则社区有权取消该楼栋比赛资格。

规则制定完成后,小郑组织了“多元助力 · 共建美丽家园”小区架空层微更新众筹大赛的启动仪式,同步各方对众筹大赛的理解,明确众筹大赛的细则,同时动员居民充分发挥主人翁意识,唤醒居民对自己“家园”的关注,助推打造文明和谐的小区环境,增强居民对社会工作者的认同感和信任感。启动仪式结束后,社会工作者又组织各楼栋长和党员代表进行了项目申报培训,为众筹大赛的开展打下了坚实基础。

一切准备就绪,众筹大赛正式拉开序幕,比赛分为 3 个阶段进行。

第一阶段:宣传发动和方案制订阶段。

各个楼栋的楼栋长联合党员、居民骨干、社区能人自发开展走访、动员、规划、设计、费用测算等各个环节工作。与之前不同的是,各个楼栋的居民前所未有地团结。为了顺利推动本楼栋架空层的打造,参会的楼栋长和党员、居民骨干们纷纷行动起来,主动通过微信群、坝坝会等形式对比赛进行宣传,大幅提高了居民对比赛的知晓率。在此过程中,社区和社会工作者做好支撑,及时解答骨干们的疑惑,同时提供海报、横幅等宣传资料支持,扩大宣传范围。

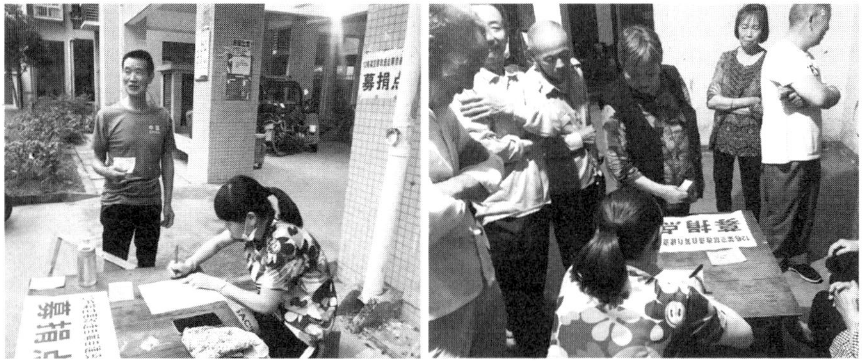

图 5　居民一起筹款

比赛开始的第一天,13 栋便率先将架空层微更新的方案交到了社区,同时交到社区的还有众筹的 1500 元现金。在参加了启动仪式后,13 栋楼栋长当晚立即召开了楼栋业主大会，业主们激情高涨，纷纷表示愿意积极参与，仅讨论了3个小时，便形成了架空层微更新方案，全额完成资金筹措。

最后，历经6天的宣传筹划，共收到11个楼栋提交的项目申请表。其中累计申报资金总额21.7万元，众筹资金总额3万元。

第二阶段：方案评审阶段。

针对提交的方案，社区党委和幸福家召开了方案评审大会，11个楼栋的居民代表陆续登台“各显神通”，一边展示PPT，一边声情并茂地向评委们介绍架空层改造方案、预计成效和费用计划等。别看有些居民代表是老年人，只有初中文凭，却早早地让子女们做好了PPT，在家里一遍遍地演练，因为他们知道站在台上的那一刻，是在为自己的楼栋拼搏。最终，评委们针对方案是否满足业主需求、业主们是否同意场地改造、资金安排是否合理等标准进行了现场提问，居民代表一一作答。最终，入围的11个项目得分均超过60分，得分最高的6个项目被列入本次众筹大赛拟实施范围，接着就进入众筹环节。

第三阶段：资金众筹阶段。

众筹当天，5栋和9栋的代表将居民自愿筹集的10%的项目预算款交到社区，而剩下的几个楼栋，也在铆足干劲开展众筹。社区党委和幸福家也积极地为居民代表出谋划策，协助开展众筹工作。最初不愿打造的8栋楼栋长和居民们也开始着急了，有居民在社区微信群里埋怨周某：“都是你的错！当时你提的，让我们熬一熬，让社区把那些都给我们修了。你看嘛，他们筹够的都开始整了，我们还要等下去吗？”最终，共有5个楼栋众筹成功，其中3个楼栋还超额完成众筹。

众筹完成后，社区党委和幸福家召开了“众筹大赛”评选结果公布大会，依照规则宣布评选和众筹结果，相关结果公示10天。公示完成后，“众筹大赛”圆满结束。

“众筹大赛”激发了居民“你有我也应该有”的竞争意识和主人翁精神，引导居民更主动关心小区事务。大赛更是将居民对微更新的“意愿焦点”从单方面的“政府要为我做”“社区要为我实现”转变为“我要去争取”，促进小区内各楼栋形成你追我赶的良性竞争氛围。以“我的家园”为切身利益，激发居民的主观能动性，让居民众筹资金解决小区院落问题成为一种新趋势，以良性竞争发展提高小区院落项目改造的质量。

（六）“蝴蝶效应”催生无限可能

“众筹大赛”告一段落，架空层的正式打造也拉开了序幕。各个楼栋都紧锣密鼓地打造起来，在楼栋长和党员的带领下，将居民们分为实施组、宣传组和监督组。实施组负责在打造过程中参与力所能及的部分，包括刷墙、家具组装等；宣传组负责进一步为架空层筹措物资，并宣传、公布打造的进度，例如居民将家里不用的家具、桌椅、书本等捐到架空层；监督组则在架空层打造过程中监督专业施工方的施工进度和质量。

没有参加或没有被纳入打造的楼栋居民心理开始不平衡了，原来小区的架空层还可以这么漂亮、这么舒适。其他没有打造架空层的居民们坐不住了：“为什么他们有？为什么我们没有？我们也要！”“我们楼栋长太不积极了，你看他们就好积极。”“我们这栋党员每家 200 元，一般居民每家 100 元，自己筹钱做。”很快，居民们就众筹了 35000 元，在没有社区资金支持的情况下自己设计、自己讨论、自己打造了 7 个新的架空层。居民的集体智慧在架空层绽放，每一个架空层打造得都不一样，有党建引领的元素，有社区居民生活在一起的温馨照片，有倡导关爱老年人的墙绘，有小区儿童绘画作品的展览，有休闲聊天的桌椅，有社区居民捐赠的沙发，还有充满生机的花草绿植……

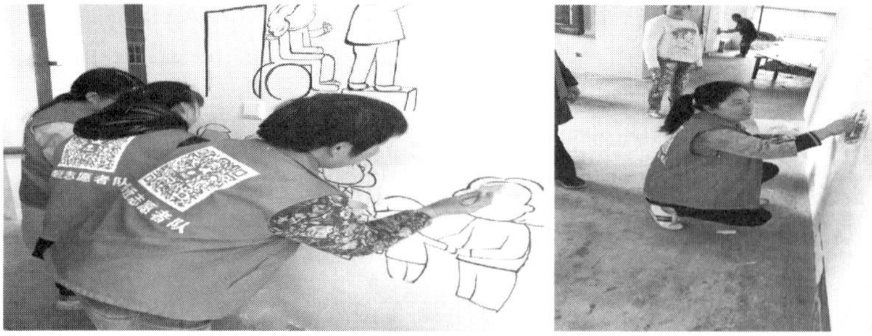

图 6　居民参与打造

图 7　架空层打造的各个环节都有居民参与

在这之前，居民们面对生活中存在已久的现实问题，更多选择等待、忍耐、要求社区居委会或物业为问题全部买单，他们从没有觉得这是自己的事情或者自己可以做的事情。而此次的“众筹大赛”，居民们都成为解决问题的责任方，通过“筹资、筹劳、筹物、筹服务”等“众筹”方式，找到了一种可能解决问题的新方式。

图 8　改造前的架空层，车辆全部乱停乱放

根据居民的实际使用需求，已经投入使用的 5 个架空层又升级了功能，居民们觉得楼下太热便众筹购买了几个壁扇，他们还在商量是否安一些门窗，这样架空层就可以遮风挡雨了。如今，架空层已经成了居民走出私人空间，产生交流和共识的场所，承载着同一楼栋居民信息传递、交流分享、共识达成的功能，让居民能更多地驻足停留，促进邻里情谊。居民们在里面棋牌娱乐，聊聊家常，其乐融融。虽然也会有很多新的问题产生，比如仍然会有部分居民在架空层乱停乱放车辆，在架空层里乱丢垃圾、植物缺乏管护等，但因为是居民共同打造的，所以总能聚集大家一起商量怎么解决，总会有热心负责的居民站出来。后来，在小郑的支持下居民们制定了架空层居民公约，现在架空层的绿植有专人管理，也不再脏乱差，变成了一个充满温暖和欢声笑语、随处都有大家参与打造痕迹的温馨家园。

图 9　打造后的架空层，居民休闲娱乐

图 10　在架空层内部和居民一起搞活动

四、项目成效

与其他社区打造的架空层相比，龙居社区打造的架空层也许不够漂亮，也不那么专业，但是因为有居民的全程参与，他们会更加珍惜这来之不易的成果。同时通过这次打造，幸福家获得了广大居民的认可，也为后续工作的顺利开展奠定了基础。再后来，幸福家基于架空层开展了大量工作，并在社区的支持下，以居民需求为依托，以架空层为载体，梳理了党建引领下社区服务的“社治十二坊”治理机制，将治理工作下沉到社区“两委”成员、社会组织、小区楼栋、居民等各个主体，“多坊”协同发力，形成善治合力。

（一）党建引领，多元共治“齐心”

汉州街道以党组织为核心，充分凝聚多方力量参与基层治理。

一是打造“引领坊”，牵住“牛鼻子”。打通上下贯通的四级党组织网络，成立了1个社区党委，下设6个党支部，17个楼栋党小组，通过居民自荐、无记名投票、组织审核等方式产生党员“楼栋长”，常态化开展政策宣传、矛盾调解和管理监督等工作。建立党员“先锋e家”服务驿站。坚持一月一主题活动，引导党员主动认领红色调解、民情收集等工作。

二是打造“聚贤坊”，增强“吸引力”。广泛链接新乡贤人士，参与协调高新区、驻区企业、社会组织、党组织，与社区党委签订共驻共建协议。推动各方认领“先锋圆梦”“爱心助教”等服务项目近100个，先后举办“嘉园有爱·紫薇七夕”“嘉园有约·同心同乐”等活动10余场，吸引5000余人参与。

三是打造“达人坊”，注入“新力量”。在小区系统挖掘、培育孕育一批拥有一技之长、热心公益事业的达人，鼓励他们成为小区的文化传播员、纠纷调解员、卫生监督员、治安巡逻员。这批“达人”先后开展各项艺术课程10余期，收集居民意见和建议60余条，开展各类宣传活动20余次，调解各类邻里纠纷30余次，服务居民近千人。

（二）邻里互助，和睦生活“顺心”

增强小区居民的归属感与责任感，培养群众主人翁意识。

一是打造“互助坊”，掀开和谐“新篇章”。物业管理委员会面向小区招募家电维修、医疗服务、幼儿托管等志愿者，组成“便民服务小分队”，设置“便民连心卡”，及时解决小区居民下水道堵塞、房屋漏水、幼儿假期托管等问题。这支小分队不仅活跃在小区内，还活跃在全市抗洪抗疫、禁毒普法、环保节能等宣传活动现场，成为一张亮丽的名片。

二是打造“协商坊”，解决民生“大问题”。建立“议事会”制度，定期开展“730 夜话”活动，遇到重大事项，召集社区党员、责任相关方代表参加“730 夜话”，逐步引导居民直面需求，共商决策，共同解决身边事、烦心事。比如，小区架空层改造方案、资金筹集方案、中国共产党成立 100 周年活动方案等就是通过“协商坊”商议决定，最终实施的。

三是打造“赋能坊”，培育治理“新动能”。开设新市民课堂，引进培育清大学习吧、艺轩舞蹈、韵智学校 3 家专业培训机构。建立小区“社会组织帮帮团”，为居民持续提供舞蹈、手工、书法、绘画等公益服务，培育小区群众舞蹈队 8 支、乒乓球队 1 支，书法、棋类、球类爱好者 1000 余人。

（三）文化浸润，宜居和谐“暖心”

弘扬传统美德，培育文明新风。

一是打造“助老坊”，搭建“安乐窝”。在小区内打造“五老工作室”“老人手工室”“老人健康站”等微场景。常态化开展手工活动、技能培训，定期开展免费理发、量血压、测血糖等敬老爱老志愿服务活动。“助老坊”自开展“孝老爱亲模范”评选活动以来，共有 18 人获得“孝顺媳妇”“孝顺儿子”荣誉称号，敬老爱老助老的良好氛围进一步形成。

二是打造“携幼坊”，建成“亲子园”。在小区设立“儿童之家”，利用架空层打造儿童游乐区、科普区、益智区等，为儿童提供了运动、学习、玩耍的场所。在携幼坊开展“小小志愿者”“小手牵大手”“巧手一绘　情系一夏”等亲子活动，不仅培养同伴之间的默契，也拉近大人们之间的距离，促使小区成为温馨融洽的大家庭。

三是打造“文明坊”，弘扬“正能量”。广泛开展“讲党史茶话”活动，小区居民结合自身经历与大家分享入党故事与感悟，通过真实案例，亲身感受、宣传“正能量”。在党群活动中心、小区楼道、广场等公共场所植入社会主义核心价值观、文明价值导向元素宣传作品 70 余幅，潜移默化地进行文明熏陶。

（四）科技赋能，安居乐业“放心”

以智能管理手段提升小区管理水平，增强居民安全感。

一是打造“智慧坊”，搭上科技“直通车”。开展智慧小区建设，在小区大门增设车辆和人脸识别系统，实行车辆停放“红黄牌”管理，深入开展流动人口和出租屋管理信息采集工作。运用微信公众号、QQ 群、微信群等新媒体平台，实现“网络 + 网格”双网协同，为居民提供政务、生活、法律、文化等精细化服务，与群众需求无缝对接，打通服务群众“最后一百米”。

二是打造“民情坊”，搭建沟通“连心桥”。持续吸纳楼栋长、网格员、社区民警等入驻“为村”平台，充分发挥“为村”倾听民意、化解民忧连心桥作用，点对点掌握民情民意。以“阳光下午茶”项目为平台，广泛在线征集群众在小区管理、环境治理等方面的意见建议，上联党工委街道办，下通社区群众，确保收集民意高效准确，解决干群之间“互动少、参与少”的基层治理难题。

三是打造“平安坊”，筑牢安全“防护网”。建立社区综治中心，在小区公共区域安装“雪亮工程”监控摄像头，在楼栋单元推广“慧眼工程”，推选楼栋长、单元党员任“联络员”，优秀党员、群众任网格“协调员”，辖区居民、物业工作人员、小区保安任“监督信息员”，构建“一格三员”的网格员工作模式，确保治安维稳事件及时发现、快速处置。

“社治十二坊”治理机制的意义在于将分散、细碎的社区治理工作聚焦到四大类 12 项内容的社区居民能感受得到的内容上，既有工作重点，又可以有的放矢地促进各项工作的联动，深化居民的获得感、幸福感和安全感。

五、经验总结

（一）项目的长复性问题

“参与式公共空间营造”不同于以往简单的空间规划设计项目只聚焦需求和专业的碰撞，因为涉及各方的协商、妥协和合作，这是一个寻求“最大公约数”的过程。整个项目的实施需要在社会组织支持下进行较长时间的前期参与，甚至还需要不同程度、不同形式、反复多次的沟通协商，因而需要各参与主体对此有正确的认识和足够的耐心。

(二)社区的融合问题

在我国城镇化快速发展的大背景下,城市社区居民构成较为复杂,居民的生活方式和喜好差异较大,很难在居民之间只通过协商民主就能达成广泛共识。所以,在与居民对接的前期,需要引入"陪伴参与式社区治理"技术,以多种手段融合居民。空间打造完成后,也需要结合社区的焦点事件和契机精心策划各类行动,在共同面对问题的过程中通过持续努力,推动不同群体间的社会交往与融合。

(三)政府刻板的行事风格问题

不只在空间打造上,政府针对在地事务往往拥有绝对话语权,通常扮演"代言人"的角色,行使大部分的决策权。如何说服政府回归"支持者"的身份,将更多的自我参与和决策权交由社区党委和居民,需要在前期进行深入的思想沟通达成共识,扭转其刻板的行事风格。

(四)平衡空间设计中"给谁看"和"给谁用"问题

当前,公共空间打造成为社区治理中最具有可视化的成果之一。一方面,既要考虑空间设计的美学应用是否符合居民需求和未来发展的趋势,营造出对社区居民的吸引力,也是社区治理成果展示的重要组成部分;另一方面,也需要避免"过度设计",关注空间的实用性,营造亲民化和富有归属感的空间氛围。

(五)空间打造的筹资与筹力问题

公共空间的使用诉求来源于居民,但当前社区居民不明晰公共空间打造和运营过程中产生的权责关系,向上"等靠要"的思想较为突出。因此,需要尽可能拓展社区资源的来源和整合机制,不应该一味地要求政府投入,还应该把社区基金会、社区企业和居民捐助等渠道纳入其中,也需要具有专业技能的当地居民的技术支持。这需要扎实的资源挖掘和资源链接能力以及公民文化素质的提升做支撑。

（六）空间运营的可持续性问题

空间打造不是一蹴而就，也不是“一锤子买卖”。在空间打造过程中幸福家考虑到让居民介入空间运营，推动后续使用的有效运转。但将空间管理权和使用权完全交由居民仍需要一个较长的过程，需要逐步推动居民的意识转变和能力提升。而现有情况，大多数社区更倾向于直接向专业社会组织购买服务，而不是培育居民自主运营。

六、项目影响

2021年7月1日，中共德阳市委城乡基层治理委员会办公室在《城乡基层治理工作简报》第六期发布了《广汉市汉州街道“社治十二坊”奏响基层治理新乐章》。

龙居社区的经验被来自省内外各地37个地区共计2000余人参访。

社区书记说

广汉市汉州街道龙居社区的李书记和罗书记说：“通过这次项目，在‘社治十二坊’治理模式的带动下，将治理下沉到楼栋、社区‘两委’成员、社会组织、居民自组织、居民等多方主体，协同治理，形成了善治合力。让社区拧成一股劲，缩短了社区居民与社区的距离，逐渐形成‘党群’一家的基层治理模式。同时在幸福家的带动下，我们社区成立了5支相对成熟的自组织，这5支自组织在不同的领域为社区居民服务，在他们的带动下，志愿者队伍也在不断壮大。总之，很感谢幸福家，有了你们，才促成今天的龙居社区。”

专家点评

社区公共空间建设关涉社区居民公共生活的质量。高质量的社区居民公共生活，关键在于居民的实质性参与，体现为社区内的社会交往互动、因关切集体利益而形成的有序的集体行动、家园意识等。而社区公共空间是居民参与公共生活的基本条件和保障。四川省广汉市汉州街道龙居社区正是以社区公共空间建设为切口，为居民参与创造条件，从而成为当下城市社区善治的一个有益个案。

该个案的亮点在于，打破了以往社区公共空间作为“固本强基”的政府工程而由沿科层制路径下达社区、由居委会作为行政任务承接并独自操办的模式，而是由专业化社会组织（幸福家）进入和引领，将社区公共空间打造行动本身视为居民参与的良机，让居民在打造过程中根据社区硬件实情和日常生活需要，自主决策，自主建设。同时，引入外部专业化社会力量（艺术家团队和建筑设计团队）参与，从而使社区公共空间的建设过程凸显出自治性、生活性、专业性、合作性的特点。

同时，该案例也显示，在当下社区居民自治意识不足、“等靠要”思想依然严重的情况下，专业社会组织的群众工作也需要技巧和艺术。幸福家在动员居民参与社区公共空间打造过程中以众筹大赛撬动居民热情、发现群众积极分子引领其他居民等做法，就展现了其做群众工作的艺术，值得推广和学习。

（点评人：唐娟，深圳大学政府管理学院教授）

自我“造血”形塑社区公益慈善阵地

——微爱公益慈善超市项目的孵化与发展

案例类型:社区切口篇

关键词:微爱超市、自我造血、社区公益慈善、社会企业

落地区域名称:成都市

项目实施日期:2016 年至今

实施人:杨勇、夏世杰、孟乔

一、背景介绍

公益承载着大众对于社会的诸多理想乃至期许。公益需要号召,但更需要行动,越来越多来自不同领域的人士不断地将目光与精力投向公益事业,并以自己的方式践行公益活动。此时,居民的多元化诉求如何满足?社区里的公益需求如何应对?在社区治理的大背景下,在全民慈善亮点颇多的成都通过社会化的方式给出了自己的又一创新举措——以微爱公益慈善超市为承载,探索社区发展治理之路。

便利、价廉、迅速满足生活需求——这是任何社区居民都无法拒绝身边社区超市的理由。社区超市满足着居民柴米油盐等生活刚需的同时,以“慈善”为糖,黏合社区居民的公益之心又会怎样?

相信“微爱超市”的建立将是一场溢满正能量的公益之旅!

(一)爱心超市的形态

“爱心超市”是一个历史悠久的项目,具有深刻的社区价值内涵,它兴起

于2000年初，在2008年汶川地震后逐步在各地落地推广。从发展模式上说，爱心超市具有以下几种形态。

第一种形态是广泛意义上的爱心超市，是一种由政府推动，社会各界广泛参与的扶贫济困的模式。此爱心超市的功能定位一方面是为本社区的低保家庭、大病重病家庭、孤老、孤儿等困难家庭与群众提供免费或廉价的日常生活用品；另一方面是为本社区及社会各界具有慈善精神的个人、单位提供长期奉献爱心的场所。简言之，这种形态的爱心超市就是困难群体领取柴米油盐酱醋的场所。

第二种形态的爱心超市是各个区域内给予困难群体兑换福利与关怀的场所。例如，在某些区域给老年人发放“老年金卡”，老年人可以拿着“金卡”到相关超市去兑换日常生活用品或服务。

第三种形态的爱心超市是针对特殊群体变相提供社会福利和关怀的载体，即通过政府、慈善机构买单的形式，向困难群体倾斜性地提供相对有价格优势的生活日用品，从而在一定程度上减轻居民的生活负担。例如，困难群体去购买商品的时候，可以获得适当的优惠。

除此之外，基层社区也有与志愿者积分兑换相结合的类似公益超市的“购物场所”。但是，由于种种原因，各类爱心超市的发展频频受到质疑，实际上处于名存实亡的状态。

图1　在社区深处大门紧锁的“爱心超市”

第一种形态下的爱心超市普遍位于各个社区的偏僻角落，超市不被居民熟知，其相关功能并未得到有效发挥，甚至出现了本用于扶助居民的大米、粮油等食品被老鼠咬坏、霉烂的情况。同时,第一种形态的爱心超市过分依赖政府相关政策的扶持,若没了政府的帮扶,则会出现无扶助物资的情况。

第二种形态下的爱心超市,很多已经成为加价赚取利润的工具。由于相关惠民福利并不是由居民掏腰包,只要能换到相应的生活日用品,居民并不会过多在乎换到的日用品的价格。甚至出现了爱心超市内的商品价格在原有价格上加价20%—50%的情况,若相关惠民政策一旦失效,超市的运转将无任何优势。

第三种形态下的爱心超市以成都市W区在2013年推广的慈善惠民超市为代表。该爱心超市针对低保户提供低至6折的折扣,并且每年在低保户的惠民卡中存入600元。截至2013年底,W区慈善会向困难群众提供购物资助资金达320余万元。可是,2013年后相关项目并没有更多地公开跟踪报道,现已不清楚具体的运行状况。

(二)爱心超市生存面临的困难

当前爱心超市项目的生存堪忧,不具备可持续性,主要面临以下困难。

一是资金需求量大。爱心超市要长期经营下去是需要大量政府购买服务作为资金来源的,若没有长期的、大量的资金支持,项目就会崩盘。

二是缺乏监督管理。在无监管和相关法律法规的监督下,爱心超市成了某些不良组织或个人赚取政策红利的工具,长期消耗居民对政府相关政策的信任度和支持度,助长了不正风气。

三是宣传推广是短板。社区居民并未充分了解爱心超市的真正意义,如第一种形态下的爱心超市,相关服务内容本就没有覆盖全体居民,但大部分居民不清楚这条运营规则,就很容易让不了解情况的居民滋生不满情绪,或让本该享受福利却不知晓的居民白白浪费了机会,同时也损失了其他监督超市合法运行的民间力量。

四是无法助力治理。粗放的、长期的优惠扶助其实并未有效培育社区居民的公益慈善意识,相反助长了居民“等靠要”的不良风气。

（三）如何继续推广爱心超市公益项目

超市的概念在理解上代表了生活刚需，是居民可以长期依赖的产品和服务的集成，是可以长期和居民产生接触和影响的载体。只要社区居民到爱心超市，就能接触到公益，也就能在长期的接触过程中逐步引导居民了解和认同公益慈善，再逐步推动社会治理。基于此，爱心超市项目本身是有价值的，如何复活爱心超市项目需要考虑以下几个问题。

1. 如何摆脱对政府财政和慈善拨款的依赖

初期，政府可以在爱心超市的设立筹备上给予一定的支持，但相关支持应该是非经营层面的支持。而长远的运营必须考虑爱心超市的自我“造血”，摆脱对政府投入的依赖，那就需要引入社会化运营，同时要有良好且有竞争力的供货渠道，确保有足够的可持续的利润空间以支持爱心超市的正常运转。

2. 如何做到被监督

爱心超市的账目和销售商品需要接受多方监督，确保产品正规保真，商品定价合适。同时，不能让爱心超市在运转过程中因为执行主体的私心，让项目“变味”。

3. 如何做到覆盖更多的居民

爱心超市的正常运营几乎可以接触所有的社区居民，但在实际运作过程中需要在超市开展公益慈善项目，做到普惠居民。

4. 如何体现爱心超市项目的公益性

爱心超市如果采用社会化运营，就需要清楚地厘清公益和商业的界限，重点关注爱心超市的社会价值，以爱心超市自身运营支撑公益，获得广泛认同。

5. 如何成为一个集成平台

爱心超市项目需要场地、人力等资源，在社区中是一个可触摸、可视化的空间。同时，爱心超市能否整合资源、传播公益慈善理念、推动社会治理将成为评估爱心超市成效的关键要素。

针对以上情况，成都幸福家社会工作服务中心与成都市慈善总会从

2015年9月开始历时近一年，针对“爱心超市”的项目模式进行反复探讨、思考与模拟，最终提出了新型的“微爱公益慈善超市”（以下简称微爱超市）模型。

二、工作模式

本模式分为经营部分的商业逻辑和公益与治理部分的社会效益逻辑两个逻辑。

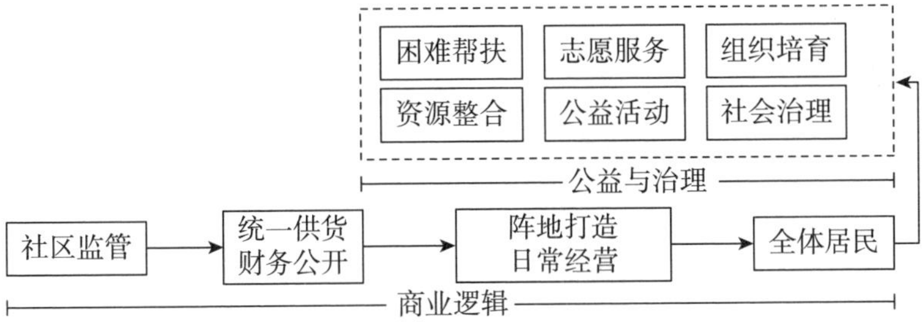

图2　微爱超市工作模式

（一）经营部分

1. 微爱超市工作模式

（1）在社区人气旺盛的闲置场地（如党群服务中心的部分空间）开设微爱超市，面向社区所有居民开展服务。

（2）筛选、培训社区内有困难且有爱心有能力的居民以志愿者的身份加盟，作为微爱超市的经营者，志愿者负责超市的日常管理和运行。原则上选择社区的病患家属、残疾人、单亲父母等作为超市经营者，并以月为单位获得相应补贴。

（3）统一引入专业的供应合作伙伴，解决商品的进货渠道问题，以便把控销售产品的品质和价格，同时确保及时进货补货。

（4）微爱超市的商品配送和社区服务统一由社区居民自愿承担，社区居民可以自主选择为其他居民服务。

(5)通过微爱超市向社区困难群体提供定向帮扶,帮扶的标准来自超市的日常经营收入,并计入超市的运营成本。

(6)坚持党建引领,社区党委可以对微爱超市的经营和财务进行监督。同时,微爱超市也有责任将运营状况进行公示。

(7)所属社区居委会将社区服务内容集成和发布到微爱超市中,并引导相关服务在微爱超市周边小区落地执行。

(8)微爱超市所属社区需要联合慈善会设立社区公益基金,微爱超市除去正常的人工和运营成本之后的超市经营利润,部分捐赠到社区公益基金,支持社区各类公益慈善活动的开展。

2. 项目参与主体及责任

本项目受社区居委会监管,企业(社会企业)开展经营,社会组织(幸福家)开展公益活动和推动治理行动。

(1)各社区居民委员会、社区党委的责任:

- 负责、协助本社区微爱超市的筹建,包括适当的配资、场地的提供、开店条件的协调等;
- 在超市运行过程中,负责对社区居民进行宣传和引导;
- 对超市日常运行和财务进行抽查监督。

(2)企业(社会企业)的责任:

- 负责超市的商业运营,包括方案策划、执行,扩大超市的影响力;
- 负责超市的进销存和具体账目、税务工作;
- 负责协调政府、社会组织、供应合作伙伴间的关系,推动项目顺利开展。

(3)成都幸福家社会工作服务中心的责任:

- 负责超市集成的各类公益活动的策划、组织和实施;
- 负责超市各类公益资源的集成,并聚合居民,推动居民积极参与各类治理行动。

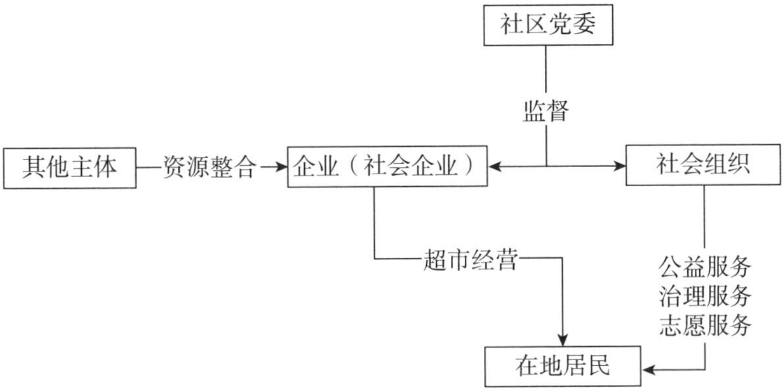

图3　微爱超市项目参与主体的互动模式

3. 营收资金分配

微爱超市的营收资金中，除去人力、商品等成本费用后，部分毛利润需要捐赠给社区基金，用于本地公益服务项目的开展。一般情况下，20%的利润会捐给社区基金来开展公益慈善活动。

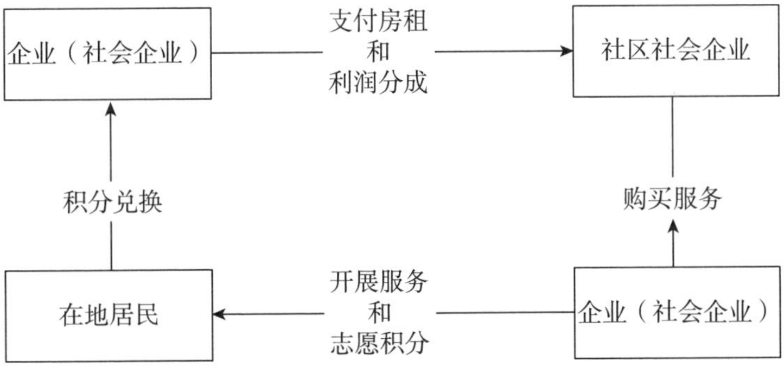

图4　微爱超市的现金流模式

（二）公益与治理部分

微爱超市开业后，在运营资金的支持下，幸福家基于常态化、可视化、可进入、可参与的微爱超市组织开展公益行动及治理工作。

1. 开展全龄服务

为了活化和动员居民，幸福家在微爱超市的支持下，面向社区内各个年龄段的服务对象开展相应的服务，既有日常关爱老年人活动，也有倡导青少年参与公益的活动，推动居民融合。

2. 实施急难救助

针对在地的困难居民，机构与五保户、失独老人等群体形成结对帮扶，以专业社会工作者的力量解决当地个体居民生活困难的问题，并动员更多居民关注和参与构建社区邻里互帮互助的氛围。

3. 弘扬志愿精神

每一个微爱超市都是新时代文明实践阵地，幸福家积极发掘和培育志愿者，构建在地的志愿者队伍，以微爱超市经营所得打造“时间银行”，支持志愿者在微爱超市周边开展常态服务。

4. 推动协商民主

每个月幸福家都会在微爱超市门外组织居民，参与“阳光下午茶”活动，通过民主协商的方式，针对社区当前存在的难点、“痛点”和焦点问题进行讨论，同时对问题的解决方法达成共识，并在接下来的一个月里共同实施解决方案，试点解决问题。

5. 培育领航微组织

为了推动公益和治理行动的长效性，需要组织居民长期参与。幸福家发掘党员骨干，培育以党员为核心的“领航微组织”，在微爱超市的支持下每月定期展开“暖风微行动”，并在幸福家的协助下构建了“微爱超市—领航微组织—暖风微行动”的工作机制。

三、行动过程

由于微爱超市众多，本案例仅详细介绍第一家点位项目实施的过程。第一家微爱超市坐落在成都市锦江区东光街道观音桥社区。观音桥社区成立于2014年1月，辖区总面积0.43平方千米，辖区范围北至净居寺西街，南至沙河，西至东光南二巷，东至净居寺路。观音桥社区是一个典型的位于主城区的“老破小”社区，辖区内有居民院落（小区）25 个，其中老旧院落 15 个（2 个院落为开放式院落），物管院落 9 个，自管院落 1 个，共有住户 7126 户，常住人口约 19040 人。

（一）超市选址及入驻

2016 年 5 月，在街道办事处和社区党委的支持下，幸福家选定东光街 24 号开办微爱超市，该场地原是社区养老助残服务站。

微爱超市选址情况

优势	1. 位于 T 字路口，地势开阔，有过道； 2. 附近是成都市知名的平价菜市场，居民流量极大； 3. 社区居委会支持力度大
劣势	1. 微爱超市面积较小，不到 20 平方米，未达到 30—50 平方米的预期，无法完全展开活动； 2. 周边竞争较为激烈，1 千米范围内超市数量超过 20 家； 3. 由于该场地本是社区养老助残服务站，所以该点位还需要集成部分养老助残的服务，会分散经营者的精力

图 5　微爱超市装修前后对比

在微爱超市选址完成后，用了 1 个半月的时间对微爱超市点位进行装修改造，具体工作主要包括水电改造、店招制作、货架购买、监控收银购买、电视购买、冰柜购买、牌匾制作、商品选型、周边调研及定价、进货摆货等。完成打造工作后，微爱超市于2016年7月正式试运营。

（二）微爱超市的日常经营

不同于一般便利店的定位，微爱超市要面对的居民是全龄居民，这意味着微爱超市主打的商品为粮油、调料、日化、饮品、食品等。在定价上，幸福家对比了周边超市的价格，决定采用正常价格进行销售，不刻意低价。

图6　微爱超市的产品货架

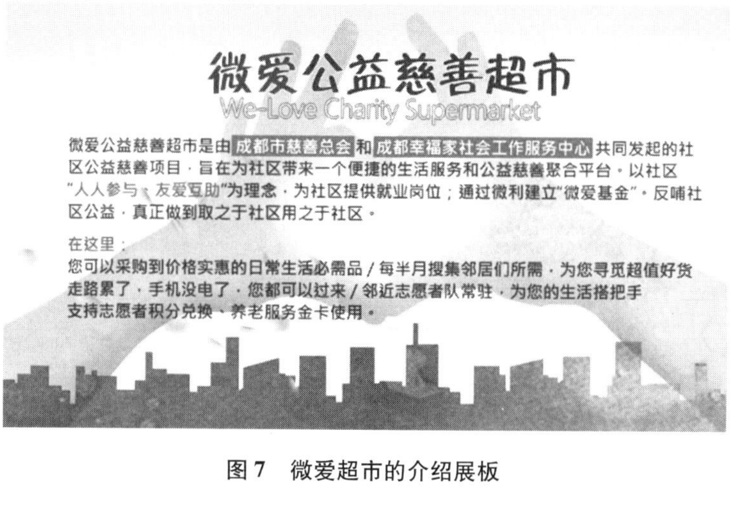

图7　微爱超市的介绍展板

由于场地面积的限制，第一家微爱超市只能提供200个左右的产品品类，无法采购更多品类的商品。幸福家希望能够在日常运营过程中收集居民的真实需求并及时调整产品供应种类。于是幸福家在微爱超市设立了意见收集本，鼓励居民在意见收集本上写下自己需要的货品，也可以写下对超市运作的建议。例如，有一位社区居民提出超市商品的价签最好用白板红色笔写大一些，因为来超市的老年人比较多，这样才看得清楚。

经过近 2 个月的运作，幸福家补全了货品的种类，基本能满足大部分居民的日常需求，也让最初那个空空如也的微爱超市变得丰富有序。为了更好地传播微爱超市的运营理念，幸福家在日常经营中逐步整理和制作了宣传展板，介绍微爱超市，让居民知道我们不一样。

（三）打造“惠民日”消费习惯

微爱超市想要持续稳定的客流量，逐渐获得稳定可观的收益；同时，也希望能为社区居民带来实惠的商品，为此，除了大型节庆和每月的促销活动外，幸福家把每隔一周的周五打造成了“惠民日”。

在“惠民日”，首先促销商品由社区居民说了算，由居民“许愿”写下想要购买的特价商品，并将写好的心愿张贴在微爱超市的转盘上。其次以公开转转盘的形式确定心愿，每周通过转盘确定 2—3 款心愿产品。最后，在居民志愿者广泛参与的情况下，开展促销活动。由于选定的促销商品有绝对的价格优势，同时又是居民自己提出的生活必需品，所以每次“惠民日”都像节日一样热闹。

图 8　“惠民日”促销活动现场

在微爱超市试运营阶段，幸福家尝试过以抽纸、卷纸为主要促销商品开展“惠民日”，价格定位为抽纸每提 10 元和每提 19 元。在此过程中，居民志愿者大面积地帮助微爱超市宣传，在口口相传中大量居民慕名采购，经过3天的“惠民日”活动，幸福家实现超过12000元的销售额。

（四）践行真实的“公益”服务

微爱超市开业后，有不少社区居民认同了幸福家的理念，希望每天都到微爱超市来消费。同时也有不少社区居民持观望态度，他们在想这个微爱“超市”为什么是做公益慈善的？会不会又是一个挂着“公益慈善”的“羊头”做着卖“狗肉”的勾当？为了减轻部分居民的猜忌，真正践行微爱超市的运行理念，在微爱超市开业试运营的第二周，幸福家协同观音桥社区居委会认领帮扶了社区里的4户孤寡老人，并开展日常的慰问、拜访、陪聊天、测量血糖血压等工作。

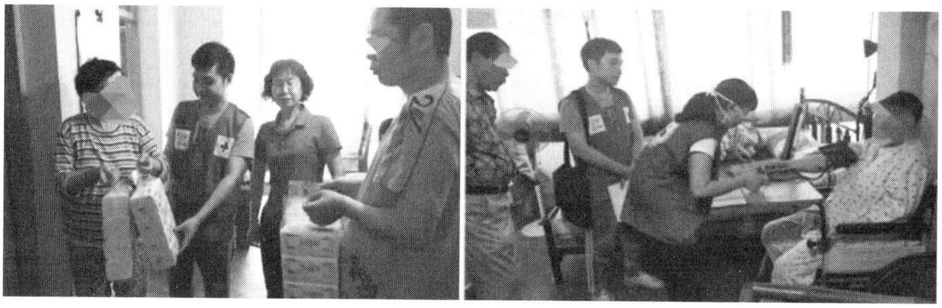

图9　认领社区孤寡老人并提供服务

由幸福家的社会工作者对帮扶的孤寡老人提供相关的专业服务，同时在服务过程中也邀请了辖区热心的居民共同参与。这些服务都是长期的，几乎每周幸福家社会工作者都会上门提供服务。日常开展服务的过程也是培育居民服务意识的过程，在此基础上逐渐让热心的居民转变为社区志愿者，促使关爱服务可以长期实施下去。

2016年7月，微爱超市在社区居委会的支持下，向观音桥社区组织的“向日葵大学生支教队”捐赠了洗衣液、卫生纸等物品，以支持大学生到宜宾山区学校开展支教活动。

图 10　向“向日葵大学生支教队”捐赠物资

微爱超市通过一次又一次真实而务实的公益付出，逐步获得了居民的认同，居民的疑惑与猜忌也烟消云散。据观察，不少居民即使自家楼下有超市，但他们也愿意多走一步到微爱超市来支持社区公益。

（五）引入多样的便民服务

微爱超市既是社区的“助残养老服务站”，也是社区的“流动图书借阅点”。考虑到社区周边老年人特别多，经常有老年人来菜市场买菜，特别是存在购买粮油后不方便带走的情况，基于此，幸福家购买了两个购物车，社区居民在交纳押金后可以借走使用。

社会治理需要居民共同参与。微爱超市要实现可持续发展，也需要社区居民的共同努力，这要求社区居民在认同微爱超市的公益理念上，逐步参与社区的公益慈善服务和项目，一起为更广泛的居民提供多种公益慈善服务。其中，社区志愿服务是非常重要的载体。

针对各个小区志愿者服务仅停留在以物报偿的阶段，以及各小区志愿服务不具备常态性、可参与性的状况，“邻近志愿者队”项目本着信仰、兴趣和积分三大重点，培育守护初心信仰的志愿组织。“邻近志愿者队”项目初期由幸福家牵头挖掘社区居民骨干，根据居民的兴趣爱好，将社区志愿服务队进行项目化分流，让社区居民参与自己感兴趣的志愿小分队。再通过赋能培训和集体行动逐步将志愿服务的策划、执行交接到社区志愿者的手中。最后，以“时间银行”模式，让参与的居民得到回馈和奖励，即志愿者可以利用获得的公益积分在微爱超市进行商品兑换，也可以用于兑换其他居民提供的服务。

图 11　微爱超市集成了各类便民服务

图 12　借助活动公开招募志愿者

微爱超市从试运营以来一直都很关注对志愿者的培育。在微爱超市项目运转的过程中，社区志愿者是践行者、宣导者，也是消费者，形成了志愿服务和日常消费需求的完美契合，让微爱超市成为新时代文明实践的点位。

（六）对外开放微爱超市货架

微爱超市货架亦可以和社区其他公益服务项目达成共享，实现居民社会福利最大化。微爱超市开业 2 个月后，幸福家考虑到成都市各个社区都有“计生用品免费领取”的服务。一般情况下，计生用品都放在社区中一个固定的盒子里，对于“谈性色变”的中国人来说，社区居民要么不知道有这项服务，要么对免费领取计生用品行为感到羞耻。基于此，幸福家将计生用品从社区申领后放到微爱超市的收银台处，有需要的社区居民只要在收银的时候和经营者知会记录后就可以免费领取了。

图 13　社区居民可以在微爱超市免费领取计生用品

东光街道办事处与四川省理县增头寨针对中草药蜂蜜销售达成结对帮扶合作。微爱超市也在开放货架上支持其销售，并将精准扶贫的行动全力集成到各个社区活动中开展宣传。1 个月后，中草药蜂蜜的销售额就已经超过了2000元,在整个东光街道帮扶销售点位中位列第一。

图14　结对帮扶销售中草药蜂蜜产品

(七)逐步集成社区公益活动

微爱超市项目在运行过程中逐步集成社区的各类公益活动,努力让社区各类公益活动尽可能在微爱超市周围举办。一方面能为微爱超市积累人气,推动更多居民知晓微爱超市的存在以及其运作理念;另一方面也有利于赋予微爱超市社区公益慈善平台的意义。

图15　微爱超市举办“里约·我为祖国加油!”的系列活动

在2016年里约奥运会举办期间,微爱超市也举办了为期一个月的“里约·我为祖国加油!”的系列活动。首先重新装饰微爱超市,在整个微爱超市插满了小国旗,营造“爱祖国·迎奥运”的欢庆氛围。其次针对每日重点赛事,在微爱超市开展了金牌榜竞猜活动,猜中结果的居民可以低价购买啤酒一件,并为每日到店的居民发放小红旗。在每日下午13:00—16:00回放前一日的重点赛事,并邀请社区居民在微爱超市一同观战。同时,在奥运会期间开展的“惠民日”活动，也充分考虑了居民的观赛需求，有针对性地选择了啤酒等商品进行促销。

在和居民进行日常沟通的过程中发现，东光街道有居民是电信诈骗、金融诈骗的受害者，有一名居民甚至被骗金额超过 7 万元。针对这种情况，幸福家社会工作者主动与社区居委会、社区老协商议介入方法，并发起了防诈骗宣传活动。该活动一方面宣传防诈骗的相关知识；另一方面完成对居民的需求调研，为后续的个案工作打下基础。

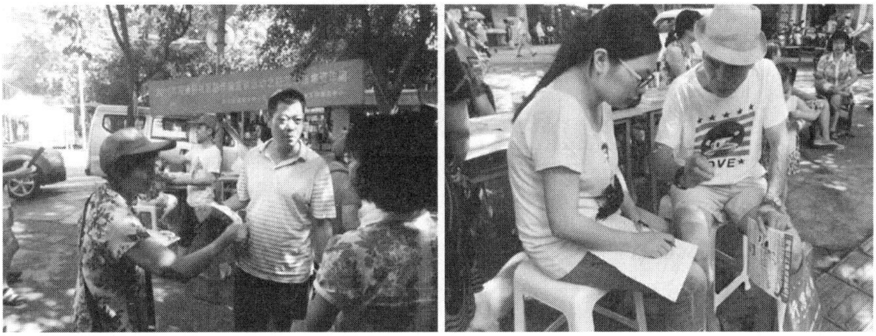

图 16　微爱超市门口的防诈骗宣传活动

（八）融入社区其他组织

社区的公益活动是做不完的，也是微爱超市做不完的，因此需要链接多方资源，与其他社会组织一起努力。在社区居委会的协调和支持下，微爱超市的各项活动逐步与观音桥社区其他社会组织的活动融合到一起，协同为社区居民提供服务。

微爱超市筹备装修期间，社会工作者就与社区老年协会成员打成一片，践行参与老协组织的“观音桥社区两学一做党员义工活动”，与社区老年协会的志愿者们一同清理卫生死角。微爱超市亦与社区中的其他社会组织有着良好的互动，如老协、志愿者队等，相关机构的各类活动和服务也在微爱超市门口举行，如测量血压活动、切菜比赛活动等。

微爱超市不但与社会组织有合作，与社区中的企业也有合作。2016 年 10 月，微爱超市与辖区内的环卫公司达成合作，辖区范围内的环卫工人只需凭借工作证在发薪日的第二天（每月 11 日）到微爱超市采购，就能享受九折优惠。

这样的优惠活动，也间接帮助环卫工人减轻了生活负担。并且随着工作的开展，微爱超市周边的中介公司等 10 余家企业也定向在微爱超市进行采购。

图 17　社会工作者与老协一同清理社区卫生死角

四、项目成效

微爱超市在 2021 年进一步深化模式，主要包括以下几个方面。

深化在地关联。微爱超市创新性地与社区社会企业、村集体经济集成起来，进一步整合资源，让微爱超市实现在地发展，促进与居民切身利益的深度耦合。

链接多元投资。深度引入社会化资源参与微爱超市的投资，让更多资源参与微爱超市的经营和管理，促进微爱超市的可持续发展。

注重规模效应。微爱超市将以街道（乡镇）为单位连片开办，在规模效应下降低运营成本，提高项目实施和管理效能。

拓展服务的广度和深度。微爱超市可以与急难救助、邻里帮扶、志愿服务、社会工作、信义治理等工作内容进行联合发展，让微爱超市真正成为基层治理创新源泉。

提升服务专业度。拟将微爱超市与社工站、社工室等社会工作机构结合，用更专业的服务满足居民需求。

创新互联网技术使用。微爱超市接下来将与互联网新媒体以及北斗技术深入合作，创新微爱超市的宣传和应用场景。

五、经验总结

在共建共治共享的社会治理格局下，幸福家通过微爱超市的试点构建了一个有趣的公益慈善和社会治理的平台，有效地将社区的“发展”和“治理”相结合，成为社会治理非常有价值的一次尝试。此外，微爱超市也创新地找到了一条社会组织参与社区治理体系建设的新路径，通过这条路径可以提升居民生活质量，实现政府治理和社会调节、居民自治的良性互动。通过项目的实施，微爱超市成功地聚合了社区居民，有效地联动了居民参与社会治理，成为居民在社区中可见、可参与的社区公益慈善阵地。

（一）搭建慈善平台，为居民提供服务

微爱超市是社区公益活动聚合平台，“微爱超市模式＝便民百货＋居民扶助＋居民关怀＋N”，微爱超市不仅局限于一个单一的百货销售卖场或者社区居民扶助发放渠道，更是一个社区服务集成平台和居民关怀窗口。微爱超市将专程开设便民服务区域，集合便民充电、包裹代收发、闲置物品互换、信息公示等便民福利服务。

（二）引入科技助力，实现“互联网＋治理”

巧妙地使用互联网技术，可以提升信息的传播效率，并实现电子化的高效管控，形成社区居民公益慈善社群，团结和聚合社区居民，并有针对性地满足社区居民的个性化需求，提高服务效率。

（三）发挥自我“造血”，推动可持续发展

微爱超市通过推广和销售，可以获得销售利润，这部分销售利润可以反哺社区公益基金，用于社区的各类公益慈善项目，真正做到取之于社区，用之于社区，一举两得。

(四)引导居民参与,实现居民服务内循环

微爱超市周边的社区居民既是服务的享受者,也是服务的提供者。在微爱超市项目运行过程中,引入“陪伴参与式社区治理”的方法,可以有效推动小区居民融合,逐步引导居民参与社会治理。

(五)因地制宜施策,创新项目服务内容

每个社区都有其独特之处,微爱超市基于每个社区的特色需要提供不同的服务内容,通过具有针对性的策略研究和调整,因地制宜地创新服务项目,满足当地社区居委会和居民的多元需求。例如,微爱超市可以成为退役军人创业或就业项目,也可以实现更多元化的开放集成,如引入鲜花销售等内容。

(六)两套班子互动,各司其职推进深化

微爱超市的成功运转得益于同时采用了商业和公益两套班子,在此过程中,两套班子各司其职,互不干扰,但又相互配合。这样的模式,有助于以专业为依托各司其职地推动具体事务的开展,同时厘清各自的边界,避免权责和立场混乱。

六、项目影响

2016 年,该项目获得成都市委宣传部“梦想 · 公益 · 聚合”成都公益活动创新大赛“十大公益创新项目奖”;

2018 年,该项目获得第四届中国青年志愿服务项目四川省赛金奖、全国赛金奖;

2019 年,该项目获得共青团中央、中国青年志愿者协会“第十二届中国青年志愿者优秀项目奖”。

记者采访说

一、刚需之外,慈善为糖

事实上,公益慈善超市并不是新鲜事物,在国外以及国内沿海地区已经有过不少相对成功的探索实体出现,而在成都落地,却是一次创新举措。可以充分利用微爱超市这个载体,根据社区居民的实际情况,汇聚各方慈善公益力量,引导人人参与实际行动,从而践行"小超市、大慈善"理念。微爱超市的前身是爱心超市,但爱心超市因为种种原因流于形式。在长时间评估、充分调研之后,我们认为,超市的资金可循环性、全民参与属性等将给予传统的慈善公益活动以新的启示与带动作用。以此搭建的社区慈善公益平台,带动了社区发展治理的氛围营造,其经营活动有利于各方资源的高效整合,获取的资金将注入、壮大社区慈善公益基金,社区志愿者也在此过程中发挥作用,居民对慈善公益亦有了全新的认识,社区的相关企业与居民得以快速、便捷并以自己的意愿参与慈善公益活动。

微爱超市筹备之初,居民认为这不过是众多新开超市的其中一家,并没有什么特别之处,无非就是离家近点还是远点的区别。慢慢地随着微爱超市的开展、宣传、营业推广,居民们开始略带讶异地审视这个与自家生活密切相关的公益创新产物,很快他们就发现了微爱超市的诸多不同。

智慧社区的承载体。微爱超市所在的场地正是社区里人气最盛之处,同时结合了时下最火热的"互联网+"、智慧社区元素,以乐福生活社区云服务平台开通在线店铺,居民足不出户就能享受在线购物和特色社区服务。

困难群体的就业处。微爱超市的经营者都是本社区内有一定困难,却有心有能力的居民,他们可能家中有病患,可能身有残疾,可能是单亲父母,在微爱超市,他们忘却生活的阴霾,全心投入全新的工作,与社区融合。居民们既是消费者,也可能转身成为服务者。微爱超市的商品配送与社区服务都由社区居民进行,在闲暇时间为社区、为其他居民尽份心力,"我中有你，你中有我”。

社区服务的引导处。不少社区居民因工作原因早出晚归，对社区活动信息与内容存在盲区，社区居委会将社区服务内容于微爱超市发布，并以此为载体引导服务落地，真正实现服务覆盖社区。小小的微爱超市还囊括了“助残养老服务站”“流动图书借阅点”“计生用品免费领取点”等服务，“小”超市就此有了众多实用“大”功能。

社区公益的“造血机”。微爱超市所获得的销售收入除去人工和运营成本后，将反哺到社区社会企业或社区基金，用于社区的各类公益慈善项目，以及向社区困难群体提供定向帮扶，真正做到取之于社区，用之于社区便民互利的共享地，从而实现资源整合最大化，信息流通最高效。

志愿群体的聚合地。微爱超市即是社区公益慈善服务的落地集成平台，“物资捐赠”“志愿急难救助”“邻近志愿者队”，点滴之力在微爱超市汇聚成海。

二、社区善治，聚拢源于居民的公益力量

如果把公益等同于慈善，局限于扶贫济困，那么确实没有什么需求；如果把公益解读为公共利益，那其间就不仅有着大量的需求，而且是从基层、从居民发出基层治理力量最好的地方。凸显“服务”“公益”“互助”等关键词的微爱超市不但积极地向社区居民提供了多种人性化增值服务，也在无形中聚拢了源于居民的点滴公益力量，带旺了社区居民的公益热情，公益理念潜移默化地渗入社区居民的生活。公益活动坚持互动参与性，才能充分调动更多人的积极性，让普通居民都有兴趣参与进来。

对于微爱超市的未来版图，未来微爱超市将在条件允许的情况下进驻各个城区、社区。目前已有的点位收支基本平衡，但壮大社区慈善公益基金的目标还未实现，但我们不是以超市营利为目的，超市只是我们的一个实体平台，用来彰显我们基于慈善公益践行社区发展治理的经营理念，目的就是让社区居民亲身接触、充分了解后自愿作出自己的贡献，这一点成效可喜，以后的方案会根据实际情况而调整，但这条关于社区慈善公益的探索之路

我们将矢志前行。我们将继续整合各方力量，推动相关政策方面的落实、支持，也与加入的社会组织共同成长。

三、社会组织助力社区组织

《周易·系辞上传》中说："举而措之，天下之民谓之事业。"对社会而言，公益活动的价值更多体现为其背后的意义，而每个行动背后的社会价值应该是每个至善企业的追求。"与社区一道筹备开设微爱超市，不仅可以实现'造血'，获得稳定收益用以支持公益，还可以吸引更多居民关心、关注公益慈善事业，真正加入公益慈善队伍。"——这是成都幸福家社会工作服务中心积极与各社区携手共建微爱超市的朴素愿望。

以公众利益为出发点，才能获得社会的信赖。对于公益事业，幸福家从来不是抱着一种观望的态度而是积极加入其中，资助贫困学生、捐助残疾人、慰劳军烈属、扶助孤寡老人以及捐赠慈善机构等，幸福家将这些善举视为自己应尽的社会责任，身体力行。我们也在积极寻找一个平台、载体以及一种长效机制，而微爱超市就很好地融合了以上诉求。在公益环境已经发生本质性变化的今天，社会组织如何顺应时代需求发挥自身优势开展公益活动，在不断实践中，幸福家在公益道路上的行进路线日渐清晰，要想获得可持续发展需要脚踏实地，不回避问题。当前微爱超市肯定存在许多亟待解决的问题，首先就是超市运营起来后，成本居高不下，与之前的预估有较大出入，对场地等成本的预估过低，影响了后续资金的流转；其次需要重视人员积极性问题，不能否认有些社区困难群体的上进心不足，这就对超市管理经营造成了影响，因此需要通过培训与沟通来解决这些问题；此外，货架容量不够也不可忽视，货品铺不开意味着效率低下与储运成本的上升。当然，这些问题都将随着时间的沉淀、各方资源的重新整合而解决，我们相信这是一个共同成长的过程。

专家点评

公益慈善超市又可称为“慈善超市”，在我国最早兴起于上海，然后经民政部推动得以在全国范围推广。但从全国来看，很多地方的公益慈善超市并没有真正地运作起来，存在空转、低效、行政化等突出问题。但该案例通过自我“造血”实现了公益慈善超市的社会化运作，充分发挥了公益慈善超市的价值。总体上看，具有三大亮点。第一，以社会企业为切入点的思路促进了公益与商业的有效结合。公益慈善超市具有双重性，一方面需要立足公益，服务于公共利益，为困难群体提供利他性服务；另一方面需要立足超市定位，这就要求通过商业化运作，而社会企业则是最好的实现形式。第二，实现了政府、市场与社会组织的三方联动。该案例在政府的支持下，带动了成都市慈善总会、居委会、社会组织及其他社会组织都参与内部运作与外部服务过程，有效地整合了各方面资源，有助于从社区层面上打造社区公益慈善共同体。第三，组织功能的多重复合性。公益慈善超市需要是公益与商业的双向融合，若要在社区真正发挥作用，就需要兼顾多方面内容。该案例中的公益慈善超市在组织功能方面具有扶贫帮困、便民服务、志愿服务、慈善文化宣传、组织联动的多重功能，很好地回应了公益慈善超市的价值与使命。

未来，为了进一步发挥公益慈善超市的组织功能与社会影响力，建议要立足品牌化建设在实施地塑造品牌项目，打造创新项目，增强组织的可复制性与可推广性，形成具有成都特色的公益慈善超市运作模式。

（点评人：朱志伟，苏州大学社会学院副教授）

阳光振兴　环保共生

——以同安街道阳光村环境综合整治为例

案例类型：社区切口篇

关键词：农村社区、人居环境、环保联盟

落地社区：成都市龙泉驿区同安街道阳光村

项目实施日期：2019—2020 年

实施人：廖冬梅、刘欢、王礼刚

一、背景介绍

乡村振兴是党中央从战略和全局高度作出的一项重大决策，保障广大农民根本福祉和构建农村社会文明和谐。党中央要求结合实施农村人居环境整治三年行动计划和乡村振兴战略，进一步推广好的经验做法，注重同农村经济发展水平相适应，同当地文化和风土人情相协调，因地制宜、精准施策、持续发力、久久为功，建设好生态宜居的美丽乡村，让广大农民在乡村振兴中有更多的获得感和幸福感。

阳光村隶属于成都市龙泉驿区同安街道，位于成都东五环内，在成都经开区和北部片区之间，幸福大道、车城大道穿境而过，交通便利。背靠龙泉山城市森林公园，紧邻洛带客家文化旅游区，村庄内沟渠纵横，东风渠流经全境，塘堰星罗棋布，生态环境优美，是成都市近郊理想的水系、塘堰、林盘、农田相融的优美生态空间。阳光村辖 17 个村民小组，常住人口 6328 人，服务人口 11000 余人，阳光村党委下设阳光产业等 6 个党支部，党员 165 人。

近几年，阳光村先后被评为“四川百强名村”、首批省级“四好村”、成都市“三美”示范村等。

阳光村家风优良，全村有5位百岁老人，是名副其实的“长寿村”。村内产业以农业为依托，主要以葡萄、脐橙、丰水梨等特色农业种植为主，同时兼顾休闲观光农业，第一、第三产业紧密结合、相互促进、相得益彰。但目前的阳光村村落形态老旧、基础设施配套落后，村民居住分散，环境维护难以全面覆盖，村（居）民环境保护意识相对薄弱。调查发现，村民经常在房前屋后、公共沟渠里倾倒腐烂的食物、白色垃圾、化肥农药残留包装等，存在“垃圾围村”的情况。这给村落生产、生活带来了较大的影响，也给村庄环境治理带来了巨大的挑战。

围绕成都市公园城市建设及环境整治要求，结合龙泉驿区美丽乡村建设实际情况，2019年，成都幸福家社会工作服务中心应邀进驻阳光村，以“陪伴参与式社区治理”技术为依托，深入动员党员和骨干村民组建“环保自治联盟”，开展农村人居环境综合整治行动。

二、工作模式

本项目在专业社会工作者的引导下，以动员党员和骨干村民构建“环保自治联盟”为行动核心，结合幸福家独创的“陪伴参与式社区治理”工作方式，推动阳光村村民参与公共环境营造，陪伴村民培育社区社会组织，强化村落的自治意识，帮助村民建立有效的互通机制，落实奖惩有度的约束公约，协助阳光村构建以村民为中心的常态化治理机制。

阳光村环保自治联盟培育行动经历了3个阶段：第一阶段是“强学习、建机制”，通过组织党员和骨干村民学习、讨论、参访等行动，先塑造一部分村民的环保理念，再影响带动另一部分村民；第二阶段是“强宣传、重落实”，通过开展项目启动会宣传行动，影响全村落实环保行为，形成互相监督机制；第三阶段是“树典型、立先进”，通过在村民中树立环保标兵，倡导广大居民向先进看齐，并通过荣誉性奖励，正向强化居民环保习惯的养成，塑造环境保护的场景影响力。

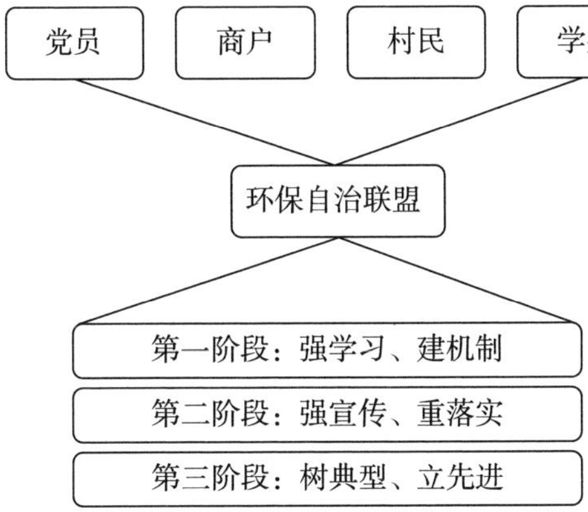

图 1 “阳光振兴 环保共生”工作模式

三、行动过程

（一）社区观察，把脉会诊，了解实情

2019 年 9 月，幸福家团队进驻阳光村并邀请成都信息工程大学环境规划学院的师生共同对阳光村的区域环境进行调研诊断，并对村民参与环境保护的意识和意愿进行基础调研。前期对村庄重点区域走访观察“把脉会诊”，发现阳光村存在以下三类问题。

一是大量村民把一般垃圾倾倒在院落外面的空地上，把有味道的腐烂水果、厨余垃圾倒得离家远一点的公共场所，如村庄水渠中，造成村中垃圾遍地，臭味弥漫。

二是由于村庄规模化种植水果，村民会把农药化肥包装集中堆放在房前屋后，等积累到一定数量再进行焚烧或填埋，对土地和空气污染很大。

三是村民对垃圾分类的知识了解甚少，村里集中修建的垃圾池堆满了诸如废旧家具、旧衣服、白色垃圾等杂物，大部分需要村里定期聘请工作人员进行转运清理。

幸福家结合人驻社会工作者数量情况以及该项目的专业性需求情况，选择环境规划学院的学生作为对村民参与环境保护的意识和意愿调查的主要调研员，并邀请一位当地村民作为向导开展入户问卷调研。首先，前期随机抽取200位村民进行访谈，并为接受访谈的村民发放了一个印有“阳光村环保自治联盟”字样的环保购物袋，达到边调研、边宣传的目的，在村民群体中对“环保联盟”项目进行了初步普及。

图2　社区党委组织党员积极分子动员开会

其次，在专家督导下，幸福家社会工作者带领大学生志愿者，对阳光村部分村民进行了访谈，如村民骨干、先进党员、村组小组长，了解他们对村内环境卫生的态度和开展环保工作的意愿。在访谈聊天过程中，社会工作者发现在如何组织动员村民方面，小组长们有更多的妙计，便由每个小组长动员3—4位他们认为“信得过、喊得动”的村民，打造了多个以小组为单位的环保自治骨干队伍，并将队伍中的村民作为环保自治联盟的核心队伍。

（二）借鉴经验，完善治理

2019年10月，幸福家社会工作者联系了都江堰市水月村、彭州市鹤鸣村等环境治理优秀示范村的村支书,邀请阳光村的小组组长及每组选出的3位村民代表前往村落实地考察学习。水月村主打民宿文化,鹤鸣村主打川西林盘,两个村庄近几年在环境治理方面成效明显。此行目的在于,让阳光村村民代表们重点观察这两个村庄的人居环境。映入眼帘的是整洁干净的路面、清澈见底的小溪,甚至连垃圾桶外表都干干净净,这舒适整洁宜人的景象和阳光村的公共环境卫生形成巨大对比。

图3 环保自治联盟成员外出参访学习

村民们有序地跟着讲解人员,认真地感受两个村的文化建设和环境治理带来的改变,也看到了环境好才能生活好,更能发展好。一位村民代表感叹道:"弄得好!回去我们也要这样做。"看来实地体验中得来的感受才最深刻,比说教的效果好多了!通过实地参访学习活动,阳光村村民们看到了差距,学到了方法,体验到了不一样的村庄环境成效。在接下来的工作中,参访的村民发挥了中流砥柱作用,成为环保自治联盟最坚实的支持者,让社会工作者和村民们更有信心解决好阳光村的环保问题。

(三)启动活动,营造氛围

借鉴学习了其他村的环境治理经验,阳光村也紧跟步伐,准备落实建设美丽宜居乡村的环保行动。2019 年 10 月,在前期多次培训后,幸福家社会工作者正式在阳光村发起环保行动的启动活动。10 月底的一天,暖阳高照,90 多位村民聚在阳光村活动广场上参加以“环保小游戏”为主题的启动活动,内容包括“环保知识套圈乐”“垃圾分类巧投篮”和文体活动等。小游戏巧妙地融入环保理念,让居民在轻松愉悦的游戏氛围中学到了环保小知识,激发了居民的环保意识。并且居民参加游戏即有机会获得积分,兑换环保小工具,调动了居民参与的积极性。活动现场村民反应热烈,参与性极高。

图 4　环保自治联盟启动活动

村民们看到套圈目标(矿泉水瓶)上贴着“今天你环保了吗”的标语,也纷纷相互打趣地问:“今天你环保了吗?”村民表示:“我们以后少乱扔垃圾,养成把垃圾扔进垃圾桶的好习惯。”也有村民对可回收垃圾、有害垃圾、厨余垃圾、其他垃圾的具体分类不清楚，为了正确投进篮筐，围观的村民纷纷给投篮的村民出主意："烂水果"投厨余垃圾筐，"废电池"投有害垃圾筐，"废纸箱"投可回收垃圾筐，"农药瓶"投有害垃圾筐……就这样，村民们相互帮助，相互学习，顺利通关，阳光村的环保行动在热闹融洽的氛围中正式拉开序幕！

此次启动活动幸福家还邀请了阳光村舞蹈队进行现场表演，舞蹈队的阿姨们根据环保主题编排了节目，并邀请村民与大学生志愿者搭档做主持，在启动仪式正式宣布以村民为主的"环保联盟队伍"成立，把现场氛围推向高潮。

（四）联盟建设，培训扎根

项目启动后，阳光村环保自治联盟成员召开了圆桌会议，现场选出了环保自治联盟的组长和副组长，并基于前期的调研结果，对项目内容及实施步骤开会展开讨论，确定了具体的实施计划，人员的分工和排班以及环保行动的积分规则、兑换机制和惩罚措施等。

会议结束后，幸福家邀请高校老师开展了以"我心中的阳光村"为主题的培训活动，带领环保自治联盟成员在回望村庄过去风貌的基础上，引导整理出阳光村环境保护的优势和不足，逐步树立村民骨干的环保理念，鼓励他们说出自己的想法，引导他们为阳光村环境综合治理出一份力。村民们在培训中碰撞出了许多奇思妙想，展现出了优秀的团队精神，也更深刻地理解了环境治理工作对美丽乡村建设的价值与重要性。培训结束后，村民们在阳光村的环保方向上达成共识，《阳光村环境治理公约》顺利出炉。

阳光村环境治理公约

为改善我村环境卫生面貌，提高群众健康卫生意识，养成文明行为习惯，建设干净整洁的美丽阳光村，环保自治联盟队带领村民共同讨论制定《阳光村环境治理公约》，请全体村民及外来人员严格执行。

一、房前屋后

1. 室外保持整洁，房前屋后无垃圾。

2. 房前屋后柴炭粪堆要入院，杂物也要堆放整齐。

3. 房前屋后污水不要随意倒，免得蚊蝇到处跑。

4. 屋外墙体不乱写乱画、乱钉乱挂。

5. 禽畜要拴养圈养，粪便要及时清理，不要敞养敞放。

6. 积极开展美化家园行动，大力植树造林，搞好房前屋后绿化、美化，栽好树、种好花。

二、田间地头

1. 清洁田园，绿色生产。

2. 地头田间，禁烧秸秆。

3. 不要把农药瓶、包装袋等垃圾丢在田间地头，应及时扔进垃圾桶。

三、公共区域

1. 环境保护，全民参与，共同爱护阳光村环境卫生，不随手乱扔乱丢。

2. 爱护公共卫生，垃圾清扫入箱，不准向河道、水沟、桥梁、公路及公路两边倾倒垃圾。

3. 公共设施设备不要破坏或乱涂乱画。

4. 不在公路两边搭建违章建筑，不在公路上堆放废土、乱石、杂物和建筑材料，确保公路整洁畅通。

5. 把大件废旧物品放在大垃圾池内，不可随意丢弃堆放。

6. 把吸完的烟熄灭并扔进垃圾桶内。

7. 维护阳光村公共垃圾桶周围清洁卫生，丢放垃圾时应放入垃圾桶内，不能就近丢置。

8. 保持林盘内环境干净，不准在林盘内乱扔烟头、果皮、塑料袋等垃圾及堆放废旧物品。

请严格遵守以上条约，自觉接受邻里监督，对不守《阳光村环境治理公约》者，实施相应的责任追究和处罚。

处罚措施

1. 违反《阳光村环境治理公约》者第一次进行提醒警告。

2. 以上条约，村民违反达到 2 次及以上并不改者，将扣除志愿服务公益积分 3—50 分并公示。（2 次 3 分，每叠加一次增加 5 分。）

奖励措施

自觉自愿捡拾公共区域垃圾者，环保自治联盟核实，并进行记录。其他对村里环境治理及保护作出贡献的行为，环保自治联盟队核实，登记记录。一个季度进行一次汇总评比，根据所收罚款数，来确定奖励等级及数目。

钱款管理

所收罚款由环保自治联盟队保管，村民代表监督，账目做好收支记录，形成账本，所收钱款，用于奖励对村组环境治理有贡献的村民，每个季度进行一次奖惩汇总，钱款清算，并做好记录及公示。

阳光村环保自治联盟宣

2019年12月5日

（五）齐心协力，助力环保

为了让村民更深切地参与和感受环境变化的意义，环保自治联盟召集成员，成员又召集自己的亲朋好友对阳光村进行了一次全面大扫除。参加活动的村民在清扫过程中，挨家挨户上门宣传《阳光村环境治理公约》，并对阳光村周围的道路、柏树小区旁的绿化、垃圾桶周围的环境、堰嘴河4个区域进行集中打扫整理，充分展现了阳光村环保自治联盟的自我带动和自我示范作用，从“花钱办事”到“自己动手建家园”。活动结束后，看着清爽的村庄环境有更多村民申请加入环保自治联盟。

图5　环保自治联盟成员清理村庄环境

为了保障环保自治联盟成员的稳定性和积极性，改变村民之前“给钱才做事”的状况，带动更多的村民加入联盟，从项目伊始幸福家联合环保自治联盟骨干就为村民构建了一套以“时间银行”为基础的环保积分制度，并以志愿服务行动的形式开展农村综合环境治理。社会工作者按照环保积分制度鼓励居民参与环保行动来换取积分，积分不仅可以作为联盟成员参评优秀队员的加分项，还可以在村委会的“积分超市”兑换生活用品。依托志愿服务行动确保了队伍运行的长效性和可持续性，不断推动阳光村环境综合卫生治理，助力村民对农村人居环境的美化及维持。

（六）陪伴参与，主体共进

随着环保自治联盟作用的显现，阳光村环境治理成效初现，各种环境问题在社会工作者和村民的共同努力下得到解决。为进一步巩固成果，促使环保自治联盟真正成为阳光村环境综合治理的“守望者”，增强环境治理工作的可持续发展，在幸福家的陪伴和支持下联盟决定从以下几个方面进行深入探索。

一是定期召开联盟会议，发挥联盟成员的自觉性和示范性，督导村组中存在的环境破坏问题，找出环境维护的难点，讨论问题解决方案，并跟进问题解决进度。

二是联盟定期受理村民反映的个别环境保护问题，采用“一事一策”的方式进行针对处置。对环保意识不强的村民住户进行文明劝导，让住户充分意识到环保的重要性，并动员他们参与环境保护行动。

三是联盟定期开展以中小学生为主的“小手牵大手”主题活动，以中小学生影响家庭。定期举行村组除草活动、环境美化活动，号召村民以家庭为单位积极参与，在美化人居环境的同时，也能促进村民之间的沟通与交流，构建美丽和谐乡村。

四是定期开展环保自治联盟表彰活动。在月度、季度、年度中评选优秀队员、优秀村组，对其进行表彰，不断提升阳光村村民的环保意识、主人翁意识以及参与环保行动的积极性与主动性。

四、项目成效

在项目实施期内，阳光村组建了以党员、商户、村民、学生为主的40人环保自治联盟队伍，协调组织走访调研1轮，开展能力提升培训2次，《阳光村环境治理公约》协商会议1次，“时间银行”宣传动员会1次，联盟组织村民开展主题活动2次，表彰活动1次，志愿者服务30余次，直接服务村民达1000人余次，间接受益村民达3000人余次。构建了一支集宣传、执行、活力三特色的队伍，以党员代表刘大叔为主的队员通过微信群等方式进行爱护环境文明宣传，以村民代表钟阿姨为主的队员对阳光村环境卫生进行文明治理行动，并组织各个村组的村民开展常规化的环保行动。

一场场的集体活动，一次次的经验总结，在社会工作者和环保自治联盟的带动下，提高了阳光村村民的主人翁意识，让村民们学会及时发现环境问题并自主地解决问题。环保自治联盟队在幸福家的影响下自发组织村民开展公约大会、环境治理主题活动等，从规章制度的执行和实际行动的感染，让环保意识深入阳光村的每一个角落。

在这个过程中，村民的态度发生了巨大转变，从刚开始的抵触、冷漠，到后来的主动参与，并在每次活动时主动向周边的村民宣传环保行动，让幸福家切实地感受到了村民的热情和进步，感受到了积极向上的村文化。正如村民代表所说：“让我们大家一起爱护阳光村的环境，一起行动起来吧！靠一部分人是不行的，全民参与才能做到真正的环境维持，我们要把阳光村的事情当作自己分内的事情来推动。”

幸福家社会工作者与村民通过长久的相处和交往，相互感激、相互照顾。项目结束后，不少村民邀请社会工作者前往家里做客，品尝他们最新采摘的水果，听他们描述村庄正在发生的变化，聊邻里之间发生的琐事。许多留守老年人通过环保自治联盟项目，丰富了自己的空闲时间，打开了交友圈，拓展了人际交流，减少了孤独感，这也是项目实施后的又一成果。

五、经验总结

（一）充分利用新传媒传播新理念、新行动

阳光村是熟人社会，村民之间联系紧密，交流广泛，信息往往通过邻居、亲戚就会得到迅速传播。但同时近年来互联网快速发展，各种各样的新媒体不断涌现，微信等即时通信工具在村民中得到普及，村民的组织和动员也需要借助互联网的辅助，才会更具有时效性和广泛传播性。在本案例中，幸福家社会工作者和环保自治联盟成员充分运用新媒体，在开展环保行动时村组微信群发布活动通知、组织线上打卡活动、宣传环保小知识、及时表彰等，一传十，十传百，使之成为凝聚村民力量、传递正向信息、影响更多居民的有效方式。

（二）运用适当的激励和惩罚机制能达到更好的活动效果

村民的动员一直以来都是一个热议的话题，如何更大范围地动员村民参与公共事务是社会工作者开展项目时必须思考的问题。针对所有项目而言，只动员一部分人的参与是非常简单的，但是摆在阳光村面前的是关系所有村民利益的环境保护问题，因此只动员一部分村民的参与是不够的。在向村民宣传通俗易懂的环境保护知识的同时，适当地运用激励和惩罚机制吸引村民的注意与积极性，利用惩罚机制来遏制他们的破坏行为是可取的，不断强化他们爱护自己家园的环保意识，种下环保的种子，等待条件成熟，它们终会生根发芽。

（三）社会工作者扮演“陪伴者”角色，引导村民自主参与

“授人以鱼，不如授人以渔。”幸福家社会工作者驻村工作的一年时间里，促成环保自治联盟成员养成保护环境、爱护卫生的良好习惯，适时调解村民间的矛盾纠纷，协调人力资源，做村民与村委会之间的润滑剂和桥梁。更重要的是幸福家充分发挥了“陪伴者”角色，陪伴阳光村村民一起成长，让

村民们自己掌握环境保护的知识与技巧，培训环保自治联盟骨干运用好公约与积分制度，让村民们成为“参与者”，实现可持续的有效环保，维持成效。

村党委书记说

阳光村党委书记表示：“阳光村环境综合整治项目最大的亮点是撬动了村民参与环境治理的全过程，在动员村民改善环境的同时，更提升了村民参与社区公共事务的能力。其中，环保自治联盟的成立和落实是村民组织化的重要保障和有效途径，村民组队引导让大家感受到了组织的魅力和集体的力量，减轻了村民的无力感。通过环境的可见可触摸性，村民每天都能切身察觉到身边的点滴改变，为阳光村环境治理的可持续发展奠定了良好的群众基础。”

专家点评

农村人居环境整治是实施乡村振兴战略的一个重要内容。不同的农村社区由于所处的地理位置、人口构成、经济水平、公共服务供给的差异性加剧了农村人居环境治理的复杂性。幸福家运用“陪伴参与式”社区营造方法介入阳光村的环境整治，通过培育阳光村环保自治联盟等多方努力，达到了农村人居环境整治的良好社会效果。在这个过程中，有若干个亮点值得借鉴。

首先是农村人居环境治理需要激发农村居民的内生动力。在思想意识层面，阳光村环保自治联盟通过各类的调研和宣传活动提升了村民对自身环境的关注；在组织构成上，该联盟吸纳了乡村的能人（小组长），发挥了他们的基层影响力，吸引更多的村民加入环境治理行动。其次是农村人居环境治理需要有着契合乡村熟人社会的制度支撑。乡村社会是一个熟人社会，村民日常行为更多的是根据公约的指引。在治理过程中，通过村民广泛参与和讨论形成的环保公约是农村人居环境治理的制度保障。最后，有效的环境治理制度不仅需要民意基础，还需要可持续的激励机制。为了保持联盟成员的稳定性,项目组构建了一套“环保积分”奖励制度。一个疑问就是作为奖励的生活用品是否有长期的保障,如果这个环保积分的奖励能够和市场的回收利用结合,那么这个制度设计会更有生命力。

乡村人居环境整治是一个长期的系统工程。幸福家的努力,让我们看到了一个良好的开始,认识到社会工作机构在乡村环境治理中大有作为。

(点评人:卢春天,西安交通大学社会学系教授,博士生导师)

青春大运　和谐石灵：大学生精细化服务社区助力社会治理

案例类型：社区切口篇

关键词：大学生志愿者、精细化社区治理、大运会

落地社区：成都市龙泉驿区十陵街道石灵社区

实施时间：2019—2021 年

实施人：张巧、赵秦玉

一、背景介绍

（一）大运村就在我们学校

2019 年 3 月，国际大学生体育联合会执委会会议在俄罗斯克拉斯诺亚尔斯克举行，成都市获得 2021 年第三十一届世界大学生夏季运动会举办权。本届世界大学生夏季运动会（以下简称大运会，因新冠肺炎疫情影响推迟）也是中国西部地区成功申办的首个世界级综合性运动会。这一重要体育赛事成为成都提出建设世界赛事名城目标后，成功申办的首个世界性综合运动会，因此筹备和举办好此次大运会的意义重大。

2019 年 4 月，一条重磅消息在成都大学炸开了锅。大运村的选址，花落成都大学。然而伴随一片欢呼的，还有焦虑。距离大运会开启仅有 2 年时间，而大运村的建设工作尚未启动。短短 2 年的时间，在成都大学内要建成由运营区、居住区、国际区、赛训区四部分组成的大运村，仅居住区就承担着

为170多个国家和地区的代表团提供不低于11000人的住宿、餐饮、交通、物流、安全、防疫等各项保障工作。

国际大型赛会的举办,历来就是提升整个城市文明进步和志愿服务水平的重要机会。因为除了新建各类硬件基础设施之外,“服务”更是国家软实力的重要体现。历届国际大型赛会,都有直接服务赛会的赛/会场志愿者和更大规模的城市志愿者。例如,北京奥运会动员了7.7万名赛会志愿者、20万名啦啦队志愿者和140万名城市和社区志愿者。本届成都大运会,大运办也拟定了1.5万名赛场志愿者和200万名城市志愿者的总体安排。赛场内外的志愿者互动,在服务好比赛本身之外,也体现了举办地城市的性格,彰显了城市文明水平。

参与服务的大学生,需要走进社区。大型赛会的举办,对大学生志愿者提出了更高的要求。参与场馆志愿服务的大学生,需要面对比日常服务更多的挑战。他们需要展现更优秀的整体形象和青春气质;需要用流利的语言和中外嘉宾交流沟通;需要更加自信、更加勇敢、更加果断地处理各类常规事件和突发事件;需要团结互助、精诚合作才能完成重大任务。而这些本领都不是从书本上、在学校中能够轻易掌握的。年轻的志愿者们需要有更大的舞台去锻炼、去习得更多本领。

(二)大运会在我们社区,我们也高兴

国际赛事举办地的城市形象、建筑风貌、民风民俗、居民形象、文化生活等,将代表整个国家的人文社会经济发展水平,一一呈现在国内外参赛运动员、教练员、各国官员、各国游客的面前,被关注、被审视、被评判。而伴随自媒体的发展,以拍摄者、写作者为视角的作品或将借助网络传遍世界。

大运村的选址给成都大学带来了高速发展的机会,也给大学校园一墙之隔的石灵社区带来了不小的压力。石灵社区辖区面积2.7平方千米,下辖23个居民小组,共有常住人口3.2万,其中户籍人口1.25万,流动人口2.02万。作为刚成立不久的农转非社区,新的行政区划刚刚建成、城乡居民融合后急需相互适应、迫切等待改造的老旧建筑和设施,如此种种,本就存在着尚待调和的矛盾;大运会的召开给这个大运会隔壁的社区又带来新的冲击;

各级政府的极大关注、居民对举办大运会的期待、学校志愿者走出校园服务社会的高涨激情。一系列的矛盾、博弈交叠挤压，形成巨大的张力。

面对大运会的准备工作，石灵社区对整体发展的需求显著提升，围绕提升改善村社区人居环境、提升居民文化素质素养和综合能力、培育居民自组织和志愿服务组织、围绕大运会举办各类文体活动等方面的具体需求变得急迫，而社区在资金、人才、物资等方面暂未做好准备，社区需要大学生的参与。从世界经验来看，面对此种困难，用志愿服务的方式解决问题是最快速、最经济、最有效的最优选择，而引入、培养优质的志愿服务团队成为当下亟须解决的问题。

发现这一矛盾张力后，长期驻扎石灵社区开展专业社会工作的成都幸福家社会工作服务中心牵头展开了一系列深入调研。石灵社区现有 1 个党委、4 个党支部、12 个党小组，共有党员 205 人。除了社区环境需要改造升级以外，更多的是需要进行社会公共事务改造，强化公共服务建设，并结合大运会的理念，在社区打造大运文化，形成大众期待的“大运社区”。经过反复研究、多方联络，幸福家与成都大学团委（以下简称校团委）达成合作协议，联手进入石灵社区设计并开展了“青春大运 · 和谐石灵”大学生精细化服务社区助力社会治理项目。

二、工作模式

社区有需求，高校有资源，社会组织架桥梁。经过前期调研，幸福家和校团委决定和社区共创一个志愿服务支持平台。平台以大运会为契机，以社区治理和居民发展为目标，以居民和社区的具体需求为导向，以大学生志愿者的专业特长为供给，以社区公共区域为场景，精准匹配需求和资源，探寻规范化、精细化、学科化的志愿服务创新模式，让社区和居民获得帮助、获得改善，加深社区居民之间的互动，推动形成友爱互助、和谐团结的社区氛围；让大学生在志愿服务的过程中提升自己的专业能力、培养奉献友爱互助进步的志愿精神，让青年大学生有机会成为参与社会基层治理的新生力量。在这一过程中，社会组织、高校、社区三方形成项目组，明确各自职责，聚焦通力合作,并进行了细致分工。

社会组织。充分发挥专业社会工作作用,承担联动社区和高校的统筹职能,助力支持志愿服务活动、项目的开展,建立全过程支持体系,包括但不限于志愿者与服务对象沟通、需求调研分析、志愿者支持、培训体系建设、活动设计指导、项目进度监管、对外宣传等工作。对高校志愿者进行旨在陪伴、提升服务能力的督导;对社区居民,进行旨在服务、提升社区向心力的支撑。

高校。促进高校青年志愿者活力,履行志愿者招募、筛选、培训、岗位分配、保障、激励等管理职能。充分发挥高校专业优势,梳理、建立专业志愿服务队伍,实现统一保障、统一部署、专业支撑、分散服务的服务与管理模式。

社区。传达传递政策文件精神,引导服务与党政工作主责主业相结合;发挥社区组织动员居民、服务居民、凝聚居民的功能,精准定位居民需求,深度调动居民主动性、能动性;提供开展服务的阵地和基本的物资保障;对服务开展情况进行评价、宣传。

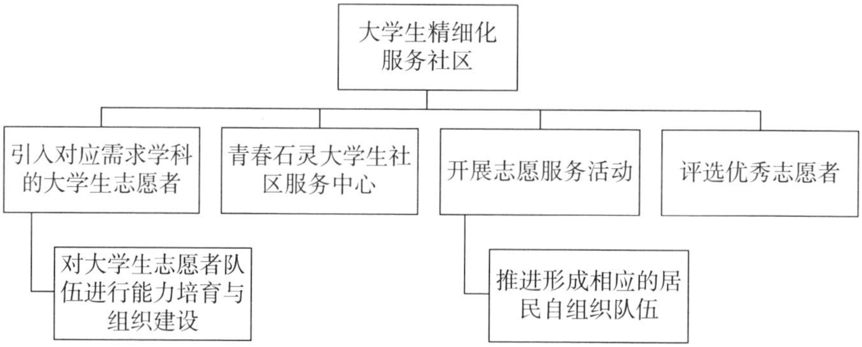

图1　项目组织架构

三、行动过程

(一)志愿服务,需求先行

项目初始,由石灵社区、校团委、幸福家构成的项目组搭建成立。随后,幸福家的工作人员带领成都大学核心志愿者骨干对石灵社区和成都大学的志愿者进行了深入摸底调研。调研结果显示,社区居民需求呈现覆盖广、多元化、差异强的特点。经过细致梳理、比对,调研小组将收集到的志愿服务需求分为三大类共 29 项内容。调查发现,伴随需求的是 71.3% 的居民不满意社区现有服务,且对志愿服务有较大需求。

表 1　居民志愿服务需求分类

兴趣爱好类服务	美术绘画 手工制作 音乐舞蹈 体育健身 基础摄影指导 烘焙体验 ……
技能培育类服务	急救培训 医疗义诊 小家电维修 非遗文化传承 西方文化传播 基础英语教学 小语种语言入门 ……
社区治理类服务	社区走访调研 老旧院落改造 社区文化打造 普法宣传 心理辅导 网络安全防骗宣讲 ……

总体来看,本项目进驻之前的石灵社区服务开展存在以下问题:

- 社区居民对基本民生类的服务的开展有较高需求;
- 社区居民对现有服务满意度不高;
- 居民需求多样、要求高,需要进行精准匹配。

对高校大学生志愿者的调查发现,大学生对在社区提供服务存在以下问题：

- 大学生在学校进行了专业学习，但不清楚怎么转化成服务；
- 大学生和居民的交流沟通还比较生硬；
- 大学生有组织化地开展专业服务的能力还有不足。

针对双方问题，项目组联动社区、学校深入讨论，仔细分析社区和学校各自的需求，在不同的需求中找到交叉点、结合点，进而据此进行项目模式和内容的设计。社区基层治理中多元参与的基础是多元需求得以满足，多元意愿得以调动。因此，摸清各方需求显得尤为重要。

（二）细化目标，实践推动

在正式召集大学生志愿者开展志愿服务前，幸福家联动社区、学校，根据石灵社区存在的主要问题和需求进行讨论，在达成共识的基础上形成了一个推动项目平稳、高效、持续运作的可行性方案。随后，幸福家和校团委老师、青志协学生干部一同开展了志愿者招募和分组工作。对报名的同学，按照专业、特长、服务经验进行分组，根据不同小组的实际情况明确培训和指导侧重点，为项目中后期的有序开展打好基础。2019 年 5 月初，“青春大运 · 和谐石灵”大学生精细化助力社区营造项目正式启动。

图 2　项目启动会

(1)启动项目宣传。对于一个好项目来说,宣传工作是贯穿项目始终的重要推手。宣传可以直接提升项目的影响范围,并达到吸引受助对象、增强互信、链接资源、招募志愿者、推广模式等目的。因此,项目伊始,项目组即通过项目启动说明会、张贴海报、微信宣传等方式让在地大学生志愿者与社区居民广泛了解了本项目。在宣传的同时,幸福家积极与大学生志愿团体对接,深入了解志愿团体现有机制与管理方式,为进一步深化合作打下基础。

(2)团队精细化。随着项目的开展,新的问题也开始出现。幸福家发现部分大学生志愿者在参与服务时,虽然积极性与主观能动性都很强,但服务之后很难获得足够的满足感和成就感,导致持续服务的意愿持续降低。项目组反复沟通、充分交流发现,志愿者服务内容“专业”但团队细分不精、不“专业”是导致问题出现的主要原因。

了解这一情况之后,项目组首先改进了大学生志愿者的分组方式。之前的方式,大学生志愿者根据项目活动的内容进行临时组队,服务结束后即解散。在这样的方式下,大学生的专业特色不能发挥,服务的“精细化”不够。找到问题后,志愿服务队进行了重新架构,根据之前调研收集到的居民需求类别,对应匹配形成多支志愿服务“小队”,使专业志愿服务队“精细化”回应居民需求真正成为可能。

与此匹配,项目活动会根据不同志愿服务小队的专业特色进行设计,采取以赛促建的方式,触动各个小队的志愿者开动脑筋、强化团队、正向竞争,以小队整体承办某一次活动的方式,调动大学生志愿者小队充分动员、充分准备、充分执行、充分总结的积极性,形成一个个别具特色的子品牌。

(3)管理激励。本项目中的志愿者,接受双重管理,即高校和项目的管理。对于志愿者——大学生来说,在校接受学校统一组织管理,包括组织化动员和招募、规范性行为要求和监督指导。在幸福家的推动下,项目组采取“以项目带动团队,以团队推动项目”的方式,创新志愿者积分和服务队评比制度,并将结果反馈到学校,并将结果纳入学校的学分记录、时长记录以及系列评优、评奖。在社区和项目层面,将大学生志愿服务队纳入社区志愿服务队伍的保障、激励、考核范围,和社区其他组织一起参与考核和奖励,从而使大学生志愿服务队更好地融入社区，建立社区认同，促进大学生参与社区的基层治理工作。

（4）多元化培训。通过志愿服务活动的持续开展，大学生志愿者们对“志愿服务”的内涵和外延有了全新的认识。服务的内容和方式也从“单一、僵化、不够灵活”实现了“多元、多样、多深入”的逐步转变。转变带来“阵痛”，“阵痛”源于变化的速度大大快于志愿者的能力和居民的需求的交互上升。因此，志愿者与志愿服务队、社区与居民、居民与志愿者的能力、知识、技能、想法都需要匹配变化。

深入广泛探讨后，项目组开展了志愿项目孵化培训，以居民、志愿者、核心志愿者和居民骨干三类群体作为培训对象，分别开展培训。系列培训将专业服务知识技能传递给大学生志愿者，将基层治理与居民参与的理念灌输给居民，使居民与大学生志愿者在统一价值观、统一目标的基础上加强交流、互动互信，极大地促进了服务的落地和基层治理理念的坚守。

图3　三方协商及大学生志愿服务知识技能培训

2019年5月下旬，在不断地陪伴、孵化、培育中，依托项目建立起12支志愿服务队，超过15768人次的大学生志愿者加入，服务居民超过116572人次，深度践行了奉献友爱、互助进步的志愿精神，他们走进社区服务居民，积极参与社区基层治理，在服务大运会主线的同时寻找到更多的人生可能性。

（三）跟进难题，重点突破

随着项目的不断深入，大学生志愿者团队建设工作已顺利完成，大学生志愿者团队规范化、制度化、体系化已初见成效，为居民提供的“精细化”服务也走上正轨。接下来除进一步加强多方联动以外，项目组需要思考的是如何以“治理”为中心，促进不同利益相关方的深度参与。

（1）收集信息。项目组根据社区需求，联合高校志愿者，采取居民走访、问卷调查、商户采访等方式验证、细化、补充需求，进一步整理、整合收集到的各方信息，并在此基础上对调研信息进行细化与拆解，剖析需求，整理出具有代表性的待满足需求和待解决问题。再通过分类，将相关需求或问题与各志愿服务小队的志愿服务子项目进行逐一匹配。

图4　小小居民意见征集会

2019年6月，阵地建设工作稳步推进。经过协商，项目组三方共同建立了青春石灵大学生社区服务中心作为服务阵地，重点就科普活动、医疗保健养生、心理排寂、社区治理等内容开展专业化的志愿服务，幸福家社会工作者进一步将问题精细化，并根据大学生志愿者专业进行统筹规划，将专业知识发挥到极致，让居民更好地体会到来自社区、志愿者、社会组织的关怀，提升社区在居民心中的形象，增强居民对社区的归属感、认同感。

（2）深化推进。结合居民需求和大学生志愿者的专业特长进行项目精细化设计后，接下来则要通过组织保障和后勤保障确保项目运行和深化推进。项目组根据社区要求、服务需求、涉及区域及大学生志愿者可以提供服务的时间等事项进行综合考量，同社区和大学生志愿者充分沟通，确定了大学生志愿服务子项目书，服务计划包括服务时间、服务小队、服务内容、所需物资等，然后组织各志愿服务小队的负责人参与志愿服务知识和技能培训。

图5　需求统计会

从2019年6月开始，项目组对大学生志愿者进行每周1次共5次的能力培训与组织建设，包括社区工作人员对社区基本情况的介绍、幸福家社会工作者对如何提供专业化服务、如何撬动更多居民志愿者参与、如何增强社区与居民之间的黏聚性等议题，帮助大学生志愿者提升服务能力、提升沟通技巧，增强服务意愿，使团队能更专业地开展志愿服务，确保石灵社区志愿服务的长远发展。

(3)强化联动。为了保障项目的顺利推进，幸福家安排了社会工作者驻点石灵社区，及时对项目开展过程中发生的问题和特殊情况进行处理，并将涉及的问题进行归类整理。此时，大学生志愿者资源的整合、培训赋能、志愿服务项目策划等工作已顺利完成，而之前的活动阵地已无法满足现阶段需求。因此，服务阵地的提升工作被提上日程。结合参与式公共空间营造理念，幸福家组织大学生志愿者与社区居民一起讨论并确定了青春石灵大学生社区服务中心提升方案。2019 年 7 月下旬,三方联手打造了新的青春石灵大学生社区服务中心。公共空间打造完成后,大学生志愿者们依托全新的社区服务中心为社区居民提供志愿服务,在服务中加强互动,感染并动员更多的居民成为志愿者,一起参与社区的基层治理工作。

成都大学外国语学院 2018 级英语专业学生温 × ×(曾任成都大学青年志愿者协会副理事长一职)有感而发:“在社会工作者姐姐的带领下,我们大家一起构思、一起设计,营造大家满意、居民喜欢的社区服务中心,石灵社区这一间小小的办公室成了大学生服务社区居民的阵地。志愿服务积分体系也是你一言我一语地将如何积分、积分怎么兑换转化成文字范本。”

图 6　大学生义诊

图 7　井盖涂鸦

(4)形成体系。经社区、高校、社会组织三方的多次协调联动,志愿服务积分体系已初步成型。2019 年 8 月,在幸福家的统筹下,大学生志愿服务小队在社区稳定开展专业的志愿服务,充分发扬成都大学作为综合性高校的学科优势,让居民感受到了社区的关怀。比如,基础医学院为社区居民开展义诊、隔姜灸、按摩和健康知识普及;外国语学院教大家学习大运英语口语;体育学院教社区居民学习太极;旅游学院和师范学院带大家体验传统文化的魅力;建工学院开展环保宣传、垃圾分类和酵素制作;美术与设计学院结合即将举办的大运会,利用自身的美术特长,以大运会吉祥物为主题开展了手工活动,在提高孩子们动手能力的同时,也传递了大运精神;等等。每次活动开展结束后,社会工作者都会带领志愿者一起复盘本次活动,总结活动优缺点。比如,“在组织活动的过程中人员的控制始终是一个难题,人员太多不好维持秩序，人员太少，参与度又达不到，略显冷清”。社会工作者对志愿者提出的问题和疑惑进行一一解答，为大家带来一场头脑风暴，志愿者们在提出问题的同时也会积极地建议提出解决方案。

图8　舞蹈自组织培训现场

趁势而为，“三方联动”模式再次发挥作用，原本接受服务的居民开始关注社区议题，向志愿者角色转变。2019 年 8 月下旬，通过张贴海报、微信宣传、社区通知等方式，100 余名社区居民成为志愿者，积极参与社区公共事务，居民正式成为服务主体之一，社区、居民、校团委、社会工作机构之间的“四方协调”机制已初步建立，接下来的主要任务是深化“四方联动”，进一步提升居民参与公共文化建设的积极性。为进一步推进“精细化”服务，在进一步调研后，项目组充分发挥大学生志愿者的优势，进一步开设了太极拳、社区英语、国际象棋等多方撬动、多方共建的社区公益培训班。2019 年 9—12 月，每周 2 次，共开展了 32 次社区居民社区公益培训课程，搭建居民提升文化素养的学习平台，调动了居民参与社区公共文化建设的积极性。在开设培训班的同时，社会工作者还引导居民根据兴趣形成自组织团体。2019 年 11 月，在多方协助下，社区成立了 4 个社区居民自组织，保障居民素质与文化素养提升活动的可持续开展,“四项协调”机制走向平稳。

(四)拓展成效,打造标杆

2019年12月初,项目组通过海报、展架、微信等方式发布“优秀志愿者”评选通知,鼓励大学生志愿者自荐报名参与评选,并邀请社区居民投票。2019年12月中旬,以“志愿服务积分×60%+社区居民投票数×40%”为总分计算方式,项目组评选出30名“青春石灵”十佳志愿服务队员、十佳居民骨干、十佳学员,在团队中树立了“先进标杆、榜样示范”,提高了参与志愿者的荣誉感和积极性。

2019年12月末,项目组开展了内部评估工作,对大学生志愿服务的情况、专业性、持续性等方面进行了全方位的反思和回顾,形成评估材料和结论,以书面形式分别反馈给社区和学校。

四、项目成效

历经一年,项目也迎来尾声。一路走来,大家突破重重难关,社区、社会组织、大学生志愿者团队在实践中不断摸索、互相碰撞、共同前行。虽然在项目实施的过程中各方也会出现意见不合、考量不周及无从下手的情况,但彼此信任、目标一致成为大家一步步攻克难关、相互磨合的基石,成功建立了社区、志愿团体、社会工作机构三方统筹协调机制,社区、居民、校团委、机构四方共同参与的行动机制,最终项目平稳有序落地并逐步向规范化、常态化的方向发展。

通过开展三大类29项精准志愿服务,高校志愿者团队提供的服务极大地满足了辖区居民的具体需求,居民满意度达96%。借势举世瞩目的世界性综合运动会,石灵社区积极响应“爱成都 迎大运”的号召,为大运村迎接大运会的到来创造高素质的和谐社区氛围,深化居民和大学生的志愿服务精神,为赛会期间志愿者动员管理奠定坚实基础。

五、经验总结

本项目贯彻落实习近平总书记关于志愿服务“走进社区、走进乡村、走进基层”的重要指示精神，由专业社会组织构建志愿服务支持平台，作为连接高校（大学生）和社区（居民）的有效桥梁。

（一）发挥社会组织专长搭建服务平台

在本项目中，负责联结双方的社会组织一改“直接提供服务者”角色，成为以居民需求为依托，串联社区与高校团委（学生）的“平台搭建者”。一方面，幸福家凭借在长期参与社区治理过程中习得的洞察力，可以快速、精准地把握居民需求，梳理形成需求清单；另一方面，幸福家对项目整体的策划和组织能力可以帮助学生志愿者更好地发挥专业特长，针对需求提供针对性的服务形成服务清单。此外，因为幸福家前期在石灵社区开展过一段时间的“陪伴参与式社区治理”服务，在服务实施过程中可以快速地联动当地社区、动员骨干居民、组织服务对象，确保了项目的顺利实施。

（二）充分发挥大学生学科优势

本项目充分发挥大学生“专业性、知识性、多样性”的优势，将大学生志愿服务整合形成规范化、学科化、组织化、精细化的服务板块，确保大学生服务的连续性和工作开展的专业性。同时，在社区党群服务中心，成立大学生自主运行管理的精细化志愿服务中心，保障项目的实施场地和运行空间。同时需要注意的是，幸福家社会工作者要时刻观察大学生志愿者在为居民提供公共服务时，是否有效地发挥了他们的真正“优势”，这体现了对大学生参与志愿服务的严谨性，也可以及时发现项目设计的不足，以调整应对。当下大学生参与志愿服务蔚然成风，审慎地设计和引入大学生参与志愿服务，是对大学生的尊重，也是实现青年人志愿服务价值的重要过程。

（三）志愿服务与社会治理相结合

志愿服务是社会成员参与社会基层治理最便捷、最直接的方式之一。本项目正是通过以项目的方式将志愿服务和社会治理进行有机结合，引导志愿者和服务对象双方从“服务”向“治理”的思想和行为产生双重转变，从而实现多元主体、多方参与的治理目标，让居民和大学生都更有归属感和成就感，将社区发展视为自己的责任。

（四）不能一味地提供服务

长期以来，大学生在志愿服务中通常扮演“服务者”角色，与服务对象的互动有限，使很多学生在此过程中不易产生较强的成就感。本项目在实施过程中更注重“为居民服务”与“给居民赋能”的结合，在服务的过程中推动社区居民素质和能力提升，撬动居民共建共治共享新格局，让大学生更多了一重“支持者”的角色，增强了与服务对象的交流与沟通，升华了志愿服务格局，使大学生和社区居民实现双赢。不一味地、简单重复地提供服务也与“陪伴参与式社区治理”的核心理念一致，只不过是对实施运用主体进行了替换，从社会组织变成了大学生志愿团体。

六、项目影响

获评 2019 年全国百佳“大学生志愿服务社区示范项目”，入选全国青年志愿服务优秀项目库。

志愿服务贡献卓越，幸福家在第七届“四川志愿 · 携手圆梦”志愿服务先进典型宣传推选活动中，获得“2019 年度十佳志愿服务组织”。

荣获 2019 年度龙泉驿区“幸福社造 · 品质驿都”社区营造优秀案例奖。

荣获 2020 年第五届中国青年志愿服务项目大赛四川赛区金奖，全国赛铜奖。

荣获 2021 年第九届“四川志愿 · 携手圆梦”志愿服务先进典型宣传推选“四川省十佳志愿服务项目”。

荣获2021年度全国学雷锋志愿服务“四个100”先进典型宣传推选活动“最佳志愿服务项目”。

青年志愿者说

故事未完待续，大学生志愿者的精彩故事仍在上演。针对该项目现阶段的成果和体验，大学生志愿者这样说：

WT(成都大学影视与动画学院2018级广播电视编导专业)：“大学生精细化服务中心这个平台为我们学生志愿者提供了一个很好的学习、锻炼机会，让我们有机会把自己所学的专业知识转化成志愿服务技能，精准地帮助那些需要帮助的社区居民。让居民‘点单’，志愿者‘接单’成为可能，不再盲目地做‘无用志愿’。这不单单是我们提供志愿服务的平台，更是我们成长的阶梯。”

HXJ(成都大学影视与动画学院学生)：“到社区做志愿者，对我来说是一种很好的锻炼。”这是HXJ第一次参与社区的志愿服务。作为志愿者团队的领队，除了身体力行参与活动，还需要带领学弟学妹一起参加。从人员组织、交通路线到课程设计，再到突发情况应对等都需要提前做好规划和组织，这对她是一种考验，也是很好的社会实践经验。HXJ还表示，活动当日热情的居民也让他们觉得成就感满满：“我很喜欢在这里当志愿者的感觉，之后的活动我也都会过来！”

ZXQ(成都大学2020级商务英语专业)：“十分有幸能够参与大学生精细化项目。于我而言，最大的感受便是深刻体会到了协同共进的巨大成效。大学、社区以及社会工作服务中心三方面共同组织架构一场场全面多样的服务活动，使三方成员都能收获到有益而珍贵的经历。我们大学生也在成熟的组织架构保障下、细心的社会工作者姐姐们的引导下，充分发挥本身能力知识，精确对准居民需求，使参与活动的大家都能在每一次服务活动中收获知识、经验与快乐。”

专家点评

大学生历来都是青年志愿服务的主力军。我国大学生参与志愿服务的历史可以追溯到20世纪50年代的“青年志愿垦荒运动”，而自1963年开始席卷全国的“学雷锋活动”更是奠定了高校志愿服务的根基。大学生通过志愿服务，与他人联结，锻炼能力，实现成长。青年在服务中，接受社会的教育，形成充满正能量的世界观、人生观。可以说，在大学期间的志愿服务经历，甚至可能影响人一生的成长。因此，共青团四川省委自2019年起，就在全省范围内倡导高校和社区结对开展志愿服务，实现志愿服务制度化、常态化。目前全省126所高校已和5300多个社区结对。然而，大学生在社区开展丰富多彩的志愿服务时，常常会出现以志愿者（学生）为中心，而非以服务对象（居民）的需求为导向的情况。通常表现为，志愿者能“给”什么，就去社区做什么，而不是先做需求调研，再根据需求分析匹配合适的队伍开展相应的活动。本项目在专业社会组织的引导下，以社区需求为导向，将志愿者的能力特长与服务需求进行精准匹配，既能为服务对象提供真正的帮助，又能让志愿者在服务中尽情发挥能力和想象，获得成长和快乐，真正践行了“奉献友爱互助进步”的志愿精神，值得复制和推广。

（点评人：钟平，共青团四川省委、四川青年志愿者协会研究培训专员）

巴金故里　书香社区

——以青羊区草市街街道双眼井社区为例

案例类型:社区切口篇

关键词:社区文化、社区治理、文化浸润

落地社区:成都市青羊区草市街街道双眼井社区

实施日期:2019—2021 年

实施人:吴曦、廖冬梅、刘欢

一、背景介绍

(一)政策背景

广义的文化是指人类作用于自然和社会的成果的总和,包括一切物质财富和精神财富;狭义的文化是指意识形态所创造的精神财富,包括宗教、信仰、风俗习惯、道德情操、学术思想、文学艺术、科学技术、各种制度等。2014 年 10 月 15 日,习近平总书记在文艺工作座谈会上强调:"中华优秀传统文化是中华民族的精神命脉,是涵养社会主义核心价值观的重要源泉,也是我们在世界文化激荡中站稳脚跟的坚实根基。"社区作为现代城市社会的重要组成细胞,也是群众文化建设的主要微阵地和大平台,以其独特的群居环境营造了特定的文化氛围。社区文化的传承与发展也是撬动居民、激发共鸣、推动治理的有效方式和路径。而随着城市化进程的加快,大量来自五湖四海的居民带着属地文化聚居在新社区,派生文化融入需要,是居民熟悉

了解当地文化，提升属地的社区文化融入，这是居民感知、社区文化形塑到社区善治的重要方式和方向。

2017 年 9 月 2 日，成都市城乡社区发展治理大会召开，青羊区迅速贯彻落实会议精神，开展三年行动计划，围绕老旧城区改造行动、背街小巷整治行动、特色街区创建行动、社区服务提升行动、平安社区创建行动“五大行动”，切实解决了一批与群众生产生活及城市品质提升密切相关的具体问题，进一步强化了青羊城市发展和社区建设的底部支撑，在此背景下，“巴金故里 · 淳厚光明”——成都市青羊区草市街街道双眼井社区善治的文化路径探索成了成都市青羊区社区建设的重要实践内容。

（二）关于双眼井社区

成都市青羊区草市街街道双眼井社区是以老旧小区为主的典型城市社区，地处著名景点文殊院旁，占地面积 0.42 平方千米，共有大小街道 13 条，38 个居民院，90 栋住房。居民住户 6982 户，常住人口 17120 人，流动人口 1013 人。双眼井社区地处成都传统“老”城区，是中心城区旧城改造的重要区域，存在着不少早期单位宿舍和老旧院落，蕴含着深厚的文化底蕴。1904 年，巴金出生于双眼井社区并在此度过了他的少年时期直至成年，从巴金的“激流三部曲”——《家》《春》《秋》中我们能清晰地感受到以老成都为背景的“故乡”身影。

随着城市化进程的不断更新迭代，涌现出的社会问题在双眼井社区同样存在，一是社区内多数楼院为家属院落和老旧院落，基础设施差，居民居住环境不佳，居民公共参与意识不强。二是由于周边企业多，大量就近工作的租住房人员涌入，流动人口与原住居民交流互动少，相互融合难，新矛盾有上升趋势。如 69% 的居民表示不认识也不愿意认识自己对门的邻居，社区每月都会接到超过 5 起原住居民对租户、底商扰民类问题的投诉等。三是社区逐步陷入了老旧社区“发展瓶颈”，作为巴金的故乡，大部分居民却不了解巴金文化、巴金故事、巴金精神，居民对社区优秀传统文化的传承、宣传和创新，以及文化发展等需求旺盛。

基于此，2019 年，双眼井社区引入成都幸福家社会工作服务中心，开展社区文化的挖掘和居民动员项目，以社区文化建设为抓手，引导居民关注参与社区发展治理。以巴金的故乡IP，传承巴金人文精神，解读和嵌入居民的"巴氏生活"。在街道、社区的大力支持下，幸福家引入"陪伴参与式社区治理"技术介入社区治理，将原有矛盾转化为介入切口，深度耦合巴金文化精神的传承，助力社区居民问题的逐步解决。

二、工作模式

在需求调研基础上，幸福家以"文化浸润发展治理模式"为基础，以"巴金邻里""巴金文化""巴氏生活"为载体，激发社区居民对"巴金文化"的认同，并逐步把巴金文化融合到社区活动和社区公约中，形成新时代"巴氏生活"，通过创新的文化浸润、文化体验，为社区文化建设持续"输血"，激活社区文化发展的自我"造血"功能，构建社区传统特色文化，促进居民互动，增强居民间的联结，提升社区善治水平。

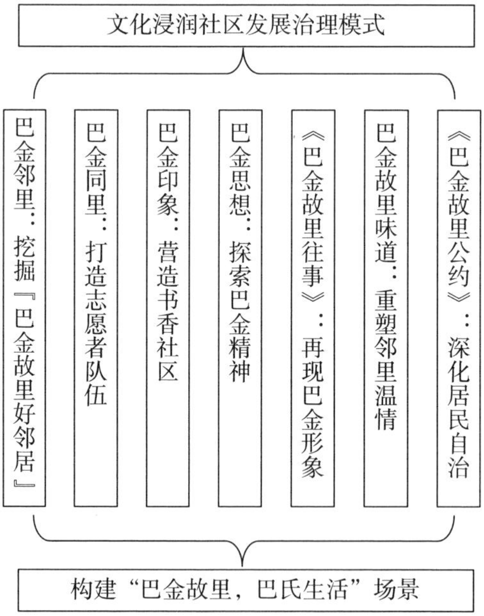

图1　文化浸润社区发展治理模式

工作切入上，幸福家把“巴金邻里”“巴金同里”“巴金印象”“巴金思想”“巴金故里往事”“巴金故里味道”“巴金故里公约”作为切口，通过巴金故事会、读书会等居民喜闻乐见的活动形式，助力推动流动居民和原住居民对巴金文化的共识共鸣，进行从“输血”到“造血”的全方位的社会治理实践。

第一步，社区摸底。在社区居委会的支持下，幸福家以深度走访为切口，对社区居民骨干、意见领袖、社区能人进行摸底建档，通过精细化建档了解社区的基本情况、居民生活情况、资源分布情况以及治理过程中存在的矛盾和关键问题，并绘制了社区资源地图。

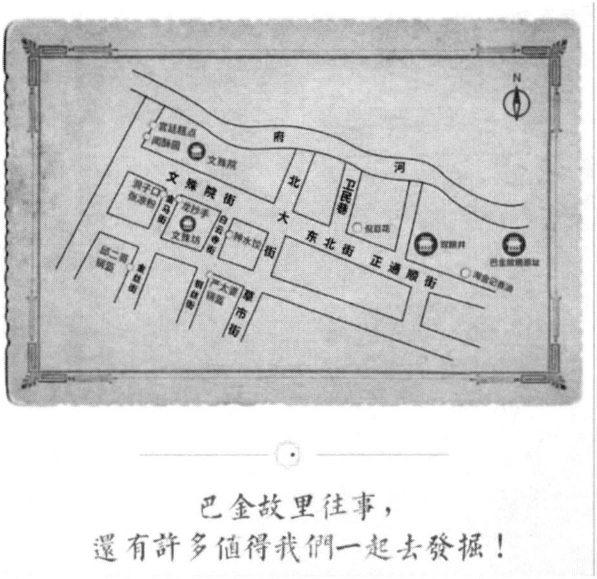

图 2　社区资源地图

第二步，社区破冰。在走访过程中，项目组挖掘了第一批居民骨干，并采用“滚雪球”的方式，开展社区破冰游戏等活动，联动居民骨干对普通居民进行深度走访，使该项目快速获得居民的认同与支持。并在此基础上引导居民骨干成立志愿者队伍和自组织，动员居民的力量，以不同形式展示和宣传巴金文化，并在活动过程中拉近居民之间的距离。

第三步，文化嵌入。幸福家围绕巴金文学作品及其表现出的思想开展相关活动，通过组织主题读书会、思想讲座、口述史等活动，在双眼井社区营造浓厚的巴金文化氛围，促使巴金精神回归居民生活，同时将巴金文化与当下的居民生活情态进行结合、深化、发展，促进文化创新，在社区构建新的公共精神。

第四步，纵深推进。幸福家通过文明劝导、文化活动、文化教育培训等形式提升居民的文化素养，激发居民参与社区自治的积极性与自主性，丰富社区精神文化生活，实现居民与巴金文化的融通，增进社区居民对巴金文化的认同，助力居民调解矛盾纠纷。

三、行动过程

（一）巴金邻里：拉近居民关系，挖掘“巴金故里好邻居”

图3 “阳光下午茶”走进院落

定位“陪伴参与式社区治理”技术，幸福家指派两名专职社会工作者长期驻扎双眼井社区党群服务中心开展定点服务，联合走访过程中挖掘的居民骨干、积极的楼栋长，鼓励他们积极组织、参与“阳光下午茶”活动，以茶话会的形式拉近居民骨干与居民之间的距离，打造熟人社区。同时，在每个季度开展一场“邻里文化节”活动，在活动中分享社区新鲜事，促进居民之间的交流，倡导文明社区行动，塑造和谐的邻里氛围和文化，进一步加强社区居民之间的凝聚力。

（二）巴金同里：培育志愿文化，助力队伍建设

2019 年 10 月，幸福家成立“醇厚巴金”志愿者队伍，该队伍主要由当地居民组成，协助社区文化活动的策划与实施。“醇厚巴金”志愿者队伍刚成立时，队伍规模为 20 人，以社区 50—65 岁的叔叔阿姨们为主，兼顾吸收社区文艺骨干，后来队伍逐步发展到 30 人。志愿者队伍成立后，幸福家进一步对志愿者团队进行了赋能培训，包括志愿服务精神、社区活动策划、微创投项目申报方案撰写等内容，并带领志愿者队伍参与社区活动、居民动员、居民服务、社区文化宣传等工作。经过一年的志愿者陪伴孵化，“醇厚巴金”志愿者服务时长累计超过了 1000 小时。大部分志愿者发展为社区兴趣社团的骨干和居民自治小组成员，他们积极成立了社区书法兴趣班、太极社团、葫芦丝小组、骑游社等兴趣团体，社区居民参与情况良好。

图 4　首批志愿者团建活动

社区的凝聚，让居民有了更多参与社区文化生活的渠道。比如，2020 年元旦前夕，社区和幸福家、志愿者团队商量，举办了一场文艺活动，将各个社团的成果展示出来，以进一步凝聚大家的力量。于是，在多方共同努力下，经过两个星期的紧张筹备，终于在元旦前将巴金文化主题演出搬上了舞台。

（三）巴金印象：传承发扬巴金文化，营造书香社区氛围

在项目实施过程中，为了让居民们更深入地了解巴金文化，幸福家邀请研究巴金文学的专家学者、高校教师，为社区居民挑选出了巴金笔下最贴近生活、激励人生的片段，组织开展“巴金印象”读书会，并巧妙地运用四川方言，把巴金文学用更贴切、更生动、更浅显易懂的方式传递给居民，带领居民们解读巴金对不同人物形象的塑造。

图 5　世界读书日读书会活动

在 2020 年 4 月第 25 个“世界读书日”期间，幸福家邀请四川师范大学文学院龚明德教授、四川文艺出版社副总编辑宋玥、《棠棣之华——巴金的两位哥哥》责任编辑梁康伟等专家学者，在社区举办了一场以“书香天府 · 全民阅读——回《家》”为主题的读书分享会。这些嘉宾或当面向巴金先生请教过，或深入研究了巴金的生平及作品，他们将自己的所感所得融合后，给居民呈现了一个形象鲜活的巴金“爷爷”。此次活动还促成了四川文艺出版

社、喜马拉雅 App 与双眼井社区合作，推出了巴金有声读物计划，进行巴金文化宣传，为社区文化氛围营造开辟了另一条战线。2019 年 9 月—2020 年 8 月，共开展了 8 场读书会，参与人员超过 200 人次，幸福家将读书会的内容进行整理，制作成《我们的巴金》宣传三折页，在社区进行发放，进一步扩大巴金文化的宣传。

（四）巴金思想：内化巴金精神，嵌入发展社区文化

巴金说："生命的意义在于付出，在于给予，而不在于接受，也不在于索取。"

巴金说："每个人应该遵守生之法则，把个人的命运联系在民族的命运上，将个人的生存放在群体的生存里。"

巴金作品背后，有着浓厚的时代印记，体现了作者对真理的追求、对生活的思考。幸福家深挖巴金作品的思想和精神内涵，引入专家学者的讲解与分享，结合当下的生活实际，进一步为社区居民带来了巴金思想传承的文化盛宴，巴金故里居民对巴金思想的内涵进行了分享和讨论，逐步引导形成新的社区文化。

图 6　龚明德教授作巴金思想讲解

在其中一期的思想课程上，专家带领居民探索巴金笔下的“价值追求”，这是从巴金作品《家》中获得的灵感，引导居民了解巴金对冲破封建牢笼、渴望个性解放的向往，以至对光明的追求。并通过对巴金思想的解析，让居民明白现在的美好生活来之不易，大家要更加珍惜，并努力创造更好的生活环境，追求更深层次的精神文明，身体力行地为当下及未来作出应有的努力。而巴金“一生只爱一个人，守着妻子骨灰过30年”这种对家庭的责任、对爱情的专一，也成为居民们传颂的美谈。

在巴金作品中汲取精神营养，在巴金精神引导下，双眼井社区逐步形成了温情、乐观、付出、睿智、奋斗的社区精神。面对社区中的大小矛盾、邻里纠纷，渐渐地有居民主动站出来调解，居民的生活也变得更加和谐。

（五）《巴金故里往事》：以巴金故事为媒，再现社区居民生活场景

围绕巴金后人和老街坊，寻找巴金早年生活逸事，挖掘巴金及其同龄人、后人等对社区传统文化的记忆与理解，进行场景再现。通过口述史的形式，老街坊们回忆起了1987年巴金回故居的“寻根之旅”，巴金给故乡中小学生回信的内容、巴金故居的原貌以及变迁的整个过程等。历史一幕幕重现，居民眼里巴金的形象也更加生动。口述史的内容被幸福家整理成《巴金故里往事》宣传册，成为居民们争相传阅的读本。社区居民特别是中小学生，从老一辈的口述史中，也逐渐了解了社区的历史、故乡的风土人情，以及“家”的起源和变迁，认识到自己的社区是有厚重的历史、浓烈的文化气息的。

11月25日是巴金的诞辰，每年幸福家都会组织“梦回巴金”主题周活动。有结合巴金文化和故事的情景剧，有社区的孩子们穿着长褂穿梭在巴金生长的胡同里，有巴金社区美食节，有巴金知识竞赛，丰富的活动让“巴金符号”在巴金故里生发和巩固，而系列的活动也让居民们对巴金故里的自豪感油然而生，并在这些自豪感中慢慢修正自己的行为。

图 7 《巴金故里往事》口述活动

（六）巴金故里味道：挖掘在地传统美食，在舌尖上彰显巴金邻里温情

图 8 居民在学做战旗包子

巴金的很多作品都描绘了故乡的美食，而双眼井社区远近闻名的美食、老字号更是比比皆是。在端午节、中秋节、春节等传统节日，居民除了积极

排练节日参加文艺演出，还特别喜欢制作、品鉴传统美食。在传统节日前后，社区志愿者团队自发组织居民围绕“巴金文化”和“巴金精神”，精心编排一场场文艺演出，还主动链接社区美食商家，如包子铺、粽子店等，邀请他们教授居民制作传统美食，如糖画、糖葫芦、糍粑、冰粉等传统小吃。在热闹的传统节日将社区美食和社区文化结合起来，让居民在品鉴美食的同时欣赏社区的传统文化，依托节日的欢乐氛围让居民在浓浓的文化浸润中拉近彼此关系，也促进了居民和商家的交流。

（七）《巴金故里公约》：开展居民能力建设，助力社区居民自治

为引导社区居民崇德向善、助人为乐、诚实守信、孝老爱亲，营造社区和谐邻里关系，形成乐观包容的良好社区氛围，双眼井社区志愿者队伍创造性地结合巴金作品，通过多轮的讨论、修改，在社区居民的支持下，完善了原有社区居民公约，形成了新的《巴金故里公约》，并将其张贴到每个院落单元进行广泛宣传，供社区居民阅读、传诵，促使居民将公约精神内化于心，付诸行动。

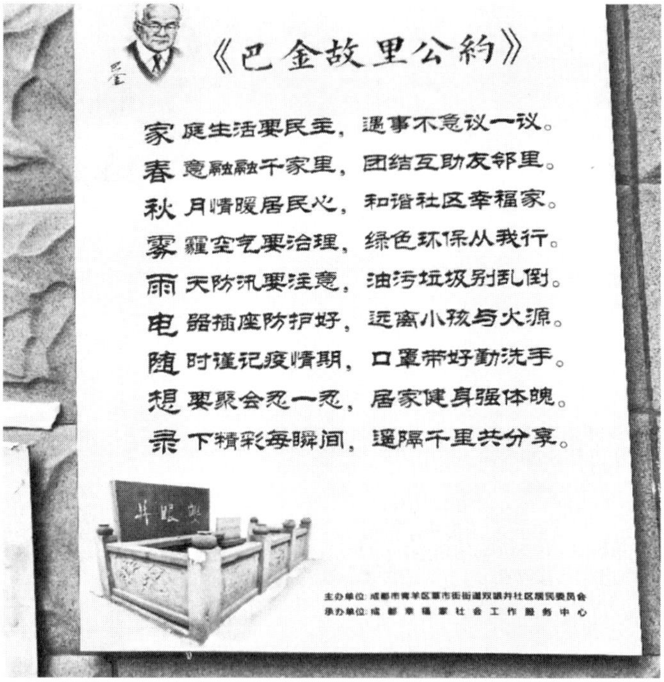

图9 《巴金故里公约》

2020年初，受新冠肺炎疫情的影响，居民居家隔离时间长，志愿者们考虑到疫情期间的防控要求，创造性地将防疫须知加入居民公约，让社区居民口口传诵，牢记防疫要求。这种与时俱进、不断创新的做法，让居民在严格防疫的同时，感受到了社区的陪伴、关心和关爱。

四、项目成效

文化是永不褪色的话题，有着优秀地方特色文化的社区，在社区文化的挖掘、提炼和传承上需要花费很多工夫，需要深入理解和反哺服务当地的社区建设。只有不断加强精神文化层面的引导，才能激发群众更好地参与社区这个大家庭。从宏观层面上看，文化营造一方面有助于促进社会资源的优化配置与社区服务的均衡发展，另一方面也是中国特色社会主义意识形态的本质要求。从微观社区服务效能上看，文化营造不仅有利于激发社区居民的文化认同和人际关系的和谐，也发挥着防止群体利益冲突的润滑作用。新时代如何开展社区文化建设，如何通过推进社区文化，提升居民对社会主义核心价值观的认同，如何构建具有当地特色、符合当地社区情况的社会文化行动体系，是本项目接下来需要深入思考的问题。

成都市青羊区草市街街道双眼井社区是我国著名作家巴金的诞生地，具备优秀的文化底蕴和人文气息，优质的“血型”为文化“输血”奠定了基础。社区拥有一群爱好传统文化和经典文学的人群，为文化“造血”与“传承”奠定了组织基础。以巴金为代表的老一辈文学巨匠开创的文学精神和文学素养要得到传承，不仅是在物质上和书籍上，更要体现在文化上、精神上，这种潜藏在基因中的文化内涵逐步在幸福家工作团队的影响下茁壮成长，双眼井社区独特的文化内涵形成了巴金故里下的“巴适生活 · 书香社区”。

五、经验总结

文化浸润社区发展治理项目实施一年后，双眼井社区在公共精神、居民状态、文化氛围上有了明显的提升，第二年该项目升级，从巴金文化的宣传调整为社区微改造、社团发展等内容。

（一）探索了“巴适生活·书香社区”社区善治的文化路径

巴金的“温情、乐观、付出、睿智、奋斗”精神品质，为社区的文化浸润和熏陶居民文化生活等方面带来了积极的意义，居民之间的关系也得到调和。巴金系列项目实施至今，虽然项目名称、项目内容每年都有调整，但传扬巴金文化、挖掘巴金精神的宗旨始终未变。巴金故事会、读书会推动新居民和原居民对巴金文化产生共识共鸣，促进居民融合。志愿者队伍建设将巴金文化融合到集体行动和社区公约中，形成了“乐观、付出”的精神。同时，依托巴金作品中的哲学、思辨精神，在居民心中塑造了“睿智、奋斗”的良好品格。并通过巴金文化的宣传，扩大巴金文化的感染力与影响力，在社区居民中形成了富有新时代特色的“巴适生活·书香社区”社区善治文化路径的有益探索和实践。

（二）形成在地文化浸润引领社区治理五步工作法

第一步是社区骨干挖掘，寻找好邻居，打造邻里文化；第二步是志愿队伍培育，提升社区凝聚力；第三步是丰富社区文化，形成广泛共识；第四步是与居民同行，陪伴居民成长；第五步是建立议事协商制度，达成共识。通过文化治理脉络，以文化作为社区治理的视角，围绕社区公共精神，探寻一种更系统的当地社区文化，促进社区文化创新，推动社区文化与居民的良好互动，让当地特色文化成为社区治理的重要抓手。文化浸润引领社区治理的5个步骤，环环相扣、层层递进，最终通过社区公约的形式，形成整体认同和遵守的社区精神，为社区善治打好坚实基础。

图 10　双眼井社区巴金特色文化墙

（三）重塑了“点、线、面”结合的社区社会治理脉络

点：以双眼井党群服务为中心，通过社区“家”文化场景营造，满足社区居民常规的文化培训教育需求。线：以“双眼井”“随想庐”（以巴金作品为思路命名的社区阅览空间）为原点，卫民巷为线，通过项目内容的呈现，打造了双眼井社区文化走廊。面：选取社区 5 个院落作为社区文化延伸点，打造院落本土文化场景营造点，营造社区良好的环境和文化场景，打造社区文化品牌。

六、项目影响

2020 年青羊区在 121 拉练中，依托项目成果，双眼井社区取得了第三名的好成绩。

在 2021 年全省文旅公共服务高质量发展“四个一批”优秀站点选拔中，双眼井社区在高质量公共服务供给上荣获省级表彰，被评选为优秀站点。

社区书记说

社区本土文化(在地文化)的挖掘,是把辖区居民动员起来,与社会工作者、社区一道,共同发现深厚的社区文化底蕴,进一步增强居民对本土文化的自豪感,强化居民对社区文化的黏度,这是社区发展治理必不可少的手法。成都幸福家社会工作服务中心运用"陪伴参与式社区治理"的理念,通过"人、文、景、治"四个方面,深入开展以"巴金"为主题的文化建设活动,让居民在参与和互动中拥有了获得感和温馨的体验,进而构建了"有家更有爱"的"巴适社区"。

专家点评

从某种程度上讲,现代化追求的是标准统一,带来同一标准体系下的便捷交易,并由此获取效益最大化。因此,在现代化进程中,趋同性成了一个重要特征,并影响着每个人的生活。很多传统文化和地方性知识在现代化进程中逐渐消逝、被人遗忘。对一个开放性的现代城市社区而言,社区记忆、社区历史和社区文化能够在多大程度上保持其社区特色是一个值得研究的话题,成都幸福家社会工作服务中心通过实践行动尝试挖掘培育和重构社区文化的营造之路。应该说这本身就是一个大胆的假设和创造性的实践,一系列参与式活动,将"我们"认为非常有历史文化和现代治理价值的社区文化基因,反哺给社区的原住民和新居民,让他们发现社区历史,重拾社区记忆,获得社区情感和认同,在这个过程中,邻里关系、群体冲突得以改善,并为实现社区善治提供了一条文化路径。

(点评人:明亮,成都市社会科学院社会学与法制研究所所长,研究员)

社会组织孵化篇

协同成长式社会组织孵化

——以大邑县社会组织孵化为例

案例类型:社会组织孵化篇

关键词:社会组织孵化、协同成长、资源共享

社区名称:成都市大邑县全域

实施时间:2018—2020 年

实施人:胡雪、肖华、赵兴磊

一、背景介绍

(一)关于社会组织孵化器

社区是社会的基本单元,是居民生活的基本平台。社会治理的重心必须落到城乡社区,社区服务和治理能力强了,社会治理的基础就实了。城市社区治理不仅要着眼于维护社会秩序,还要着眼于提高社区服务水平和质量,促进居民依法自我管理、自我服务、自我教育、自我监督。党的十九大进一步提出了“打造共建共治共享的社会治理格局”,并且鼓励建立“法治、德治和自治”有机融合的乡村治理体系。这表明社会治理的主体从单一转向多元,不再由政府独揽大局,还包括社会组织、社区组织、企事业单位,甚至公民自己的参与。表明“共建共享”“社区共治”“社区自治”已经成为社会治理的理想目标。这既是中央的要求,也应该成为全民共识。

加强和创新社会治理,关键在体制创新,核心是人,只有人与人和谐相处,社会才会安定有序。在此基础上作为多元主体中的“一元”——社会组

织,可以在提供社区服务、扩大居民参与、激发居民智慧与活力、培育社区文化和促进社区和谐等多个领域深耕,但社会组织如何在社区中“有能力”担当起治理的有生力量,如何以专业服务推动社区治理,是当下的重要课题。

自2006年起,社会组织孵化器在各地迅猛发展,现已发展到2.5版本。1.0版本代表早期的简单孵化器模式,相关模式以基础支撑为准,主要是为社会组织提供基础的培训交流平台、办公平台和资源链接平台。简单孵化器模式为早期社会组织的发展提供了一定的助力,解决了社会组织在哪儿办公的难点,聚合性地形成规模,促进了机构之间的互动,推动了部分社会组织的发展。随着时代的进步,社会组织的整体孵化进入2.0阶段,即进入增值服务集成模式,孵化器提供的服务内容见表1。

表1　社会组织孵化器的2.0模式

功能	内容
综合保障	主要包括两方面的保障:一是硬件支持,提供免费或低偿的办公场地、会议场所、办公设备、展示空间等;二是资金支持,为初创期社会组织提供行政经费资助、项目资助和贷款
能力培养	包括社会组织的战略管理能力、内部治理能力、项目管理能力和创新能力等方面;一般的活动形式有:举办培训活动,对社会组织的日常咨询和项目给予指导服务,进行机构间的日常经验分享和沟通交流
宣传推广	一是政府通过孵化器实现政策宣传和导向功能;二是通过孵化器平台,帮助社会组织与政府、基金会和其他机构建立联系,迅速发展和完善其外部支持网络,使其与外界建立互信关系
专业服务(增值服务)	包括管理服务、财务托管、法律咨询、网络技术支持等服务

但是,基层社会组织在生存能力较弱的情况下,增值服务对它们而言更像一种负担。同时只有极少数社会组织能消化和实践各类培训项目,更多的社会组织还停留在专业无法精专、服务无法落地、生存无法保障的状况中。因此,2.0版本的很多功能无法得到有效发挥,也没能在机构间形成组织合力。

因此,各类孵化器又进入了新的“利益共同体”阶段,将其称为2.5版本,即把孵化社会组织作为孵化器价值投资的渠道。主要形式有两种。第一种:孵化器在全国大量地收集项目,并且选择有价值的项目,然后招募社会组织或相关项目的研发组织进行执行。孵化器以类似于价值投资的方式获得相关机构的收益权。第二种:孵化器自行寻找一个项目,然后到各地推广实施该项目,希望各类社会组织成为该项目的承接机构,成为该项目的利益相关方,并以此来孵化各种社会组织,类似于找渠道的模式。

2.5 版本是以利益价值为核心进行链接孵化,相关孵化器的功能更倾向于价值孵化和项目孵化而不是机构孵化,这样的形式可能不利于公益价值的提升。

而且在实践过程中,孵化器存在一个普遍性的问题:部分孵化器的从业人员并无社会组织从业经验。他们从未创建过社会组织,也未曾经历过社会组织的发展,甚至无一线社会工作经验,无法真正理解社会组织发展的关键和技术,只是单纯地进行资源链接和开展培训活动,无法高效地孵化培育务实的社会组织。从企业孵化的经验我们发现,单纯地讲课和指导是无法成就一个组织的。此外,大量的平台工作并不是以"结果"为导向,而是站在一个局外人的角度。平台可以提出这样或者那样的要求,但不与社会组织孵化结果绑定。而一旦孵化结果不佳,和平台也没关系,是被孵化组织的问题,是参与方的问题。

结合上述情况不难发现,社会组织孵化虽然创造了一个有效可控的社会组织培育模式,但其自身也面临着一些不足和问题。随着孵化效能和机构发展多元化需求的出现,社会组织孵化器需要正视并探索自我提升之道,以期更好地发挥推动社会组织快速健康发展的作用。

(二)大邑县社会组织发展现状

大邑县隶属四川省成都市,位于成都平原西部,与邛崃山脉接壤。东与崇州市交界,东南与新津县毗邻,西南与邛崃市相邻,西与雅安市芦山县、宝兴县相连,北与阿坝州汶川县接壤。县域总面积 1283.62 平方千米。大邑县辖 3 乡、16 镇、1 街道。

大邑县社会组织发展工作相对较落后,主要体现在"三个缺":一是社会组织数量"缺",大邑县注册的社会组织共 309 个(截至 2019 年底),但参与社区治理的屈指可数，不能满足现有的社会需求；二是社会组织服务专业度"缺"，现有社会组织的服务内容还停留在简单的活动开展、培训组织上，只有极少数社会组织可以开展专业服务，并且，基于机构内部的治理、财务管理、项目研发、项目管理、可持续发展等模式还处于较初级阶段；三是务实项目"缺"，由于工作人员的能力欠缺，社会组织无法执行有深度的项目，更无法研发创新项目，例如，无法开展基于小区内部矛盾调解、集中安置社区治理等项目。

随着 2016 年成都市城乡社区总体营造行动的铺开以及 2018 年社区发展治理的全面落实，基于大邑县社会组织的发展现状和财政情况，急需一套符合大邑特色的社会组织培育孵化模式。于是成都幸福家社会工作服务中心和大邑县民政局携手，研发了"协同成长式"社会组织培育孵化模式。

二、工作模式

以社会组织进入孵化器的需求和现状调查为依托，借用"陪伴参与式社区治理"理念创新形成"协同成长式"社会组织培育孵化模式。幸福家扮演陪练和教练的角色，在陪伴过程中以身作则，推动在地组织发展。首先培育本地的枢纽型社会组织，在这过程中形成参照，可以更好地指导本地社会组织在初创阶段实现提升，再与当地政府形成三角支持，全面构建社会组织的培育支持体系。其次通过"721"学习原则开展社会组织实操化练习。最后通过定向项目的形式给予社会组织试点和磨炼的机会，在明确目标和路径的基础上开展工作，让社会组织可以快速厘清和经历一个成熟项目的完整流程，并在项目的深度洗礼中逐步找到自己的发展道路。

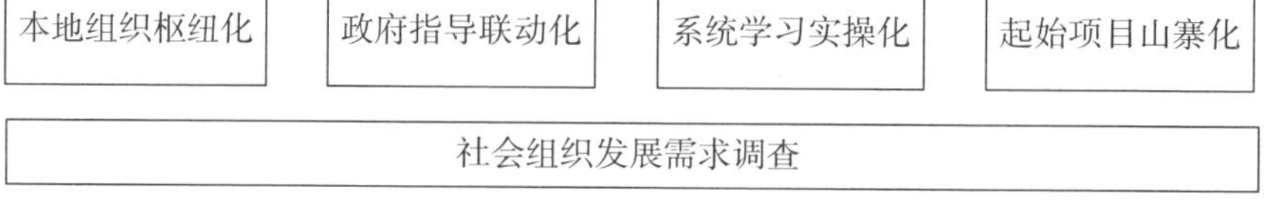

图 1　大邑县社会组织培育孵化模式

三、行动过程

(一)当地组织需求调查

在项目设计之初,幸福家针对正在参与孵化器项目的23家机构进行了问卷调查,收集了大家对孵化器的感观和意见。

表2 社会组织对孵化器的意见反馈

问题	数据情况
您的机构是否参加孵化	100%的机构参加了孵化器孵化
您参加的孵化器有哪些服务(多选)	场地提供95.65%; 沙龙培训100%; 资源链接78.26%; 专业服务21.74%; 其他26.09%; 各孵化器提供的服务雷同性高,多数还停留在1.0阶段
场地提供的意见(问答题归纳)	面积不够34.78%; 位置偏远65.22%; 无协同办公60.87%; 需要租金26.09%; 各孵化器位置多比较偏僻,基本能满足用房需求,少数为有偿使用
您参加的培训沙龙的有效性感知(单选)	非常有效4.34%; 效果尚可30.43%; 效果不明显47.84%; 完全无效17.39%; 各孵化器基础培训内容有效比例为34.77%; 超过一半的孵化机构对培训孵化效果不满意

续表

问题	数据情况
您参加的培训沙龙的意见(问答题归纳)	不接地气 69. 56%; 理论大于实际 56. 52%; 时间太短 39. 13%; 太过于“高大上”47. 83%; 听不懂 26. 09%; 不是想听的 17. 39%; 主要培训内容无法用于实操,与具体机构的需求有偏差
您参加的孵化器有哪些资源链接形式(多选)	街道社区 86. 96%; 基金会 65. 21%; 合作伙伴 69. 56%; 目标用户 26. 09%; 商业资源 17. 39%; 各孵化器基本能为机构链接一定资源,为孵化机构创造项目执行机会。但资源的多元性不够多
您为什么不参加孵化器的增值服务(多选)	服务质量 0%; 服务要收费 80%; 服务不需要 40%; 由于只有 5 个机构所在孵化器提供了专业服务,本问题仅针对这 5 个机构提供的增值服务进行了提问
其他您觉得孵化器不足的地方(问答题归纳)	场地使用限制过多(每天 17:30 必须离开,不支持加班); 场地借用条件多,流程复杂; 孵化器的人有点傲气,不舒服; 孵化器里面周边的机构占位置; 孵化器里面的沟通太少,更没有跨机构合作可能; 孵化器里面员工就是当官的,感觉都是政府的人; 好的孵化器都是大机构去的; 办公隔音效果太差; 感觉孵化了还是不能帮助很好地提升; 孵化器经常停电; 孵化器网络太差,时断时连; 忙都忙不过来,还要应付领导接待; 孵化器无法设立座机; 孵化器周边配套太差,只能吃外卖

（二）本地组织枢纽化

2018 年 4 月，大邑县民政局通过多形式宣传，在大邑本地招募了一批愿意从事社会工作的优秀人才，构建了一家本地的枢纽型社会组织——“大邑县创新社会组织服务中心”（以下简称大邑创新），并由幸福家协助大邑创新成长，陪伴大邑创新顺利度过初创阶段。在此基础上，幸福家与县民政局多轮协商沟通，决定采用“123”孵化模式，即第一年全面带，第二年逐步放手，第三年技术支持。既有大邑县政府的政策支持，又有幸福家的专业技术指导，还有大邑创新的携手并进，不仅能使大邑创新快速成长，还能将其作为参照借鉴，指导其他培育孵化的社会组织一同成长。

大邑创新作为本地组织，与其他孵化的社会组织保持着良好的沟通交流。社会组织无论遇到什么问题都会和大邑创新进行沟通，大邑创新能处理的就直接给予指导，无法解决的就立即申请幸福家指导。幸福家则会在第一时间指导该社会组织或是通过指导大邑创新指导社会组织，或是同时指导两者。有时大邑创新也会遇到一些问题，通过请教幸福家将问题解决，并将自己所学传授给其他社会组织。因此，大邑创新逐渐成为一家枢纽型社会组织，同时也和其他孵化的社会组织一同健康成长。

图 2　大邑县 2018 年扶持发展社会组织专项项目启动仪式

图 3　邀请中国香港程博士为大邑县当地社会组织进行经验分享

（三）政府指导联动化

一个地方社会组织的成长离不开当地政府的支持，大邑的社会组织能够健康成长同样也离不开在地民政局的大力支持和认同。幸福家丰富的专业知识，大邑创新的本地参与，民政局的政策支持和资金支持，三方扮演不同的角色，形成合力，相互认同，构建了信息互通机制，每两周定期探讨，协同培育孵化进度，从多方面支持各类社会组织孵化。

2018 年大邑县民政局投入专项资金 160 万元，用于培育和扶持专业化的社会组织开展示范项目。幸福家作为技术指导平台负责监督、评审各示范项目，大邑创新全程跟随幸福家学习项目发包、管理、督导、评估的全工作流程。在督导过程中，幸福家工作人员发现部分项目的执行可能存在风险，并建议相关项目暂停进一步动作。这时，县民政局负责人却提出："走弯路没关系，关键是大家要愿意深入去做真的事情，去做好的事情。只要大家愿意去走，我们陪着他们一起走嘛。"

很多地方在发包过程中，都会遇到类似"巧妇难为无米之炊"的问题。在项目发包后，由于当地组织的整体水平较弱，收集到的项目多为简单的、重复的、无技术含量的项目。如果不支持此类项目，可能当地组织就无法发展，也无法收集到足够的项目。如果支持此类项目，又可能造成各类组织只是原地踏步，专业服务水平得不到提升。基于此，幸福家和县民政局协商，最终确定了“开放＋定向”的项目发布模式，并加强各类组织的前期培训和指导，全面提升项目申报质量。其中，“开放”是县民政局支持几个项目申报领域，由社会组织结合社区与居民需求及组织自有的情况自行申请；“定向”是指根据在地的工作重点和村（社区）的实际情况，由大邑创新走访各村（社区），摸清当地情况并整理形成工作方向。

表3　大邑县社区营造试点社区情况信息

点位名称	兰田社区		
归属乡镇	韩场镇	点位类别	农村产业
点位示范	暂无		
社区情况	治理现状	区域内有葡萄种植基地，居民居住集中，部分区域已打造完成，村（社区）入住后的区域治理不佳	
	社区特色	集中居住，开放式社区，居住率达95%； 44500亩的葡萄种植基地，亟待品牌化	
	干部能力	年轻、有干劲、思路清晰，知道要做什么，但是缺乏合适路径	
	居民状况	整体参与度不高、素质较差，事不关己的人多	
	组织建设	只有文体自组织，无法提供服务	
难点问题	群众参与度不高，素质有待提高； 自组织未发挥作用； 发展有了，但环境卫生差，治理跟不上； 开放式小区人员复杂，缺乏管理		
项目思路	以乡村振兴为核心契机，以“打造有‘花果芬芳’的花园社区”为主要路径，结合兰田社区周边的实际情况，形成兰田社区2019年社区治理思路；相关思路以可视的“花朵”和可嗅的“花果芬芳”为串联，结合新型区域党建、文化地景打造、公共服务梳理供给、产创融合、居民参与和意识改变、居民组织化与发展六大主题融合发展		
特色亮点	专业可视化且居民全程参与社区（小区）更新； 打造成都市首个“花果芬芳”的社区； 村风民俗的梳理并与产创结合		

全年定向发包10个项目,每个项目经费为10万元。根据项目情况信息表和对项目思路的梳理,以书面和培训的形式与各在地社会组织进行分享,并预先与社区负责人达成共识,获得联系方式,鼓励社会组织主动与社区联系,在项目思路的基础上深化与当地社区的合作。最后,根据项目思路来撰写项目书,再通过公开竞争获得项目。

（四）系统学习实操化

为推动大邑县社会组织的整体提升,幸福家提出了“721”学习原则,即70%的实操、20%的集中课程学习和10%的自我学习。实操是指通过实际案例的分享和成熟项目的练习,让社会组织深入练手项目,以练代学的形式成长;集中课程学习是指根据每个社会组织的专业知识结构的欠缺,幸福家帮其精梳、拼接形成符合该社会组织发展的专业知识课程板块,推动其系统地掌握机构发展和项目开展的专业知识;自我学习是指通过每日的在线分享,由社会组织自发地根据自我成长需求进行针对性吸收学习。

图4　社会组织一起进行党建学习

针对社会组织在内部治理结构、财务管理等知识上的不足,大邑创新组织了18次集中学习,让社会组织系统地学习基础知识。同时,幸福家将机构内部的治理发展过程、制度设计概要、品牌宣传方法等内容与社会组织进行了交流学习。以参与式的方式开展项目练习，让社会组织切实掌握机构财务管理的要点。甚至，将幸福家正在执行的棕东社区“知蔬达理·丝竹争蓉”绿地认养和九花新型社区·拆迁社区营造路径——归心似箭等项目的细节与社会组织分享，不仅说明要做什么，更要告诉社会组织怎样做。

（五）起始项目山寨化

考虑到社会组织能力有所欠缺，暂时无法独立编制创新项目。于是幸福家大胆地提出“先山寨，后创新”的项目思路，先引入幸福家成熟的项目给愿意参与的初创社会组织，带领它们统一学习、统一指导、统一开展。后通过项目回收计划和常态督导，大邑创新和幸福家协同识别社会组织在项目执行中存在的问题，并携手社会组织改进优化。此举，一方面，让社会组织有了可以直接比照描摹的项目，能获得一个系统的学习，生存下去；另一方面，又能促进其在学习中实现自我创新。

在社会组织的申请下，幸福家将机构成熟的老旧院落赋能项目和“小鬼当家”青少年成长赋能项目的核心要点传授给了两个本地社会组织。虽然这两个组织的实务经验少，但是经过指导，这两个项目与这两个社会组织实现了完美匹配，在项目执行中让社会组织学会了如何开展项目、如何扎实做好社区营造。例如，新福社区在大邑创新的指导下，邑修社会组织在“福”文化为核心基础上，丰富了社区的公共服务，主动关注“三留守”群体的生活和服务，发掘了乡贤文化并助力当地集体经济发展。

四、项目成效

随着协同成长式社会组织培育孵化模式的逐步开展，大邑创新在幸福家的指导下，逐步朝着一个合格的枢纽型社会组织迈进。其工作包含示范引领平台、干部成长平台、培育孵化平台、管理服务平台、宣传推广平台、资源动员平台、协调对接平台和党建引领平台等多个工作模块。同时，研发出

"沃土计划""携翼计划""红船营"3 个工作服务品牌,分别从干部培育、社会组织孵化、社会组织党建方面支持社会组织培育与孵化。在发展过程中,由于专业社会组织项目领域多、服务内容广,后续大邑创新还需要面对社会组织共性发展和个性项目专业督导介入等普遍性和特殊性相结合的需求,要求大邑创新要更有针对性地、有的放矢地开展协同成长式发展。

图 5 "携翼计划"组织培训

图 6 以四合院为基础的孵化园"邑合园"模拟图

大邑社会组织获得的成都市社区营造项目的支持数量也在飞跃式增长。2016 年大邑申请社区营造项目为 0 个;2017 年 1 个;2018 年幸福家开始介入,申请了 2 个;2019 年直接增幅 300%,成功申请了 6 个项目,申请成功数量为成都市二三圈层并列第一名。

不只如此,在幸福家的策划和指导下,大邑县完成了成都市第一个以四合院为载体的孵化园“邑合园”的建设。

五、经验总结

(一)抓住组织培育的核心

如同牙牙学语的孩子,填鸭式、固定式的教育并不能真正地让社会组织成长。大量实证经验表明,能发展起来的组织都拥有强有力的发起人,他们凭借自己的经验和情怀大力推动着工作的开展。因为所有专业知识可以作为最基础的内容教授,而真正有价值、有成效的方式应该是在做中学,在学中练。因此,充分给予社会组织磨炼发展的机会和路径才是成长的关键。

(二)明确工作发展的导向

站在政府的角度,要想社会组织孵化培育工作顺利开展,就需要告诉被孵化培育的组织工作导向是什么,社会组织发展需要做什么,可以在哪些方面推进专业发展。在此基础上,相关政府部门也要以工作为导向,这样才能引领各类组织深化发展。

(三)开放共享才能推动共赢

有社会组织反映,参加案例评选活动后,评选后的案例并没有被点评。所以,他们一直以来并不知道该怎样撰写案例,也没有写好案例的成功经验。所以,在培育社会组织的过程中,开放共享经验才是现有组织在该发展阶段真正需要的，只有在开放共享中才能真正地触动行业规模提升，只有在更多而务实的社会组织扎堆出现的时候，才能实现“良币驱逐劣币”的效果。

六、项目影响

2019 年 9 月，本项目入选成都市委组织部、成都市城乡社区发展治理委员会、成都市民政局主办的“成都市首届党建引领社会组织参与社区发展治理案例征集评选活动”十大案例。

社会组织说

幸福家社会工作者访谈了一位大邑本土社会组织的负责人：“我们是大邑本土的一家社会组织，参加了大邑县民政局资助的县级枢纽平台培育孵化项目之后，从整体上提升了机构的专业能力和专业眼界，更提升了财务项目管理等水平。县里的社区营造项目和社会组织专项扶持项目，丰富了我们社会组织的项目资金来源，拓宽了项目资金渠道。同时，幸福家搭建的社会组织枢纽平台通过‘通识培训 + 专项陪伴’等多维度培育孵化方式，不仅解决了本土初创期社会组织发展能力不足的问题，还解决了不同社会组织问题和需求不一致等问题。枢纽平台也大力引入各方资源扶持社会组织发展，如省市内外专家资源，让我们不出县域就能接受全国顶尖专家老师的指导和帮助，在短期内获得浓缩精华式成长。2019 年，我们机构也成功申请了县级项目、市级项目，为机构的进一步发展奠定了坚实的基础。”

专家点评

德国著名物理学家赫尔曼·哈肯于20世纪70年代创立了协同论,20年后治理学开始在社会福利领域得到广泛应用,这让面临社会危机的人们逐渐认识到“协同治理”的重要性。所谓协同治理,是指多元主体间通过协调合作,形成相互依存、共同行动、共担风险的局面,产生合理、有序的治理结构,以促进公共利益的实现。从大邑县社会组织孵化这个项目,我们可以清晰地感受到协同治理的强大动能和溢出效应。幸福家、当地社会组织、当地政府的三角合作架构,让组织孵化脱离了简单的叠加链接,而升级成了深刻的变革性行为。

本项目依然始于需求调查(这是一切社会服务类项目的缘起),继而通过“本地组织枢纽化”“政府指导联动化”“系统学习实操化”“起始项目‘山寨化’”几个步骤,运用统一步调、政府牵头、讲求实效、锻造品牌的基本思路,对社会组织的服务能力进行了提档升级。在整个项目孵化过程中,又暗含着实践为本、发展为本、合作为本的内部逻辑,促进了大邑县社会组织的共赢成长。孵化器在微妙地改变着本地社会组织的生态系统,以外来的先进理念为导向,最终提高的是本地社会资本和福祉能力。事实上,“强理念－弱效果”几乎成了所有外来孵化器的通病,一些发达地区“高大上”的理论方法,一些本地组织“无力复制”的经验模式,一些不符合组织发展规律的“承诺”,最终只会让孵化器“强势进入,黯然退出”。因此,幸福家探索的“协同成长式社会组织孵化”路径,基于孵化过程的友好化、务实化、本土化,就更显弥足珍贵。

(点评人:周林波,西南大学国家治理学院副教授,中国青年志愿者协会常务理事)

特别篇

“五社联动” 暖心抗疫

——以成都市崇义社区、高家社区和甘油社区为例

案例类型:特别篇

关键词:社区防疫、五社联动

落地社区:成都市新都区大丰街道崇义社区、高家社区,金牛区天回镇街道甘油社区

实施日期:2020 年

实施人:汪明、韩亚芳

一、背景介绍

2019 年底,新冠肺炎疫情来势汹汹,从武汉迅速蔓延至全国。作为重大突发性公共卫生事件,各地先后发布了重大突发公共卫生事件的一级响应。新冠肺炎疫情的暴发,是对国家治理体系和治理能力的重大考验,2020 年 2 月 10 日,习近平总书记在北京市调研指导新冠肺炎疫情防控工作时强调:“全国都要充分发挥社区在疫情防控中的阻击作用,把防控力量向社区下沉,加强社区各项防控措施的落实,使所有社区成为疫情防控的坚强堡垒。”因此,在新冠肺炎疫情防控过程中,社区是基层防控的主力,只有社区治理能力和水平得到充分发挥,才能保障广大居民的健康安全与基层社会的有序运行。

成都幸福家社会工作服务中心作为一家枢纽型社会组织,疫情暴发后,幸福家迅速地与合作的社区联系,沟通应对疫情的方法并积极展开防疫行动,把前期在社区治理中获得的实践经验运用到防疫工作中。在机构理事

层和区域主管的带领下，幸福家在新都区大丰街道崇义社区、高家社区，金牛区天回镇街道甘油社区同步开展防疫工作，并逐渐形成了一套独特的经验和方法，即“五社联动－暖心抗疫”经验。

二、工作模式

“五社联动”是指以社区居民需求为出发点，培育社区治理多元主体的治理能力，充分发挥社区的平台作用，整合社会组织的资源优势、社会工作人才的专业优势和社区志愿者的服务优势，建立起以社区为平台、社区社会组织为载体、社会工作专业人才为支撑、社区志愿者为依托，充分动员社区公益慈善资源的“五社联动”机制，在抗疫过程中为实现社会治理体系现代化和治理能力现代化奠定良好基础。

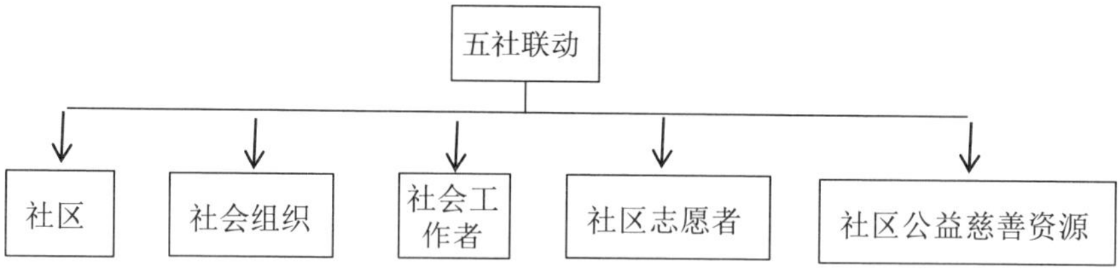

图 1 “五社联动－暖心抗疫”工作模式

三、行动过程

（一）搭建社区疫情防控平台

抗疫重心下沉，社区成为疫情攻坚战的主战场。崇义社区、高家社区及甘油社区积极响应国家号召，依托网格化的治理方式，联合幸福家社会工作者、社区志愿者协同开展群防群治、联防联控的防疫工作。

通过拉网式的严格排查，在社区内尽早发现疫情，及时报告。在抗击疫情的过程中，虽然采用了大数据等技术手段，但仍存在数据与现实不匹配的情况，此时，则是由社区网格员上门核查。

将发现的病毒感染者和疑似确诊病例进行上报，并将其送往定点医疗机构进行隔离治疗，切断社区内部人员之间病毒传播途径，防止进一步扩散。

在小区实行封闭管理，严格限制人员、车辆出入，阻止病毒传入社区。

为社区的特殊群体（老年人、孕妇和其他病患者）提供就医和生活援助，为居家隔离者采购、配送必要的生活物资等。

每日对社区公共区域进行消毒杀菌，阻断传播，防止病毒扩散。

加大社区防疫宣传力度，通过线上线下平台的结合，将防疫知识和防疫方法精准地推送给社区居民，提升居民对疫情和防疫的正确认知。

（二）整合社会组织优势资源

由于疫情持续性地迅猛暴发，仅仅依靠社区工作者来完成社区疫情防控工作并不现实，因此需要联合社会组织相互配合完成防疫工作。与政府相比，社会组织更具有灵活性，同时还具有较强的专业性，可以弥补政府和社区的短板，如发挥社会工作、心理咨询等专业化的疏导能力，调节居民的焦虑感，凝聚居民，减少社区恐慌，链接资源，为社区提供防疫物资、居民生活物资等。

图2　爱心菜商、社会工作者、志愿者一起分拣蔬菜

抗疫期间，在崇义社区红湖公园城小区，幸福家链接了一家爱心菜店，每天定点为小区居民供应新鲜的蔬菜。一车车的蔬菜运送到小区，解决了很多居民无法出小区、买菜难的问题。蔬菜运送到小区之后，社会工作者又招募了志愿者进行蔬菜分拣，并通过线上接龙、线下间隔距离排队领取的形式，安全地将蔬菜送到居民手中。此外，幸福家还出资采购了一批口罩、消毒酒精、雨衣（作为简易防护服）等防疫物资，用以保障一线社区工作人员、社会工作者及志愿者的健康安全。

（三）发挥社会工作专业优势

社会工作作为一种专业的助人活动，其工作方法、服务对象、工作内容与疫情的防护工作契合度极高，在疫情防控中发挥着重要作用和影响。因此，可以利用社会工作的专业特长和优势，有序参与疫情防控工作。

1. 链接专业人士全程进行技术支持

在开展所有工作之前，幸福家邀请了专业心理老师对驻点社会工作者进行心理疏导和技术培训，共同整理形成了幸福家内部指导工具——《暖心抗“疫”三十问》，将科学的问题转化为居民喜闻乐见的口语化解答。同时，专业老师亦全程对社会工作者执行过程中遇到的问题给予建议和指导，确保工作开展的专业性。

2020 年 2 月，幸福家共计开展了 3 场线上培训活动，首先邀请了一位副主任医师罗医生，给居民开展线上讲座——《普通感冒、流感和新冠病毒肺炎的区别、预防及如何提高自身免疫力》，罗医生从专业医师的权威视角给居民答疑解惑，缓解居民心中的焦虑。第二场培训则是邀请了一位专业心理咨询师，在微信群以语音加图片的形式，为居民们讲解在长期居家的情况下，如何做好情绪调节，保持稳定的心理状态。第三次培训是由幸福家社会工作师王老师带来的《疫情防控基础知识和初级心理疏导干预》主题讲座。3 次线上培训课程收听人数达 600 余人次，惠及数百个家庭，给居家的居民打了一剂强心针，让居民们认识到只要认真做好防护、减少外出，保护好自己和家人，就是最大的贡献，也是最大的安全。

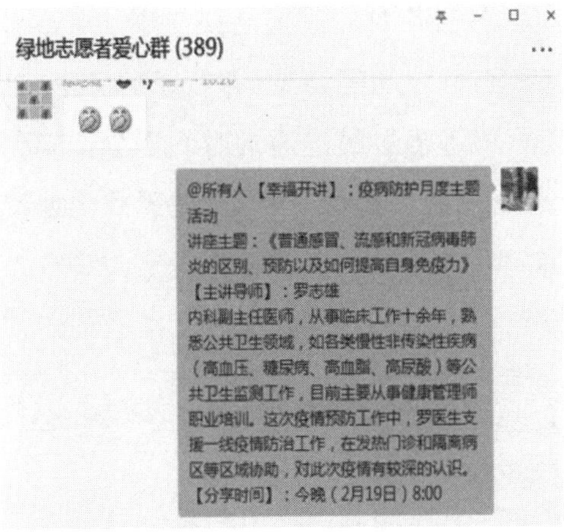

图 3　罗医生讲座的线上宣传

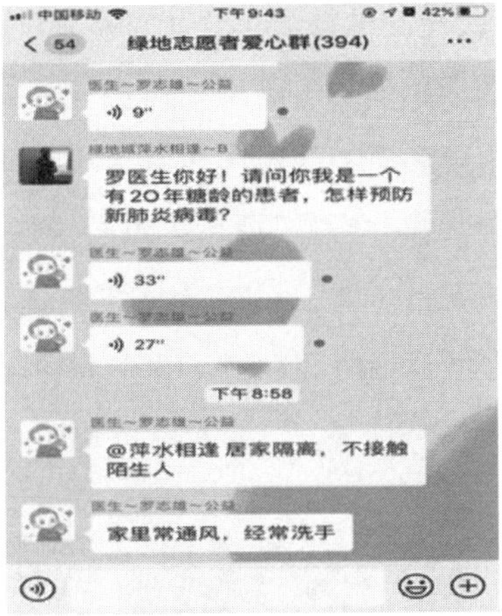

图 4　医生为居民进行线上答疑解惑

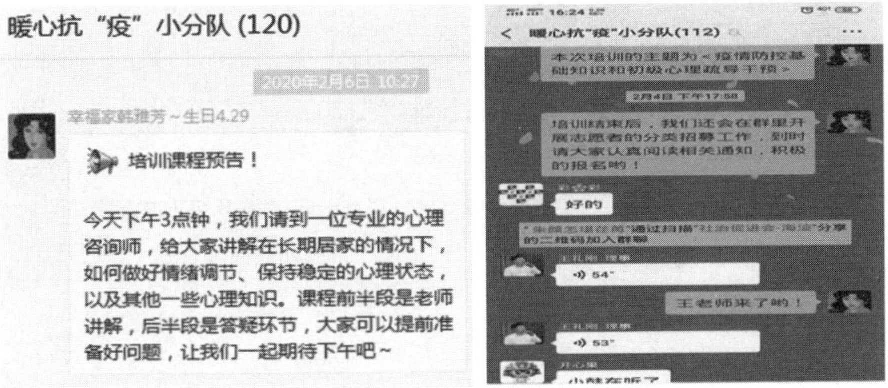

图 5　心理咨询师和社会工作师王老师开展线上课程

2. 主动对接，专业化介入心理安抚

做好准备工作后，崇义社区、高家社区、甘油社区的驻点社会工作者，主动和社区沟通对接，了解社区的防疫形势，调整项目内容，配合防疫工作开展。针对涉疫群众和波动群众启动了“1 +2 +3”暖心抗“疫”工作模式，即由“1 名工作人员 +2 名党员 +3 名居民骨干”组成暖心抗“疫”小分队，共建立了 15 个暖心抗“疫”小分队。小分队成立后，所有成员在线上学习《暖心抗“疫”三十问》课程，形成抗疫知识库。待所有小分队成员基本掌握抗疫知识后，便安排每个小分队对接10—20位居民，每日和居民展开交流，以拉家常的形式询问居民例如体温、身体状况、心情波动等情况，并给予居民正向的引导和暖心的劝慰。要求小分队成员和每个居民沟通的时间不少于10分钟，同时详细记录和居民的沟通情况以及居民的身心状态，基于此沟通，形成下一步的工作策略。15个暖心抗“疫”小分队直接服务对象超过200人，在线通话时间超过11000分钟。

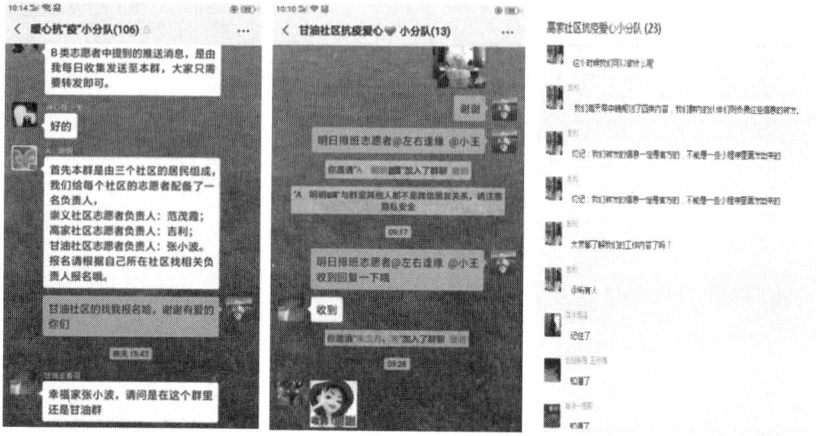

图6 暖心抗“疫”志愿者群和暖心抗“疫”小分队，凸显积极正向力量

3. 组织线上公益活动

针对大多数未有感染风险的居家人员，幸福家社会工作者每天下午在居民微信群里组织线上趣味活动，如猜谜语、成语接龙、健身操打卡、手工作品打卡等，陪伴居民一起度过居家隔离期，缓解居民的焦虑与紧张情绪。

某天下午4点，幸福家趣味小课堂在微信群里准时上线，这天的游戏是“你画我猜”，社会工作者在群里发出一张图片，然后由居民猜对应的成语，群内反响热烈，互相比拼谁的反应和手速更快。在社会工作者准备的题目发送完后，群里又自发开始了成语接龙，气氛十分欢快。除了趣味游戏，社会工作者还统一整理、编辑了暖心抗“疫”小分队转发至各个群里的早安问候、线上辟谣、疫情新闻播报、晚安问候等资料，全天线上陪伴居民一起度过艰难时刻，给大家带来温暖。

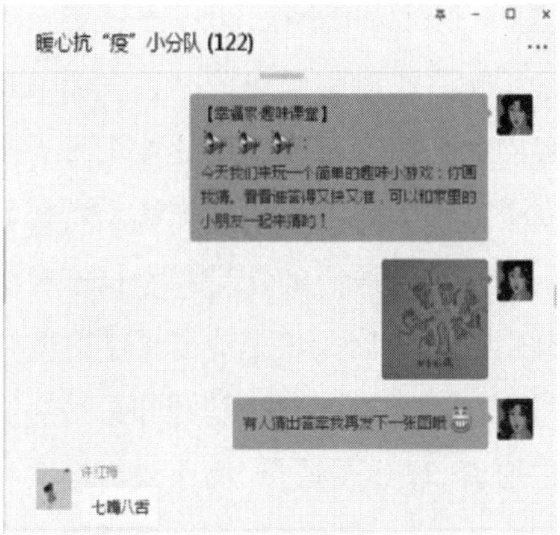

图7　大家一起来"你画我猜"

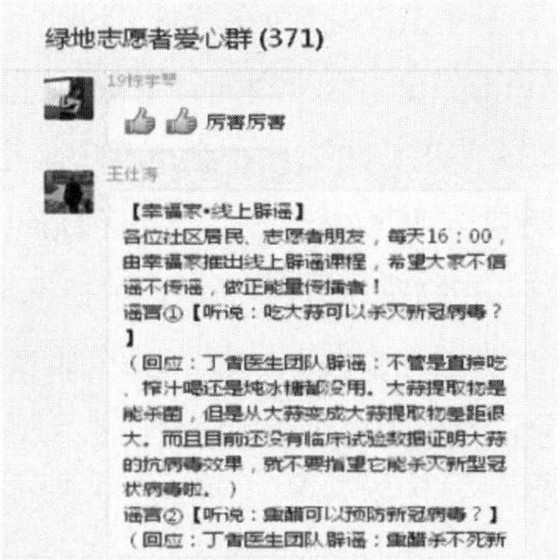

图8　幸福家"线上辟谣"

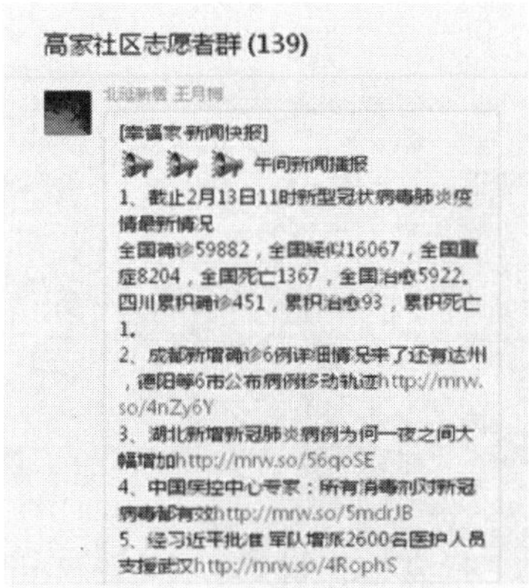

图9　幸福家"新闻快报"

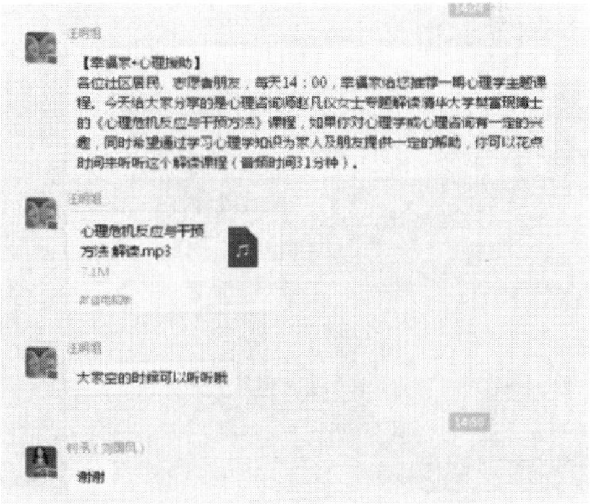

图10　幸福家"心理援助"

（四）社区志愿服务暖人心

针对一般群众，幸福家结合前期培育孵化的社区自组织和社区志愿者队伍，建立工作群，协同居民骨干开展抗疫工作。组织安排自组织成员和志愿者们学习《暖心抗"疫"三十问》后，安排每个社区自组织和数位志愿者负责3个居民群。通过沟通和引导，在居民微信群里规避谣言，传播正能量，稳定民心。3个社区合计发动居民志愿者230余人，通过各微信群覆盖居民超过50000人。

其中崇义社区的红湖公园城小区，是一个商品房小区，2019 年成都市委组织部以该小区治理实践为基础，提炼形成了党建引领居民小区发展治理的“五步工作法”，并在全市推广。扎实的社会治理工作基础让这个万人小区在疫情期间依然保持着高度自治，防疫工作紧张且有序地推进。疫情发生后，在物业人力、物力不足的情况下，在社区“两委”的领导和幸福家社会工作者的专业支持下，由红湖公园城小区党支部牵头，快速成立了小区防控指挥中心，并利用小区综合信息数据库，突出重点，先行核查。同时，平时活跃在小区的网格员、红袖套队伍、党员志愿者、环物委成员、物业人员等共计 48 人迅速到岗，分别成立排查、宣传、门岗值守、防控等工作小组，实行“三班倒”工作制，全面夯实防控基础。“你们辛苦了！”走进红湖公园城小区，居民张先生对门口值守的志愿者说。“不辛苦，我们这是在守护自己家的安全。”志愿者回答道。

图 11　居民志愿者协助小区登记小区流入人口

（五）社区资源整合

为解决疫情阶段百姓出门难、买菜难等问题，幸福家与成都农产品市场流通协会合作搭建了平价蔬菜社区直供平台。通过“统一调配，深入社区”的模式，确保民生、平抑价格。所有农产品供应价格均低于农贸市场价，让群众买到实惠菜、放心菜。相关平台从 2020 年 1 月 30 日开始运转，每日蔬菜运送到玉东、南虹村、利民等 46 个点位社区，每个点位每天供应 1500 斤蔬菜，平均每个点位覆盖居民 1500 户，累计输送蔬菜 500 吨，覆盖人群近 20 万。

四、经验总结

（一）坚持党建引领

在重大危机面前，更要充分发挥党组织和党员的先锋模范作用。在此次疫情下，社区党组织作为主心骨，不仅是在指挥上发挥引领作用，党员们更是率先行动起来，承担起人员排查、入户调查、小区巡逻等重要任务。

（二）促进多元共治，实现通力合作

面对重大突发性公共危机，单方的应对力量是非常有限的，因此需要调动多方力量，促进通力合作，才能更有效地应对公共危机。在本案例中，幸福家团队同时在3个社区协助开展防疫工作，但是，由于项目限制，通常每个社区只有一名驻点社会工作者，这时要求社会工作者兼顾线上线下的防疫工作就很困难。所以，在集中力量抗疫期间，相邻项目点的小伙伴互相配合，例如，由专人负责在线上收集和整理防疫知识，共享共用，再由各个社区驻点社会工作者编辑群内互动内容发送给居民等。分工合作的方式使工作更有效率。同时主动和社区对接，在社区党支部的带领下，把业委会、网格员、物业、社区自组织、党员、居民志愿者等社区自治主体联合起来，多方通力合作，构建了防疫最强线。

（三）完善社区应急制度，提升居民危机意识

在防疫过程中发现，社区对于辖区内的居民还未做到完全有效的网格化管理，前期的走访排查耗费了大量的时间和人力。疫情暴发后，居民的恐慌心理严重，不能冷静、客观地分析局面。因此，基层的网格化治理应进一步落到实处，做好流动人口信息采集工作，与公安等部门联动，完善社区大数据系统。同时，在日常生活中要做好突发事件及灾害的应对培训，开展演练活动，提升居民的危机意识与应对能力。

（四）社会工作的专业性发挥不足

疫情的特殊性、突然性以及应对方式的专业性，使医疗、军队、消防等主体承担了一线重要角色，而社会组织、社会工作者在防疫中只起到配合和补充作用，专业性没有得到充分发挥。社会工作者应该在此基础上不断探索自身在公共危机中应该扮演的角色，以及如何更好地发挥专业优势，提升应对危机的能力，做好本职工作，扩大社会工作在应对公共危机事件上的效力和影响力，彰显专业性。

附录1：

对话张海波：持之以专　归全反真

张海波，男，1984年生，中共党员。成都幸福家社会工作服务中心创始人，四川青年志愿服务工作专家人才库首批专家；兼任四川省直属机关青年联合会委员，四川省青年联合会委员，四川青年志愿者协会副秘书长，行业系统共青团工作指导和推进委员会副主任，成都市城乡社区发展治理促进会秘书长，成都市新的社会阶层人士联谊会监事，宜宾市、德阳市城乡基层治理特聘顾问；中共成都市委城乡社区发展治理委员会专家库成员，成都市民生市民代表。参与编纂《社区规划的社会实践》《成都市社区营造指导手册》。陪伴参与式社区治理模式的提出者，在北京、上海、杭州、苏州、无锡、南通、南京等全国超过70个城市分享过成都社会治理模式。获中国幸福社区范例奖"特殊贡献人物奖"。

人生往往由简到繁，再由繁到简，加法是阅历，减法是聚焦，不同的时期需要不同的表达和驾驭方式。讲述自己在社会治理领域探行的经历时，成都幸福家社会工作服务中心创始人、成都市城乡社区发展治理促进会秘书长张海波仿佛是在回忆里打捞珍宝，对5年多时光里的诸多细节他至今仍心怀感念。而今，怀揣对热门领域的冷思考，以"颠覆"之名唯求精益，再让可复制的先进经验衍生，当专注与品质成为务实者的执念与信仰，张海波将和所有志同道合者一道，继续参与勾勒和充实社会治理领域的革新脉络。

明者见于无形，智者虑于未萌：前产品经理掀开的社会治理新篇

当一名知名科技公司的产品经理，决定离开舒适区从零开始时，他会遭遇什么？

2016年，当成都幸福家社会工作服务中心以一股清风之姿刮进成都社会治理领域时，人们并不知道其将会激起多大的涟漪。随后，一句略带调侃的坊间感慨越传越广——“哪里来的幸福家，怎么到处都是它?”一方面讶异于这股业界新力量的拓展势头之迅猛，另一方面足证其团队积极参与各项社区事务的不吝付出。对此，作为成都幸福家社会工作服务中心创始人的张海波和伙伴们有着清晰的认知：“我们是后进者，进入社会治理领域时其他社会组织已经深耕良久。不过，各有各的优势和劣势吧。”

新人和老兵，各擅胜场，在挤成一片的社会治理红海里竞速，比拼的就是前瞻力、执行力与创新力。社区工作看似技术含量不高，但事务异常繁复，需要逐一明晰应对，而且，并无捷径可走，也使不了多少所谓“巧劲”。幸福家刚成立的半年时间里，张海波的行迹踏遍40多个社区，整合多方资源，聚焦社区治理与服务，增加社区民众的获得感，事无巨细，因关心而有心，遍访百家冷暖，每一个问题的解决、每一项服务的落实都让他感念。“鲇鱼就

要有鲇鱼的心态,那时候我们确实不大懂社会治理,但我们没有束缚感,也没有包袱,踏实去做就好。”张海波敏锐地发现了彼时的破局所在,“这个领域发展得过于模式化了,充满了重复的、枯燥的、乏味的内容,各方都开始有一种疲惫感和对创新举措的期待感。这就是幸福家的机会。”

对于腾讯产品经理出身的张海波而言,构建业务链条,在整个服务流程里做好各方平衡是标配能力。“我的优势在于,可以很轻松地把来自不同行业、拥有不同身份的不同主体,拉到一条业务链上,构建起一个专属的小生态。”清晰的思维能力、专精的业务能力,坦诚地面对、切实地执行,昔日职场的馈赠使张海波在转入社会治理领域后大受裨益。幸福家由此拥有着让人艳羡的开局,“我们拿项目很快,而且因为社区的认可,不乏系列性的大项目”。有人将这归结为运气,而他则坦诚幸福家的幸运在于找准、走稳了路径——从一开始,幸福家就有着特立独行的特质,“公益土壤、社会创新”,说易行难,既然入场前已经看清了其他社会组织积累的种种发展弊端,那么自然要逐一避开进而发挥自我优势,“拥有自我‘造血’能力的专业的社会组织才能在社区基层治理变革的浪潮里获得更好发展”。

知之愈明,行之愈笃:“陪伴参与式社区治理”何解

如何才能在新的领域把工作做好? 答案实则简单——用心、用脑、用情。

言为心声,行为心表。社区是社会的“全息缩影”,新形势下的社区工作需要新理念,也需要新作为,作为新生代的幸福家给成都社会治理领域带来了新气象,也引发了新思考。社区工作并非只是与“老弱病残”打交道,也不止于处理“家长里短”的琐碎事务,更不限于举办花团锦簇的各类活动与营造新时代邻里关系,于摸索中成长的张海波知晓,探行基层社会治理创新,实现良性社区微循环才有望达到社区“人人出力、人人尽力、人人维护”的和谐状态。而他理想中的社会组织如幸福家,核心目标起始即是瞄准社会治理难题,“幸福家承接的社区事务很多,我们也做各种类别的活动,但从一开始,幸福家的初衷就是要解决真正的社会治理难题”。

近年来成都社会治理工作亮点不断,如所推广普及的社区信义治理模

式等为全国社会治理提供了成都经验，这也为社会组织在成都社会治理领域的拓展提供了良好的土壤，数量骤增之余，“社会组织在社会治理中能做什么？社会组织的定位究竟是什么”之类问题亦被抛出。对此，张海波与幸福家的作答依然务实，“作为第三方力量，连通政府与居民之间”。城镇化的快速发展、新居住环境的变化让居民之间的矛盾一度缺乏有公信力的处理渠道，各方的疏离感日重，“等、靠、要、闹”现象蔓延，社会组织惯常举办的文艺活动、晚会展演、技能培训等徒剩亮丽，深层次问题被有意无意地遮掩而过，待解的矛盾仍在潜滋暗长。

在张海波看来，“社区”一词本就是舶来品，西方社会与中国社会的文化背景、社会背景、家庭伦理观等的差异让社区治理的借鉴式发展有了“术”与“道”之分，中国特色社会治理才是中国社会和谐发展的通关密码，且需要所有人的长期倾力。随着顶层设计指明方向，各级部门全力支持，基层民众意识提升，作为连通节点的社会组织大有可为，一批优质社会组织喷涌而出，秉持“专啃硬骨头”理念的幸福家以首创的“陪伴参与式社区治理”位列其中。

这其实是一个以“专业”为核、持续演进的过程，从幸福家推出的首个社区项目“微爱公益慈善超市”积极吸纳所在社区居民就业到由专业社会工作者与本地居民共同开展社区治理的“陪伴参与式社区治理”，张海波坚信只有以专业的力量与资源的整合“精雕细琢”，才能找到“打开社区之门的那一把钥匙”，而在这个过程中，“只有用心、用脑、用情才能使人产生共鸣”，“每啃下一个硬骨头，我们就有一点沉淀，就有更多思考”。

“使命找到了它所需要的人”：一个端午节粽子的惦念

最初的“兴奋”与“荣光”已转变为如今的熟悉与热爱，那份沉甸甸的责任感却从不曾搁下。

奥地利作家斯蒂芬·茨威格在《人类的群星闪耀时》中写道：“一个人生命中的最大幸运，莫过于在他的人生中途，即在他年富力强时发现了自己的人生使命……而使命也找到了它所需要的人。”从幸福家负责人转任成都市城乡社区发展治理促进会秘书长一职后，身处更高的平台，张海波惯常的状态仍是走进社区、沉入社区,汲取工作和生活中的有源之水,深入调研,认真思考,将精力投到社区治理的大课题,从拆迁居民暴富后的人生迷失到地摊经济与社区管理如何契合,这方广域世界尚有众多的"痛点"有待各方力量携手解决,"身份有变化,心态不能变,所考虑的始终是如何更好地发挥社会组织之功用,帮助更多社区居民"。

如果视工作为一场马拉松,张海波并不希望成为孤独的长跑者,而是更愿整个团队协力向前。有着完美主义倾向的他对周围的人和事物观察仔细,在善于关心他人的同时也很少压迫自我,在适可而止的地方从不恋战。他认可的工作态度是,"你想把自己能力的边界推到多远",无论顺境逆境都应保持乐观,在不确定的境遇中保持理性。

随着幸福家推行的种种举措发挥效用,不断斩获各种社会治理领域殊荣,张海波登台分享或授课的时程有增无减,他说话的语速略快,极少会对着事先准备好的发言稿照本宣科,始终保持着高昂的情绪,让人可以分明地感受到坚定语气背后的积极进取姿态。"善谈是我的个人特点之一",张海波并不讳言此前三次创业而所获寻常的不愉快经历,也对如今以个人品牌支撑幸福家品牌的现况淡然处之,唯让他感念的是进入社区治理领域后的那些点点滴滴,"我和社区居民有过争吵的,当然是很温和地讲理的那种,但场面绝对不平静"。最让他难忘的则是一份小礼品,时值幸福家刚进入社会治理领域不久,工作人员组织某社区居民共庆端午佳节,一派热闹中一位老太太特意找来:"把这个粽子给你们张老师哈,辛苦了。"原来,所有的忙碌与付出都有被惦记、被感激,"看到社区在变好,就是我们最大的动力"。

世间之事,无不精于心,简于形,执于进。5 年流转,一座城市步入发展新阶段;5 年激荡,一个新生组织蜕变成所在领域领跑者;5 年变幻,整个社会治理领域迎来新局面。社会治理新局面的探行以及新冠肺炎疫情的冲击影响,一度经历"野蛮生长"的社会组织进入重组时期。眼下,张海波正着力将 5 年多来的思考与践行归结为"解决社会治理问题的十八般武艺",期望帮助更多人在闪转腾挪间将不断衍生的社会治理问题化为无形,"总有一款适合,总能查找到一时没有顾及的空白点,将所有人群覆盖到,让社会治理服务覆盖面更广、更细致"。

附录2：

成都幸福家社会工作服务中心介绍

幸福家社工

HAPPY FAMILY SOCIAL WORKER

一、关于幸福家

成都幸福家社会工作服务中心于2016年5月17日在成都市民政局注册(4A)，是一家致力于“公益土壤·社会创新”的枢纽型、平台性、智库式社会组织。幸福家有完善的党支部、团支部和工会体系。其研发的“陪伴参与式社区营造”方法受邀在全国超过40个城市分享，以其案例整合的工作法“五步工作法”通过成都市委组织部在全市推广。创始人参与清华大学编撰的《社区规划的社会实践》《成都市社区营造手册》等书。

幸福家的工作涵盖社区发展治理、枢纽平台建设、社会创新变革三大板块，聚焦以“社区”为主要场景的全产业链条社会工作集成。具体包含基于一线社区的示范性社区治理项目的研发与实践，区级及以上的社会组织孵化园、社区营造支持中心、社区发展治理创新中心等的运行和基于社会变革的“硬骨头”创新项目、社会企业项目等。让更多的社区居民参与进来、让更多的社区与政府参与进来、让更多的社会组织参与进来、让更多的资源参与进来。以更高效的协同社区治理、更务实有效的社区服务,实现更幸福的社区生活、打造更优化的可持续行业格局。

二、项目格局

成都幸福家坚持党的领导,以社区群众为基础,以社会组织为落点,以社会工作专业理念为依托,以社区社会组织和志愿者服务为抓手,助推政社互动,整合各方资源,支持群众共建舒心美好、安居乐业、绿色生态、蜀风雅韵、良序善治的高品质和谐宜居生活社区。

幸福家成立 6 年构建了多类项目,有基于社区公共空间使用和公益慈善平台建设的“参与式公共空间营造”和“微爱公益慈善超市”项目;有基于陪伴参与式社区营造的“为老服务”、“邻近志愿者队”、“阳光下午茶”和“陪伴式自组织孵化”;有基于不同社区而出现的“蓉漂共融”“携邻知返”“归心似箭”“安居乐业计划”“院落赋能”等;有基于干部、社会组织赋能和社区营造支持的“保障资金项目”“幸福力社区干部学习会”“协同成长式社会组织赋能”等。

三、工作模式

实行“144 + N^3”工作模式,从空间协同、公共服务梳理再到民众意识转变能力提升为路径,聚合社区内多元主体共建幸福社区生活。

1 是围绕党建引领,开展嵌入式党建;

4 是创新社会治理的“机制、权责、组织、路径”四大基础;

4 是构建社会治理的“需求、服务、工作、资源”四个网络;

N^3 是形成以“骨干、项目、服务”为依托的社会治理的 N 个成果。

四、幸福家大事记

2016 年 5 月,成都幸福家社会工作服务中心成立

2016 年 7 月,成都幸福家联合成都市慈善总会,主导研发“互联网公益

B2O 平台——“微爱公益慈善超市”第一家店成功上线

2016 年 7 月，受邀参加“中国基层社会创新联盟”第二届年会，就成都市基层治理典型案例进行分享

2017 年 1 月，幸福家公益荣获成都市“菁网互联，蓉创你我”成都互联网“双创”品牌“特别贡献奖”

2017 年 1 月，荣获成都市金牛区抚琴街道办事处“2016 年度最佳社会组织奖”

2017 年 1 月，幸福家公益荣获“梦想 · 公益 · 聚合”2016 成都公益活动创新大赛年度十大创新项目

2017 年 9 月，启动基于成都市社区干部互学网络的“幸福力社区干部学习会”项目，每年影响培育超过 1000 名社区干部

2017 年 9 月，参与视频入围全国党媒“十九大融合报道精品 100”

2017 年 10 月，与四川大学教育基金会共同承接民政部“2017 年度进城务工美丽社区”项目，完成覆盖 20000 人的公益服务和新居民教育培训

2018 年 1 月，荣获 2017 年成都市属地互联网品牌评选活动的“数字化转型（互联网 +）”上榜品牌

2018 年 1 月，荣获由中央网信办指导，中国互联网发展基金会举办的“因爱同行”2017 网络公益年度机构

2018 年 8 月，荣获第四届中国志愿者服务项目大赛四川省金奖

2018 年 8 月，被评选为成都市成华区互联网文化协会“理事”

2018 年 12 月，“公益超市 · 聚爱成都”——大型社区志愿公益活动项目荣获第四届中国青年志愿服务项目全国赛金奖

2019 年 1 月，获得成都市 2018 年十佳志愿服务组织

2019 年 3 月，被评选为成都市成华区互联网文化协会会员

2019 年 3 月，获得阿里巴巴集团认证的“智能移动办公企业”

2019 年 3 月，获得中志联“学雷锋志愿服务支持项目”专项支持

2019 年 4 月，获得 2018 年度成都市“服务社区十佳社会组织（社会企业）”

2019 年 4 月，获得“4A 登记社会组织”

2019年4月,获得2019年度“四川省十佳志愿服务组织”

2020年2月,《社区》杂志刊发《幸福家“四社联动”,暖心抗“疫”》文章

2020年5月,获得2019年度百强社会工作服务机构

2020年11月,“广厦新颜·万象更新”青年志愿者专业助力城市更新项目和“大学生志愿服务进社区精细化参与治理项目”双双获得第五届中国青年志愿服务项目大赛四川省赛金奖

2020年12月,“四社联动·暖心抗疫”入选成都市应对新冠肺炎疫情防控社区社会案例集

2020年12月,“广厦新颜·万象更新”青年志愿者专业助力城市更新项目获得第五届中国青年志愿服务项目大赛银奖

2020年12月,“大学生志愿服务进社区精细化参与治理项目”获得第五届中国青年志愿服务项目大赛铜奖

2020年12月,获得2018—2019年度四川省青年文明号

2020年12月,入选2020年成都榜样“十佳社工机构”

2020年12月,“青春大运·幸福石灵”大学生精细化社区志愿服务项目获得“第八届四川省青年优秀志愿服务项目”

2021年10月,“北斗乐跑与社会治理技术助力零碳教育项目”获得全国青少年零碳科技大展项目“领航项目”大奖

2021年11月,“北斗乐跑与社会治理技术助力零碳教育项目”获得第十届母亲河奖绿色项目奖

2021年11月,大学生精细化志愿服务参与社区治理创新志愿服务项目荣获2021年第九届“四川志愿·携手圆梦”志愿服务先进典型宣传推选“四川省十佳志愿服务项目”

2022年3月,大学生精细化志愿服务参与社区治理创新志愿服务项目荣获2021年度全国学雷锋志愿服务“四个100”先进典型宣传推选活动“最佳志愿服务项目”